高等学校“十三五”规划教材

内部审计案例教程

陈静然　编著

西安电子科技大学出版社

内容简介

本书针对内部审计基础知识，依据企业内部审计实际情况，精心选择了相关案例，将枯燥的理论知识与生动的情境相融合，可加深学生对基本概念和理论的理解，提升其内部审计思维，提高其内部审计实务操作能力。本书在内部审计理论部分简要介绍了内部审计的基本理论和相关概念，在内部审计业务实务部分提供了丰富的案例，并简要概述相关知识。

本书既可单独作为教材使用，也可作为相应课程的辅助教学资料。

图书在版编目(CIP)数据

内部审计案例教程 / 陈静然编著. —西安：西安电子科技大学出版社，2017.9

ISBN 978-7-5606-4681-7

Ⅰ. ① 内…　Ⅱ. ① 陈…　Ⅲ. ① 内部审计—教材　Ⅳ. ① F239.45

中国版本图书馆 CIP 数据核字(2017)第 216846 号

策　　划　陈　婷

责任编辑　张静雅　雷鸿俊

出版发行　西安电子科技大学出版社(西安市太白南路 2 号)

电　　话　(029)88242885　88201467　邮　　编　710071

网　　址　www.xduph.com　电子邮箱　xdupfxb001@163.com

经　　销　新华书店

印刷单位　陕西华沐印刷科技有限责任公司

版　　次　2017 年 9 月第 1 版　2017 年 9 月第 1 次印刷

开　　本　787 毫米×1092 毫米　1/16　印 张　14.75

字　　数　348 千字

印　　数　1～3000 册

定　　价　28.00 元

ISBN 978 - 7 - 5606 - 4681 - 7/F

XDUP 4973001-1

前 言 PREFACE

内部审计是相对于外部审计而言的，它是一种独立、客观的确认和咨询活动。内部审计通过运用系统、规范的方法，审查和评价组织的业务活动、内部控制和风险管理的适当性和有效性，以促进组织完善治理、增加价值和实现目标。

近年来，我国社会经济形势发生了深刻变化，内部审计工作也得到了深入发展。据不完全统计，截至 2014 年底，全国共建立内部审计机构近 7 万个，配备内部审计人员 25 万余人，初步建成了较为完善的内部审计管理体制。许多企业建立了董事长、总经理直接领导的独立履职的审计体制。2014 年我国内部审计机构共完成各类审计项目 154 万项，向司法机关移送经济案件线索 287 起，给予行政处分 4706 人，同时促进增收节支 11 860 亿元。

随着经济和社会的发展，各类组织对内部审计的重视程度日益提高，内部审计在理念、目标、职能和内容等方面发生了很大变化，也面临着新的发展机遇和挑战。因此，内部审计教学应适应形势的变化。

目前市面上关于内部审计的书籍多数偏向理论，缺少具体介绍不同类别内部审计业务案例的教材，本科院校开设的内部审计课程很难找到理论和案例相结合的教材。基于此，本书作者将内部审计的理论与案例进行匹配和总结，希望通过本案例教程帮助学生在学习内审理论知识的基础上，加强对内审实务的感性认识，提高内部审计职业能力。

本书的特点是将案例与理论结合，注重实务，通过案例介绍内部审计的操作过程，便于学生在系统地学习理论的同时加深对内部审计实务的领悟。

本书的第一篇是内部审计理论，包括内部审计概论、内部审计程序、内部审计在风险管理及公司治理中的作用、内部审计管理等内容，有较多的基础知识，但即使是介绍基础知识，本书也注重理论联系实际，有的是内审实务工作经验总结，有的采用小案例来具体阐述，以便于理解；第二篇是内部审计业务实务，涉及合同审计、物资采购审计、建设项目审计、人力资源审计、经济效益审计和经济责任审计、舞弊审计及其他内部审计业务，覆盖了一般企业的主要内审业务领域。对于各个类型的内审业务，本书都有相应的基础知识介绍以及典型案例。案例部分包括案例背景、审计过程及审计结果，每个案例后面还配有案例分析与探讨，这些内容涉及审计知识及其他业务知识、审计工作程序等，目的是引导学生深入思考，锻炼学生的内审思维。

本书可用作审计、财会类本科生的教材或研究生的参考书，较适合为翻转课堂等教学模式改革所用，也适合公司管理者、内部审计人员、财会人员和其他相关人员以及注册会计师行业人士阅读。

感谢所有在内部审计理论和实务领域耕耘的学者、工作者，他们为本书提供了很好的参考资料。感谢我的研究生郭欢欢、邢萌、张倩、刘珊的付出，尤其是郭欢欢做了大量基础工作。感谢杭州电子科技大学和会计学院的一贯支持，感谢西安电子科技大学出版社的资助和相关人员的辛苦工作。

由于作者理论水平和实践经验有限，书中可能存在缺点和疏漏，敬请各位读者提出意见和建议。

陈静然

2017 年 5 月

目　录 CONTENTS

第一篇　内部审计理论

第二篇　内部审计业务实务

第一篇

内部审计理论

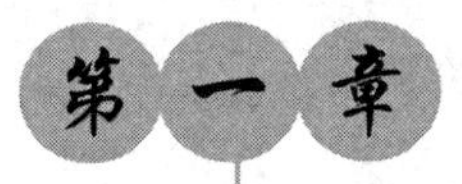

第一章　内部审计概论

第一节　内部审计的定义

一、内部审计的产生

内部审计是由单位内部设置的专门机构或人员实施的审计，它是随着企业规模扩大、内部分级管理的出现而逐步形成的。内部审计同外部审计一样，是在受托经济责任关系下，基于经济监督的需要而产生和发展的。传统的内部审计包括庄园审计、宫廷审计、行会审计、银行审计、寺院审计等。

随着西方国家经济的日益发展、企业生产规模的日益扩大，以及管理机构和层次的增多，为了保证经营方针和管理制度的贯彻执行，保护财产的安全完整，实现经营目标，内部审计逐步得到健全和完善。最初的情况是大企业要对在外地的下属公司进行审查，若要完全聘用民间审计师进行，往往花费太大而且得不偿失。因此，一些有本企业管理经验的人才就担当起对下属公司或机构进行检查监督的重任，这是现代内部审计的早期阶段。19世纪中叶，美国铁路系统首先建立了内部审计制度，巡回审计师被派到各地售票处，检查评价资产管理责任制度和报告系统。1875年，德国大型军火工业公司克虏伯公司建立内部审计制度，并且专门编制了公司审计手册。20世纪中期，由于人们对内部审计的呼声越来越强烈，美国最早建立了内部审计师协会(IIA)，并取得了内部审计理论研究的一系列成果，内部审计获得了长足的发展。20世纪后期，随着美国内部审计师协会对《内部审计师职责条例》的制定、修订，以及对内部审计实务标准的制定、修订，内部审计进入高速发展阶段。1977年美国颁布的《反国外贿赂法》、1978年内部审计师协会颁布的《内部审计实务准则》以及1978年加拿大审计长公署颁布的《加拿大政府内部审计准则》对整个内部审计的发展起到了积极的推动作用。

在我国，1995年7月14日审计署根据《中华人民共和国审计法》发布了《审计署关于内部审计工作的规定》，规定国务院各部门和地方人民政府各部门，国有金融机构和企事业单位以及法律、法规、规章规定的其他单位应设立内部审计机构，配备审计人员，并在国家审计机关的业务指导和监督下实行内部审计监督制度。我国的内部审计不仅要实施财务审计，而且还要开展经营审计、管理审计、经济责任审计。随着内部审计的重要性逐步被社会所认识，我国很多大型企业集团都设置了内部审计机构，配备了专业的内部审计人

员，制订了内部审计的有关规定、制度，这对我国内部审计的发展产生了巨大的影响，为内部审计的进一步完善创造了条件。

二、内部审计定义的演变

(一) 内部审计的定义和发展

推进内部审计理论研究和实践工作，在全球范围内传播内部审计思想是国际内部审计师协会(IIA)的重要职责。自60多年前IIA在第1号《内部审计职责说明书》中作出第一个定义以来，情况不断发生变化，在这期间内部审计人员的工作从评价管理控制的有效性扩展到帮助组织改进管理，增加价值，实现目标。这种变化使内部审计职业有必要重新研究其基本假设，反映环境和情况的变化。

1997年，国际内部审计师协会成立指南特别小组(GTF)来检查《内部审计实务标准》的适用性，并提出修改建议。小组在开始研究的时候发现，由于内部审计服务的新类型不断出现，原定义确定的范围已不符合内部审计职业的迅速发展，需要用一个更具灵活性、范围更广泛的定义来取代。他们还发现以前的定义只是描述内部审计(简称内审)人员应当如何工作，并把要做的事情一条条列出来，而没有强调内审能为组织提供多种服务，能为组织创造更多的价值，也没有强调内审人员应与董事会、高级管理层和股东进行沟通，使他们了解内审能为他们提供什么服务，因而不利于内审职业在激烈的市场竞争中发展自己。于是国际内部审计师协会着手拟定新义，即2001年颁布的第七次新定义，以反映内审职业发展的新趋势。

(二) 1947—2001年内部审计定义的演变

(1) 1947年的定义：内部审计是建立在审查财务、会计和其他经营活动基础上的独立评价活动。它为管理提供保护性和建设性的服务，处理财务与会计问题，有时也涉及经营管理中的问题。

内部审计虽然从会计中分离出来，成为一个独立的职业，但它仍然以财务、会计为基础。该定义回答了内部审计是做什么的，即审查财务会计和其他经营活动。它反映了形势的要求，即内部审计不仅可以处理财务会计问题，而且有时也处理经营管理中的问题。它首次将内部审计定位为独立评价活动。

(2) 1957年的定义：内部审计是建立在审查财务、会计和经营活动基础上的独立评价活动。它为管理提供服务，是一种衡量、评价其他控制有效性的管理控制。(管理控制体现了审计的监督作用)

该定义将对财务、会计和业务的审计等同视之，并且首次提出内部审计“是一种衡量、评价其他控制有效性的管理控制”，从而大大提高了内审的地位，明确内部审计是一种管理控制，并且能够衡量、评价其他控制的有效性，说明其具有较高层次的监督作用。

(3) 1971年的定义：内部审计是建立在审查经营活动基础上的独立评价活动，并为管理提供服务，是一种衡量、评价其他控制有效性的管理控制。(即财务审计向经营审计发展)

该定义最突出的一点是取消了“建立在审查财务、会计基础上”这一内容，但保留了“建立在审查经营活动基础上”这一内容。这预示着内部审计从侧重于财务审计向侧重于经营审计的方向发展，但不意味着内部审计从此不审查财务会计，而是说审查财务、会计问题是不言而喻的，它已包括在“审查经营活动”这一概念中。

(4) 1978 年的定义：内部审计是建立在检查、评价组织基础上的独立评价活动，并为组织提供服务。(为组织而非某一管理部门服务)

该定义将“为管理服务”改为“为组织服务”，从而扩大了内部审计服务范围。然而，这不是要排斥为管理服务，正如维克托·布林克所说：内部审计的主要服务对象依然是管理。所不同的是，为组织服务要求审计人员以整个组织为服务对象，而不是以某一管理部门及其人员为服务对象，这就要求他们站在整个组织的立场上观察和评价问题，为组织的长远利益服务。《内部审计职责说明书》强调内部审计人员应遵循《内部审计实务标准》从事内部审计工作，认为内部审计包括经济性和效率性审计，也包括项目结果审计，强调内部审计部门和管理当局及治理层之间应保持密切的联系。

(5) 1990 年的定义：内部审计工作是在一个组织内部建立的一种独立评价职能，目的是作为对该组织的一种服务工作，对其活动进行审查和评价。(组织内部，区别于外部审计)

该定义突出的一点是，把内部审计定义为建立在一个组织内部，以与外部审计相区别。这个提法在 2001 年第七次定义时被修改。至于为组织服务究竟是为谁服务的问题，该定义仍未解决。

(6) 1993 年的定义：该定义除了确认上次定义之外，还明确指出“内部审计的目的是协助该组织的管理成员有效地履行他们的职责”，从而解决了为组织服务是为谁服务的问题。

(7) 2001 年的定义：内部审计是一种独立、客观的确认和咨询活动，其目的在于为组织增加价值和提高组织的运作效率。它通过系统化和规范化的方法，评价和改进风险管理、控制和治理过程的效果，帮助组织实现其目标。

这个定义与 1993 年的定义相比，删去了“组织内部”和“评价活动”。这是因为“组织内部”一词暗示着内部审计工作只局限于组织内部，不利于外部借助内部审计工作，也不利于内部审计借助外部的帮助。取消它预示内部审计未来有一个更为广阔的活动空间，而不是预示内部审计将成为外部审计。“评价活动”一词从 1947 年第一次定义以来，保持了 53 年，取而代之的是“确认”和“咨询”两个词。这表明内部审计业务从根本上可划分为两类业务，即确认业务和咨询业务。

确认业务指对证据进行客观评价，针对程序、系统或其他常规事项，提出独立的意见或结论。它涉及三方关系：程序的执行者、内审人员、用户。它可包括以下内容：① 舞弊调查；② 风险和控制自我评估；③ 第三方审计和合同审计；④ 质量审计；⑤ 尽职审计；⑥ 安全审计；⑦ 隐私审计；⑧ 绩效审计；⑨ 经营审计；⑩ 财务审计；⑪ 信息技术审计(即 IT 审计)。

咨询业务的性质和工作范围取决于审计业务客户，努力为组织增加价值，改善组织管理、风险评估和控制过程。在咨询过程中，内部审计师不能承担管理责任。内控培训、业务流程审核、信息技术及系统开发、业绩测评系统的设计都属于咨询业务。

（三）内部审计新定义的特点

(1) 坚定了“独立性与客观性”。内部审计部门在组织内部应相对独立，这样才能维护审计的权威，保证审计工作的客观性。

(2) 将审计功能从“确认”拓展到“咨询”。这意味着内部审计应更加注重为管理层和治理层提供建议和参考，充分发挥咨询的作用，最终促进组织的价值增值。

(3) 强调由组织管理。内部审计工作可以被外包，但无论如何，组织必须对内部审计工作进行管理，并对此负责。

(4) 突出了“附加价值”和“帮助组织达到目标”。内部审计工作应站在组织整体的角度考虑，而非服务于个别部门或个人，并且，内部审计的活动应靠近组织的价值链，以整个组织的价值增值为目标。

(5) 强调审计工作的系统性和标准化。内部审计工作应遵守内部审计的职业道德规范以及实务框架和实务标准，按规定的步骤系统地开展，保持专业性。

(6) 关注企业风险，具有前瞻性。组织在发展的各个阶段都面临各种风险，内部审计应审时度势，具有远见，帮助组织识别、评估和应对风险，并建立健全的组织风险管理框架。

三、内部审计与政府审计、注册会计师审计的区别

内部审计、政府审计、注册会计师审计是审计学体系的三大分支。内部审计有其自身的特点，体现在以下几方面：

(1) 从独立性方面说，内部审计机构在实施审计过程中仍然要保持其独立性，但内部审计的独立性比外部审计(包括政府审计和注册会计师审计)要弱。

(2) 从审计范围上说，内部审计的范围只能局限于本部门、本单位及其所属单位内部，即内部审计的主管部门与被审计单位属于同一个组织。

(3) 从职能上说，在审计的三大职能“监督、鉴证和评价”中，内部审计主要发挥评价职能，而政府审计主要发挥监督职能，注册会计师审计主要发挥鉴证职能。

(4) 从工作内容上说，内部审计涉及的领域最多，审计内容最丰富，审计手段和方法也最灵活。而目前注册会计师审计的工作内容主要是财务审计，政府审计的工作内容主要是财政收支和财务审计以及绩效审计。

四、内部审计的发展趋势

1. 增值型内部审计

现代内部审计发展的新阶段是增值型内部审计的研究与运用。增值型内部审计的具体特征表现在以下几方面：

(1) 以“为组织增加价值”为审计活动的目的。“增加价值”一词是增值型内部审计的指导方向，是内部审计活动的宗旨和目的。增值型内部审计将其目标与组织的目标联系起来，关注组织的战略方向，用管理层的方式进行思维，并用管理层的语言进行表达。

(2) 实行“参与式”审计策略。该策略强调在整个审计过程中让被审计人员参与到内部审计中来，与内部审计人员共同分析和解决审计中发现的问题，调动被审计人员的积极性，寻求被审计人员的理解和支持。

(3) 更侧重于风险导向审计。组织面临的风险将对组织的价值产生重大的威胁，增值型内部审计通过评估和改善组织的风险控制，帮助组织减少风险。

(4) 与管理部门建立伙伴关系。在过去，管理层容易与内部审计人员脱离，管理者认为内部审计只是一个成本费用中心，与内部审计人员合作只会带来额外的工作，在这样的状态下，不利于内部审计部门为管理层提供有价值的服务。只有管理人员积极配合内部审计工作，为内部审计人员提供充分的信息，才能充分发挥内部审计的增值功能，帮助管理者作出更正确的决策。

(5) 着眼于未来。内部审计人员作为经营活动的参谋者，必须具备预测未来的能力，即能直接预测各类风险，判断组织是否采取了适当的预防和应对措施，是否具有足够的适应变化的能力，并提出相应的改进建议。

2. 增值型内部审计与传统内部审计的区别

(1) 价值增值方面：传统的内部审计部门是一个资源消耗者，是一个成本费用中心，它不直接给组织增加价值，因而往往被忽视；增值型内部审计是一个价值增值者，是一个利润中心。它在消耗资源的同时，通过给组织提供有价值的建议直接给组织增加价值。

(2) 审计理念方面：传统的内部审计开展许多并不能增加企业价值的活动，或者说虽然增值，但所耗费的资源和成本大于增值所带来的价值。而增值型内部审计全面转变审计观念，尽量少做不增值的审计业务，对于能增值的传统审计业务，尽量提高工作效率，减少资源耗费和成本，并大力拓展高增值的审计业务。另外，传统的内部审计发现问题并将其汇报给相应的部门，审计工作便结束了。增值型内部审计不同，它不仅要发现问题，还要帮助相关部门解决问题，采取措施，防止问题再次发生。

(3) 审计范围方面：传统的内部审计工作范围主要包括经济责任审计、离任经济责任审计、专项审计等，但增值型内部审计将其业务范围扩展到风险管理、公司治理等领域，并且其业务范围呈现出无限扩张的趋势。凡是能为组织增加价值的鉴证和咨询活动，内部审计都积极地开展。

(4) 审计方法方面：传统的审计方法是按既定的标准的审计程序执行，而增值型内部审计强调的是程序的灵活性和创造性，审计师不再假定他们知道在某个领域应该审计什么内容。他们与管理部门一起识别和评价经营风险，并关注高风险领域。在审计过程中，增值型内部审计更注重改善程序，使程序更加经济和富有成效。

第二节　内部审计机构的设置

一、内部审计机构设置的原则

内部审计机构的设置归根结底是要满足组织内部的实际需要。《审计署关于内部审计

工作的规定》从实际出发，就内部审计机构的设置作出了规定：一是法律、行政法规规定设立内部审计机构的单位，必须按照规定设立内部审计机构；二是法律、行政法规没有明文规定设立内部审计机构的单位，可根据需要设立内部审计机构，配备内部审计人员；三是对于有内部审计需要，但不具有设立独立内部审计机构条件和人员编制的国家机关，可以授权本单位内设机构履行内部审计职责。

在设置内部审计机构时应遵循以下原则：

(1) 独立性原则——为内审机构在组织中的地位提供保障。内部审计机构的独立性可使内部审计师提出公正的判断意见，这对审计工作的恰当开展是必不可少的。为此，首席审计执行官必须向组织内部提供能够确保内部审计部门履行职责的层级报告，还必须至少每年向董事会确认内部审计部门在组织中的独立性。首席审计执行官必须与董事会直接沟通和互动。

(2) 效率性原则——分权、自上而下形成有机整体。组织中的内部审计机构应本着效率性原则设置，一方面，内部审计机构在公司治理中与监事会、审计委员会之间应合理界定职责与分工，完善报告与监督等制度；另一方面，集团内部审计部门与子公司、分支机构内部审计部门之间应处理好有关分权、汇报、监督等关系，内部审计机构内部科室之间也应处理好职责分工与协作关系，使得内部审计机构自上而下形成有机整体，以提高内部审计工作的效率，降低内部审计工作的成本，充分体现内部审计为组织增值的效能。

(3) 适用性原则——适合本单位、本阶段。组织中的内部审计机构应本着适用性的原则设置，一方面，由于组织的性质、外部监管环境等不同，内部审计机构的设置也应因地制宜；另一方面，针对不同的组织发展阶段，内部审计机构的设置也应进行相应的改变，以适应新的情况。

二、内部审计机构设置的模式

在我国，以企业为例，常见的内部审计机构设置主要有以下五种模式：

1) 内部审计机构隶属于财务部门

20 世纪 80 年代，在内部审计的起步阶段，我国大多数设置了内部审计机构的单位选择了这种组织模式。后来，随着内部审计的发展，这种模式逐渐被其他模式所取代。这种模式的缺陷是当主要审计对象是本单位的财务会计时，内部审计机构的地位较低，缺乏独立性。另外，内部审计的范围也过于狭窄，仅局限于财务审计。

2) 内部审计机构与纪检、监察机构合署办公

这种模式的实质是简单地把内部审计部门视为企业经济监督部门，将纪检、监察、审计三种职能融为一体，相关机构合署办公。这种模式的优点是适合我国某些政府机关和国有企事业单位的实际情况，有助于提高纪检、监察与审计协调的效率；缺陷是容易导致党政不分、政企不分。建议在与纪检、监察机构合署办公的环境下，内部审计机构应专设内部审计人员，或至少有人专门负责内部审计工作。

3) 内部审计机构隶属于总经理等高层管理者

在这种模式下，内部审计部门独立于业务部门，地位较高，因此可执行的业务范围较

广。内部审计部门接近管理层，按照高层管理者的要求开展工作，并将审计结果直接向其报告，有利于及时、快捷地为高层管理者提供决策建议，能较好地发挥确认和咨询职能，有利于提高企业经营管理水平，提高经济效益。但是，所有权与经营权的分离容易导致道德风险、逆向选择等问题。管理层的意愿未必符合企业所有者的利益，未必符合企业长远发展的目标，因此，设置在高层管理层之下的内部审计，其许多活动都是在管理层的授意下进行的，难以对本级管理层的经济责任进行有效监督，也就难以发挥内部审计在公司治理和企业战略管理、风险管理中的作用。

4) 内部审计机构设在监事会下

监事会是组织内部的监督机构，由股东代表和职工代表组成，职权主要是对董事、经理在执行公司职务时是否违反法律、法规和章程进行监督。监事会没有经营管理权，不能直接服务于经营决策。另外，就目前情况而言，监事会的职能往往不能有效履行。因此，设在监事会下的内部审计机构只能是监督机构，事实上，由于远离经营管理的实际，也很难真正发挥监督功能，至于要发挥服务、咨询功能就更加困难了。

5) 内部审计机构设在董事会下

董事会是公司的经营决策机构，职责是执行股东大会的决议，决定公司的生产经营策略以及总经理的任免。在这种模式下，内部审计机构无论从独立性还是权威性来说都是最高的，但是，由于董事会实行集体讨论决定制，将会影响内部审计工作的效率。为解决该问题，可在董事会下设立审计委员会，由独立董事和外部董事组成。内部审计机构在审计委员会的领导下开展工作。

在此基础上，IIA 推崇双重领导模式，即内部审计机构在行政上向总经理报告，在职能上向董事会及审计委员会报告。这种双重领导中的双向关系能够规避以上其他模式的缺陷，最大限度地发挥内部审计的各项职能，如图 1-1 所示。

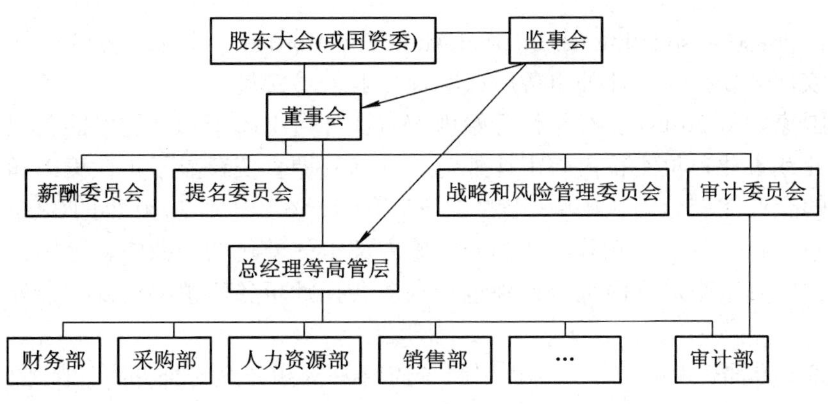

图 1-1　双重领导模式

三、集团公司内部审计机构设置

(一) 总体框架体系

集团公司内部审计机构的设置可采用双重领导制度，即各层的内部审计同时接受本层

委托方和上层内部审计组织的领导。因为如果内部审计机构只接受本层委托方的领导，就不利于整个集团形成完整的监督体系，不能发挥整体效应，也不利于各层内部审计之间的沟通；如果内部审计机构只接受上层内部审计组织的领导，则就本层组织的内审工作而言，缺乏内部审计存在的基础——受托经济责任关系。因此，双重领导制度比较合理。

（二）集团公司内部审计的范围及内容

由于集团成员在企业集团中所处的地位不同，对各个基层法人企业的内部审计范围也就应有所差别。总的原则是审计要有重点，有层次。就一般范围而言，整个企业集团的内部审计主要包括财务审计、经营审计、内部控制审计、经济合同审计、投资审计、信息系统审计以及经济责任审计等方面的内容。

(1) 核心企业：核心企业是企业集团的主体部分，是企业集团内部审计的重点，对核心企业应该进行全面审计。

(2) 紧密层企业：紧密层企业在企业集团中处于相对重要的位置，内部审计也应该比较全面，但比核心企业的监督范围可以适当窄一些。企业集团总部的内部审计总协调机构可侧重于对紧密层企业领导人的经济责任审计、重大决策审计、财务异常审计调查等。

(3) 半紧密层企业：根据半紧密层企业的特点，主要是对投入资金的使用情况、成本、利润及分配的真实性以及合同的履行情况进行审计监督。

(4) 松散层企业：松散层企业与核心企业只有互惠性的协作关系，它们之间的关系是由彼此之间达成的契约或协议来决定的。因此，对这一类企业仅仅只对其提供协作的事项进行调查，以及对协议合同执行情况进行审计。审计的范围相对比较窄，内容也比较单一。

四、内部审计外包

内部审计外包(Outsourcing the Internal Audit Function)指企业管理层将本企业的内部审计职能全部或部分委托给会计师事务所或其他专业人员实施。

在西方国家，从20世纪90年代开始内部审计外包引起了越来越多的关注，已经有为数不少的企业或事业单位实行内部审计外包。据国外调查资料显示，在美国和加拿大，内部审计外包的企业比例分别从1996年的21.5%和31.5%上升到2000年的38.0%和34.8%，这些企业遍布于各行各业。此外，在尚未实施内部审计外包的企业中，分别大约3成和4成以上的企业打算未来进行内部审计外包。众多会计师事务所也将内部审计外包视为新的发展领域。

但是，另一方面，内部审计外包也引起了监管机构和公众对外部审计师独立性的质疑，不同的监管机构对会计师事务所的独立性是否受到影响争议很大。美国注册会计师协会(AICPA)1996年8月发布的职业道德行为守则解释认为，只要注册会计师不履行管理职能、进行管理决策或以客户的员工身份进行活动(不管是形式上还是实质上)，就不损害注册会计师的独立性。公共监视委员会(Public Oversight Board)2000年在一份关于审计效果的报告中指出，内部审计外包不会损害注册会计师的独立性。但是，美国证券交易委员会(SEC)2000年颁布了一条规定：公司内部审计总耗时中最多只能有40%实行外包。

(一) 内部审计外包的形式

(1) 最简单的外包形式是补充，即把特定部分的内部审计职能赋予称职的第三方。例如，在一些关键性的内部审计项目中聘请外界专业人士提供帮助。又如，在审计外地的分公司时，企业聘请懂当地语言或熟悉当地习俗的审计人员提供帮助。另外，在审计特殊领域(如电子数据处理系统)时，企业也可聘请这方面的专家参与审计。

(2) 审计管理咨询。这种外包形式是会计师事务所现有咨询或审计业务的延伸，主要是帮助企业确定企业内部审计机构设置、人员数量及配备情况，并有可能促进内部审计计划的形成和改进。审计管理咨询服务还包括对内部审计人员的招聘工作，帮助管理层确定主要的审计风险领域等。

(3) 内审职能全部外包。这种外包形式下，企业不设内部审计部门，但是为了进行合理的经营性审计，就将内部审计职能全部外包给会计师事务所。内审职能全部外包时，企业可能只保留内部审计长以监督审计业务的执行，并担当在会计师事务所和管理层之间沟通的媒介。

(4) 内外成员结合审计，也称为合作内审。在这种外包形式下，内部审计工作由一个统一的项目和审计工作组来完成，成员包括内部审计师和外部审计师，但内部审计师和外部审计师分别承担不同的责任。

以上各种内审外包形式各具特色，由于企业规模及行业不同，是否实行内部审计外包及实现的方式可能都有所不同。关键是进行成本-效益分析，使用创新的内部审计外包方法，实现内部审计功能最大化，并使企业能够与急剧变化的外部环境相适应。

(二) 内部审计外包的优点

(1) 获得高水准的服务。随着经济的发展特别是证券市场的发展，会计师事务所拥有大批管理咨询、资产评估、税务服务等领域的专业人才，这能够使企业根据审计项目的情况选用合适的人才。同时，注册会计师作为外部审计主体，服务对象分布在各行各业，熟悉不同的经营理念和管理方式，能够根据自身经验对被审计单位的经营过程、风险控制和管理等活动进行客观的评价并提出切合管理者需要的建议。

(2) 提高企业内部审计职能的独立性。企业内部审计人员受雇于企业管理人员，在开展审计工作和提供审计报告时极有可能仅仅考虑如何取悦于管理者而偏离其本身的职责。外部注册会计师则根据与企业签订的契约开展内部审计，与企业其他部门没有内在的利益冲突和联系，因此，他们能够毫无顾忌地指出企业经营和控制中存在的漏洞，提供更具独立性和客观性的评价结果。

(3) 符合成本效益原则。一方面，企业设立了内审部门之后，就形成了固定成本，不断对内审人员进行的后续培训也增加了企业的支出。另一方面，由于经济环境变化、技术进步、业务范围拓宽等原因，限于数量和质量，内部人员并不能提供令管理层满意的内审服务。将内审职能部分或全部外包后，部分或全部的内审部门成本就变成了可变成本，能够降低成本。企业还能聘请注册会计师和其他专业人士提供短期的内部审计服务，从而用较低的成本获得优质的内审服务。

(4) 企业能够集中精力做好主业。现代市场经济的发展就是专业化分工的发展，因此，管理层关注的焦点应该是组织的关键性业务，企业应该将其有限的资源投入到核心业务上，提高企业的核心竞争能力。同时，会计师事务所、律师事务所等专业服务公司的服务水平也越来越高，企业完全可以将其次要业务(如内部审计等)交给相应的专业服务公司，从而提高组织的竞争能力。

(三) 内部审计外包的缺点

(1) 审计工作不够“贴心”。内部审计外包后，审计可能会变成一种程序性的工作，外包审计人员不会像内部审计人员那样全心全意为企业考虑。外包审计人员只与企业有短期的合约关系，企业最终的经营成果与他们没有直接联系。

(2) 外包审计人员不熟悉企业的情况。注册会计师和其他专业人士毕竟不熟悉具体企业的实际情况，而内部审计师，特别是那些在企业里工作很长时间的内部审计师则更了解企业的发展战略、经营管理手段、企业文化、部门间的利益关系等。这种差异可能影响到审计计划的深度和审计程序的执行，并可能会对内部审计工作的效率和效果产生重大的影响。

(3) 减少为未来的管理人员提供培训的平台。在很多大公司，如 IBM、GE 和百事可乐公司，内部审计部门通常被用来作为未来财务和经营主管的培训平台，因为内部审计师通常需要熟悉企业经营的各个方面，熟知不同部门主要成员的工作。内部审计师进入其他部门工作后，这些经历在确保部门间目标协调一致和改善部门之间的关系方面能起到很大的作用。如果内部审计职能全部外包，这种难得的培训平台就消失了。

(4) 内部审计丧失主动性和前瞻性。内部审计外包之后，由于契约的不完备性，外包审计人员一般只在约定的范围内消极地进行审计，尽量削减审计任务，减少工作量，而不愿意积极主动地去帮助管理层发现问题，提出建议。

(5) 泄露商业秘密。现代内部审计业务涉及范围很广，远远超出传统财务审计的范畴，深入到研发、采购、销售、物流、内控、风险等诸多核心领域。这些内部审计业务如果采用外包方式，很难保证商业机密、核心技术不被泄露。这也意味着企业在考虑外包方式和在选择哪些内部审计业务可以外包时一定要慎重，并且通过严密的合同条款以及严格的内控监督等制度来保护企业的商业秘密，维护企业的权益。

企业应根据本单位的具体情况选择合适的外包形式。对于大中型国有企业而言，一方面根据审计署规定设置内部审计部门，另一方面，内部审计职能完全外包会产生很多种后遗症，因此，部分内审职能外包是一种明智的选择。企业应该设置内审部门，配备熟悉企业情况、业务水平精湛的内部审计人员，并根据企业需要聘请注册会计师或者其他专门人才配合内部审计人员共同开展内部审计工作。对中小型企业而言，内部审计任务不多，设置内审部门并配备内审人员成本太高，不符合成本效益原则，内审职能全部外包可能是企业的最佳选择。

五、内部审计机构的职责与权限

审计部门的职责和权限都来源于内部审计章程的规定。内部审计章程一般由内部审计部门起草，并经董事会、审计委员会、相关治理机构和高级管理层批准或认可，这样能最大限度地保证内部审计活动的独立性，明确内部审计机构的目的、职责和权限，为开展内部审计工作奠定基础。

1．内部审计机构的职责

内部审计部门通过审核、检查和评价有关活动，提供有关分析、评定，报告有关发现和提出相关建议的方式，实现辅助管理层的目的。开展内部审计工作要保持应有的职业审慎性，职业审慎性的建立来源于适当的教育、经验、证书、态度和诚信等方面。

具体来说，内部审计机构的职责可包括以下几方面：

(1) 根据政策和程序审核企业活动，确定执行控制职能的效率和效果；

(2) 确定内部控制系统的效果；

(3) 审核财务信息的可靠性和完整性，并审核识别、计量、分类和报告这些信息的方式；

(4) 审核资产安全保障的方式，核实资产的存在性；

(5) 评估资源使用的效率和经济性；

(6) 审核经营情况和计划；

(7) 同外部审计师进行协调；

(8) 审计计算机系统的规划、设计、开发、实施和运行工作；

(9) 对计算机中心进行审计；

(10) 参加并购审计的规划和实施，确保审计目标完成；

(11) 报告审计结果，提出建议；

(12) 评价纠正措施，并确保纠正措施有效。

在我国，内部审计机构的职责通常包括：① 开展财政财务审计；② 开展资金管理审计；③ 开展任期经济责任审计；④ 开展固定资产投资审计；⑤ 开展内部控制审计与风险管理审计；⑥ 开展管理审计与效益审计；⑦ 开展其他审计。

2．内部审计机构的权限

内部审计部门在执行任务时，要全面、自由、不受限制地接触与审计工作有关的各种记录、人员和实物资产。审计人员应当直接接触审计委员会，强化内部审计的独立性和客观性，不能受到其他部门的制约和影响。内部审计机构的具体权限包括以下几方面：资料报送要求权、参与与召开会议权、参与与制定规章制度权、检查权、信息系统检查权、调查权、违章违法行为制止权、资料封存权、提出意见或建议权、通报批评或处理建议权。

第三节　内部审计人员

一、内部审计人员的职业道德

根据《国际内部审计专业实务框架》(IPPF)的要求，内部审计人员应具有的职业道德

是诚信、客观、保密、胜任。

1．诚信原则

(1) 应当诚实、勤奋并负责地开展工作。

(2) 应当遵守法律，按照法律及其职业要求进行披露。

这一条有两点要求：

① 如果内部审计师了解到一些对企业重要的信息，依照法律和职业的要求，负有报告该信息的责任。

② 反之，如果内部审计师没有足够的证据来证明他的判断，就不应该作出评价。

(3) 不得故意参与非法活动，或参加有损于内部审计职业或其所在组织的行为。

(4) 应当遵守并协助实现组织的合法目标。

2．客观原则

(1) 不应参与可能妨碍或被认为妨碍其公正评价的一些活动或关系，包括那些与组织的目标相冲突的活动和关系。

(2) 不接受可能妨碍或被认为妨碍其职业判断的任何物品。

(3) 应当揭示已知的、如果不予揭示就可能歪曲检查工作报告的所有重大事实。当然，应注意披露的对象。

3．保密原则

内部审计师应尊重其收到的信息的所有权。除非法律允许或有适当的授权，否则不能披露获取的信息。一般而言，对外发布信息不是内部审计师的责任，而是董事会或审计委员会的责任。这条原则包括以下两条行为规则：

(1) 应当谨慎利用和保护在其职责中获取的信息。

(2) 不应当利用信息谋取私利，或者以任何有悖法律规定或有损组织法律和道德目标的方式使用信息。

4．胜任原则

内部审计师在工作中应使用在内部审计业务中所需要的知识、技能和经验。这条原则包括以下三条行为规则：

(1) 应当只从事与其所具备的知识、技能和经验相适应的服务活动。

(2) 应当根据《国际内部审计专业实务标准》开展内部审计服务。

(3) 应当持续提高专业能力和服务的质量。

二、内部审计人员的业务素质要求

1．专业能力

(1) 审计执行主管和每位内部审计师都有责任保证其具有开展审计业务所必需的专业水平，包括知识、技能和其他有关能力。

① 应用内部审计标准、程序和技术所必需的专业水平。

② 广泛涉及财务报告和记录的审计师必须拥有与会计原则和技术有关的专业水平。

③ 识别舞弊信号的专业知识。

④ 有关信息技术风险和控制的技术以及利用这些技术进行审计的方法。

⑤ 确认和评价良好实务所必需的对管理原则的理解。

⑥ 对会计、经济学、商法、税收、金融、量化方法和信息技术等领域的基本内容的了解。

⑦ 开展有效人际沟通交流的技能。

⑧ 出色的口头和书面表达能力。

(2) 内部审计部门在整体上应具备在组织内履行职能所必需的知识、技能和其他能力。

(3) 当内部审计人员缺乏完成全部或部分审计工作所应具备的知识、技巧或其他能力时，审计执行主管应向他人(外部服务提供者)寻求建议或帮助。

外部服务提供者是指独立于内部审计部门所在机构、拥有某一学科或领域的专门知识、技能和经验的公司或个人，可以是精算师、会计师、评估师、证券专家、统计师、信息技术专家、机构外部审计师和其他审计机构。内部审计部门可以通过董事会、管理高层或审计执行主管来聘用外部服务提供者。

审计执行主管应该分析外部服务提供者与机构和内部审计部门的关系，确定不存在妨碍外部服务提供者公正地进行判断和得出结论的财务、机构或私人关系。

2. 应有的职业审慎性

(1) 应有的职业审慎性应适合正在开展的审计业务的复杂程度。

(2) 应有的职业审慎性意味着合理的谨慎和能力，而不是永不出错或永不出现反常的工作表现。

为保持应有的职业审慎性，内部审计部门及人员应考虑的因素有：为实现审计目标而需要开展的审计工作的范围；所要保证事项的相对复杂性、重大性和重要性；风险管理、控制与治理过程的充分性和有效性；严重错误、舞弊或不守法的概率；与潜在利益相对的审计成本。

3. 持续职业发展

内部审计师应通过持续职业发展来增长知识，提高技能及其他方面的能力。

(1) 内部审计师有责任继续接受教育，维持其专业水平。

(2) 鼓励内部审计师通过获得恰当的专业资格证书(如注册内部审计师头衔和其他国际内部审计师协会授予的头衔)来展示其专业水平。

(3) 拥有专业资格证书的内部审计师应该获得充分的继续教育，以满足与所持专业资格证书相关的要求。

(4) 鼓励目前尚未拥有专业资格证书的内部审计师参加能够帮助他们获取专业资格证书的教育项目。

三、内部审计人员的立场

1. 以组织整体利益为导向

内部审计人员应具备整体观念，在内部审计工作中考虑具体问题的时候，不应只顾及个别部门或个别人的意愿，而应站在组织整体的高度，全面综合考虑内外各项因素，维

护组织整体利益。

2．争取独立的地位，保持客观的态度

在进行确认业务时，内部审计人员应保持独立，不能参与被审计单位及被评估对象的实际工作，不能从事任何可能损害独立性的活动。内部审计人员在从事观察、分析、考虑、决策、建议等工作时，应该摒弃个人的任何偏见，以事实为依据，作出符合逻辑的推论；在对外报告与对内联系方面，应注意措辞及语气，避免由于表达不清而使他人产生误解。

3．正确处理与企业内部各利益集团的关系

《索耶内部审计》中引用了心理学家对4000名被解聘员工的研究结果，令人惊讶的是，研究结果表明只有38%的人是由于技术能力不足而被解聘的，而其余62%的人是由于无法协调人际关系而被解聘的。然而，大多数组织包括内部审计协会在95%的工作时间内都专注于专业技术。

对于内部审计人员，保持良好的人际关系尤其重要。首先，被审计单位管理层对内部审计的监督和控制感到警惕和反感，担心内部审计人员的建议给他们带来更多的工作和责任；其次，一线人员可能敌视内部审计人员，他们担心自己的过失或薄弱之处被发现之后不利于自己在单位里的生存和发展；最后，被审计单位担心内部审计的工作阻挠了正常工作和日常经营，分散了他们的精力。这些都可能使被审计单位管理层和员工抵触内部审计工作，他们可能会不配合内部审计人员，从而为内部审计人员获取各类信息、资料、帮助和支持带来诸多困难。另外，对内部审计的反感也会直接影响被审计单位管理层和员工对内部审计建议的接受和采纳，这样必然会妨碍增值型内部审计发挥功效。国外的研究表明，当内部审计人员得到被审计单位很高的评价时，通常审计建议的全部措施都能付诸实践。这也证明了恶劣的人际关系妨碍审计目标的实现，而良好的人际关系有利于审计的完成。

而要处理好审计中的人际关系，对内部审计人员来说并不是件容易的事。这意味着内部审计人员一方面要保持与客户的合作，另一方面要警惕舞弊和无效率的情况出现，当它们出现时要予以根除；一方面要获得经营管理人员的信赖，另一方面要向管理人员的上司报告发现的不足；一方面要获得CEO的支持，另一方面要向董事会报告企业中CEO负有完全责任的失职行为。

为此，内部审计人员应从思想上重视人际关系，端正对自身工作的认识，不要简单地把内审工作看做是对被审计单位的监督，而应在合作理解的基础上将其视为帮助被审计单位提高效益，纠正错弊，达到经营目标的途径。为保持良好的人际关系，内部审计工作可从以下几方面实现：

(1) 在不影响独立性的前提下注重平时的沟通。在实施具体的审计工作之余，内部审计人员应注意与其他部门沟通，保持一定的往来关系，增进友谊，主动创造融洽的氛围。

(2) 取得上级的充分支持。内部审计人员应注意与上级领导的沟通与交流，合理安排汇报的时间和内容，取得上级领导的支持和理解。当审计工作中遇到困难时，内部审计人员应争取获得上级领导的协调，利用上级领导的权威性促进问题的解决。

(3) 争取被审计单位的理解。内部审计部门可采取各种方式向被审计单位传达内部审计的职责、工作范围和工作目标，并不断强调内部审计目标与其职能部门目标的一致性，从而获取被审计单位领导和员工的理解和支持。

(4) 注意审计的技巧性。在审计过程中，审计方法、工作态度、审计技巧都应被充分重视。内部审计人员对于发现的问题不应夸大，对已有的成绩应及时肯定，审计报告中应用词得当，描述客观，观点公允，并应充分征求被审计单位的意见。

第四节　内部审计准则简介

一、国际内部审计专业实务框架

近年来，国际内部审计师协会(IIA)根据内部审计实务的最新发展变化，多次对内部审计实务框架的结构和内容进行更新和调整，这些修订和完善充分反映了内部审计发展的最新理念，更加重视内部审计在促进组织改善治理、风险管理和内部控制中发挥作用，以及重视内部审计的价值增值功能等。

《国际内部审计专业实务框架》包含强制性指南和强力推荐指南。

1. 强制性指南

(1) 内部审计定义。

(2) 职业道德规范：阐明了开展内部审计活动的个人或机构需要遵循的原则和行为规范，是对执业行为规范的最低要求。

(3) 《内部审计实务标准》及其释义。这是以原则为导向的强制性要求，为实施和推动内部审计提供了框架。它包括属性标准和工作标准，适用于所有的内部审计服务。

属性标准说明了开展内部审计活动的机构及人员的特点；工作标准描述了内部审计活动的性质并提出了衡量内部审计活动开展的质量准绳；它们从总体上对内部审计服务进行了说明。标准用于特定的内部审计活动中，分为针对确认活动和咨询活动两种主要的内部审计活动类型。

2. 强力推荐指南

(1) 立场公告：有助于对内部审计感兴趣的社会各界了解重大的治理、风险或控制事项以及内部审计在其中扮演的角色和作用。

(2) 实务公告：帮助内部审计师应用内部审计定义、职业道德规范和《国际内部审计专业实务标准》推动内部审计工作的实践，涉及开展内部审计的方式、方法和需要考虑的因素，但是不包括详细的过程和程序。它包含的内部审计实务与跨国、国内或特定行业的事项、特定业务类型以及法律法规事宜相关。

(3) 实务指南：为开展内部审计活动提供详细的指引，包括具体的过程和程序，例如，工具、技术、程序以及分步骤的方法和形成书面文件的范例。

二、中国内部审计职业规范体系

我国内部审计相关的法律法规有《中华人民共和国审计法》和《内部审计工作规定》。

中国内部审计协会于 2003 年至 2011 年间，先后发布了《内部审计基本准则》、《内部审计人员职业道德规范》以及 29 个具体准则和 5 个实务指南，初步形成了内部审计准则体系。近年来，随着我国经济社会的发展，各类组织对内部审计的重视程度日益提高，内部审计迎来了新的发展机遇和挑战，对内部审计准则也提出了新的要求。2014 年起实施的新《中国内部审计准则》的体系由内部审计基本准则、内部审计人员职业道德规范及 20 个具体准则、5 个实务指南构成，其中内部审计具体准则又分为作业类、业务类和管理类三大类。

✧✧✧✧✧ 本章思考题 ✧✧✧✧✧

1. 内部审计产生的主要原因是什么？
2. 内部审计与政府审计、注册会计师审计有哪些区别？
3. 简述内部审计未来的发展趋势。
4. 内部审计机构设置的模式有哪几种？何为双重领导模式？
5. 简述内部审计机构外包的优点及缺点。

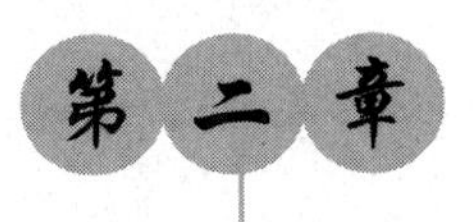

第二章　内部审计程序

第一节　审计准备阶段

一、选择审计对象

认识审计对象是审计的基础，准确地选择审计对象，可以提高审计的效率，增强审计效果，使内部审计更好地为企业管理层服务。如果选错了审计对象，那么就会使内部审计的职能无法得到充分的发挥。因此，选择审计对象是内部审计中的关键环节。

(一) 审计对象划分

1．按地理位置划分

按地理位置划分要看审计对象的本身属性，如分公司、地区销售部门、厂房、仓库有很强的地域属性，可以很容易地从地图上辨认出来，再进一步划分为具体的审计对象。而同属于一地的审计对象也可以按上述办法划分，譬如某地的仓库就可以划分为A、B、C、D四个区域，分别安排审计。

2．按价值(资产价值、创造价值)划分

这是最通行的办法，审计对象以价值为基础进行量化，再根据价值的大小划分为不同的层次。例如，假定一家公司的内部审计部门规定可以将本公司内的部门按价值划分为三个等级，200万元以下是一级，200万元到500万元是二级，500万元以上是三级。凡是一级的对象两年审计一次，二级的对象一年审计一次，三级的对象一年审计两次。但审计人员还应注意两点：第一，如何选择价值的标准，是以净资产为标准还是以销售额为标准(例如，在某些公司中，有的科技含量高的部门虽然只有很少的资产，却能创造很高的价值)。第二，不能只简单地注重资产和利润，因为有的服务部门虽然没有大量资产，也不能创造很高的利润，但它的服务是公司运转的关键所在，忽略了这点会影响公司的全面审计，导致重大的风险。

3．按职能划分

无论是公司还是企业都是具有一定职能的集合体。公司要想运转就必须具备相应的职能，其中比较典型的职能包括生产、存货、营销、财务、管理、人事等。这些职能还可以

进一步划分为亚职能，例如，存货职能可以划分为进货、出货和存储三个亚职能；财务职能可以划分为筹融资、投资、会计、分析等亚职能。按职能划分的审计对象脉络清晰，很少出现交叉的情况，这就为审前准备提供了便利。审计部门对于不同职能对象可以组织不同的审计人员，设计不同的审计程序，这样审计效率就会更高。

4．按项目、决策中心划分

当公司组织比较大时，可以按项目或决策中心进行划分。大部分公司中会出现很多的项目，如基建项目、开发项目、促销项目、设备更新项目、筹资项目、上 ERP 系统项目、并购项目等。它们通常为完成某项任务而成立专门部门，任务完成以后便会自动解散。每一个项目相对来说有一定的独立性，从管理上说，有专人负责；从账目上说，有详细的收入支出记录，这就十分有利于审计的开展。出于某种需要，审计人员也可以按决策中心划分，例如，某公司专门负责生产的副总裁可以是一个决策中心，某一车间的生产主任也可以是一个决策中心。只要对公司组织意义重大的决策都可以作为决策中心，而不一定非是生产决策不可。

可见，一方面，选择审计对象可以决定审计的方向和重点，如果选择了公司的财务职能而非生产职能，那么从审计计划到审计程序直至审计报告都会大相径庭；另一方面，选择审计对象影响审计的深度与时间。如果把整个公司的绩效而不是某个部门的绩效作为审计对象，则需要较长的时间。

（二）审计对象选择的原则及考虑因素

1．审计对象选择的原则

1）重要性

审计对象的选择要本着重要性的原则，选择重要的审计对象，合理利用审计资源，从而带给公司最大的价值。一般情况下，事关公司前途的审计在先，相对缓和的审计在后。但是，这不意味着排在后面的问题不需要审计，因为常年得不到审计的小问题会变成大问题。另外，组织内外部环境也会发生变化，导致一些事项的重要性发生变化。所以审计人员必须有意识地在一定的期限内对相对不重要的问题进行审计，以免使小问题扩大。

2）风险导向

风险因素是审计对象选择中的关键性因素。现代公司要运作和发展，就要规避各种风险，否则公司无法生存。风险大的地方是公司所必须重点关注的，这就要求内部审计部门在工作时要以风险为中心，在对象选择阶段，以风险为导向选择审计对象。风险导向原则在很多方面与重要性原则是一致的，如总资产超过 5000 万元的部门，其所面临的风险自然会比总资产为 500 万元的部门要大。但二者还是存在一些区别，对于一家公司更换信息系统来说，信息系统本身的价值是十分有限的，但信息系统对于公司以后的发展却是至关重要的，这便是风险所在，所以必须对信息系统进行必要的审计以确保其运行正常。

内部审计要用风险分析作为选择审计对象的基础，把有限的审计资源用于经营管理的风险区域，以便有效地发现问题和解决问题，有针对性地通过审计为组织实现其经营目标服务。在国外，内部审计部门每年要进行一次对可供审计事项的风险评估，根据风险的大小来确定审计的优先次序，制订审计计划。

2．审计对象选择的考虑因素

1) 服从公司总体发展战略

内部审计系统与其他辅助管理系统一样，必须对企业的增值与长远战略有所帮助。公司总体发展战略是公司长远发展的宏观规划，内部审计要服从于企业整个团队协作的要求。管理当局制定审计战略时，要统筹考虑企业的整体资源，实现物尽其用，人尽其能。内部审计对象的选择一定要与公司总体发展战略一致。内部审计的职能是为公司创造价值，所以审计要更多地涉及管理咨询、风险管理、战略审计等方面。

2) 变化、不稳定性

美国 SEC 前主席 Anhur Levitt 说过："今天，竞争、技术和全球化的力量势不可挡地汇集在一起，激发出伟大的创造，释放出全新的发现，燃起了一个信念，那就是人类的潜在能力是无穷的。"

每天人们都能看到新概念、新发明、新规则在重塑着我们的世界。经济全球化、技术创新引发环境的不断变化，跨国联盟、合并和并购给企业带来不同的文化和经营理念，风险随时产生变化，经济体制和控制机制的演变带来了各种风险。这些变化都是积极的，但没有控制的变化是危险的。风险不断地上升绝对不是一件好事，所以内部审计部门必须将经营变化、各种制度变化、人事变化作为审计对象选择的标准。

3) 企业所暴露的问题即可能出现亏损的地方

内部审计部门在选择内部审计对象时，应充分考虑企业所出现的问题，这些问题可以引导审计人员寻根溯源，挖掘企业深层次的矛盾，进一步提高企业的经济效益。可能出现亏损的地方必然是企业经营的弱点、控制的盲点，为了给企业增加价值，内部审计工作应从这方面入手。

4) 审计资源

企业的审计资源不是无穷尽的，相反，很多企业的内部审计资源极为有限，审计资源是审计委员会在选择审计对象时重点考虑的问题。审计需要经过仔细筹划，好的计划能使审计事半功倍，糟糕的计划将使审计劳而无功。审计资源的有限性使得有些审计工作会因人员的有限而无法展开，倘若硬要审计，往往会有头无尾，最后不了了之。充分考虑审计资源，也会对审计对象的选择产生重大影响。

5) 相关审计的情况和日期

此次审计必然是与其他相关审计相关联的，例如，在上期审计或是以前几期审计中发现问题的地方肯定是此次审计的重点。若上一次发现的问题很多，则假定控制上存在的风险就很大。此外，由于审计具有连续性，上期审计的时间也会对审计对象的选择造成影响：两次审计的时间间隔过大，则风险较大，从而应优先审计；两次审计的间隔过小，则淡化了前期审计的作用，浪费了审计资源。

6) 审计计划的周密安排

内部审计的计划性必须得到加强，对于大型集团公司而言，如果没有统筹计划，不同级次的内部审计部门开展的审计项目难免会发生重复，这样一来会造成审计资源的浪费和被审计对象的负担。因此，内部审计部门要根据实际情况合理安排长期计划、中期计划和短期计划，确定不同审计主体开展审计项目的重点、目标。

（三）审计对象选择的方法

1. 系统选择法

系统选择法是由审计部门编制年度的审计计划，在其中拟定被审计对象及具体的审计程序。首先，审计部门在审计方案中，识别潜在的被审计对象，然后按风险对被审计对象进行排序，也就是说，风险高的对象早审计，风险低的对象晚审计。在系统选择法下，最为关键的是对风险的评估排序。

风险因素是内部审计人员用来评估可供审计的单位风险大小的标准事项。对一个单位具有影响的事项很多，而且同一事项对不同的单位的影响程度也存在很大差别。因此，要寻找一套完全适合于评估不同组织风险大小的风险因素是不现实的。为保证对所确定的风险因素进行评估的结果能够较全面地反映被审计单位的总体风险水平，内部审计人员根据可能造成不利影响的事项的重要性来确定风险因素。下面所列的事项是一些具有普遍性的风险因素，内部审计部门可以根据自己的实际情况，选择其中的部分或全部事项作为评估被审计单位风险水平的因素。

一些集团公司，尤其是制造型企业面临的外部风险：技术的发展可以影响何时开发科研项目及其性质，也可以导致采购方面的变化；顾客需求或期望的变化可以影响产品开发、生产过程、销售服务、定价和售后服务；竞争可以改变营销或策略；新的立法和规则可以强制改变经营方针和策略；自然灾害可以导致经营或信息系统的变化，突出制订应急计划的重要性。

企业面临的内部风险：信息系统的运行故障可以对企业的经营产生不利影响；职工的素质、企业的培训方式和奖励方式可以影响公司内部控制意识的水平；管理权限的变更可以影响公司控制的实施方法；公司活动的性质和雇员可使用财产的程度可以导致资源的不合理使用；不正规的管理可以给草率的行为制造机会，造成低效、浪费、损失；为实现组织的目标，管理者所面临的道德压力；职工的知识和技能，以及职工的数量及变动情况；资产的规模、流动性；业务量的大小；财政政策和经济状况；竞争条件；各项活动的复杂性或易变性；公司与供应商和政府的冲突情况。

内部审计人员在分析风险因素时，应挑选出其中最主要的几个因素，而不是对每一种风险因素都进行评估。内部审计人员在确认了风险因素以后，按下述程序进一步分析：挑出 5 种对于公司来说最重要的风险，给每个被审计对象的 5 种风险因素逐一评分，每一因素的分值从 1 到 5(5 表示风险最大，1 表示风险最小)计算出各个被审计对象的风险分值(最高分值为 25 分，说明每个风险因素都是 5 分；最低分值为 5 分，说明每个风险因素的得分都是 1 分)，按各个审计对象的得分排序，如表 2-1 所示。

表 2-1　各审计对象的风险分值排序

	内控质量	管理人员能力	单位规模	经营环境	电脑化程度	风险总分	排序
销售部							
采购部							
财务部							
信息部							

当风险分值相等时，审计人员要考虑其他因素来决定审计排序，可以加列一种风险进行重新排序，也可以考虑完成一项审计所需要的工时数，或者简单地看审计对象所处的层次，如总公司级别高于分公司级别。

利用审计对象的排序，审计人员就可以得到审计的顺序了。但审计人员仍有必要认真检查一下得到的结果，以确保其合理性。风险评估每年都要做，因为任何一家公司的风险都会发生变化，每次审计对象的排序都会不同。另外，由于公司经营的变化，组织机构也会发生相应的变化，审计人员对审计对象的划分也会不同。

2．示警事件法

当企业出现问题时，也就是不能承受其风险的必然反应。换句话说，问题所在也就是重要风险所在。大到公司的生存危机，小到车间的质量问题，都是审计部门应该重点关注的。在问题出现以后，管理当局会进行判断处理，提出解决方案，此时适时开展相关的内部审计的确认或咨询业务，帮助管理层识别、评估风险，对控制风险和管理风险的手段进行评价，能促进管理当局制订符合企业整体战略的应对措施，并从根本上解决问题。

案例2-1

某保险公司为拓展业务开辟了新的险种并且建立了新的理赔程序，随着经营的深入，管理部门收到了对三宗理赔业务的投诉。不知什么原因，这三宗理赔业务的处理时间都超过了 5 天，而平时这家公司的理赔时间不超过 48 小时。由于这种类型的投诉都是首次发生，而且都是在新的理赔程序启用以后，管理人员担心这样下去顾客会转投其他保险公司，所以请内部审计人员查明理赔时间延长是由新险种造成的，还是由新的理赔程序造成的。

有时候，这种由问题产生的审计对象，也可能是内部审计人员“多管闲事”造成的。例如，著名的世界通信丑闻就是由三个忠于职守的内部审计人员发现并揭露的。随着信息技术的普及，会有更多的新审计对象出现，内部审计人员也不能只等待管理当局布置任务，而要善于自己去探索和发现。

3．应管理当局的要求

在很多情况下，高层管理人员会要求实施某些特殊的审计，这些要求可能出于管理层对某些特定领域的关注。在这种情况下，审计人员要对风险进行重新评估，因为备受管理当局关注的风险一定比想象中的要高。

案例2-2

CPC 公司战略审计

由于 CPC 机构投资者、管理机构、金融机构和董事对法律诉讼的担心等因素迫使作为上市公司的 CPC 公司更加主动，许多董事在寻找进行战略监督的途径。公司董事长戈登·唐纳森提出了战略审计，在不侵犯管理层权力范围的前提下为董事会审查公司战略提供一条有序的途径，这是很多人都没有想到的，也是以前从来没有做过的。通常有三个因素促使董事会介入战略审计：CEO 退休、公司获利能力大幅下降或敌意接管。但这些因素会迫使

董事会进入抵制状态，不利于进行有效的监管。经理层的任务是把战略远景转变为经营现实，但董事代表着股东，必须根据公司收益率相对于其他投资机会收益率的表现评估战略。唐纳森建议实行低调的和幕后的战略审计。

CPC 国际公司(美国和全球市场上的一家主要的食品加工商)遭遇敌意收购，该公司董事会和 CEO 被迫承认他们对谷物湿法加工业务的期望没有建立在对公司历史业绩的现实评价的基础上，如果公司建立战略审计机制，就可能会及时发现问题。

1986 年夏天，金融分析家们开始猜测 CPC 国际公司进行大规模重组的动机已经成熟。随着投资者的日益不满，秋天刚到，这种猜测的证据和内容就发生了变化，华尔街上谣传科纳格拉公司(ConAgra)、露华浓(Revlon)公司或 CPC 公司内部管理班子在考虑收购 CPC。1986 年 10 月，谣言变为了现实，佩雷尔曼(Ronald Perelman)领导的投资基金企图对 CPC 进行敌意接管。这种外部干预是否本来可以避免呢？如果公司董事会已经建立了正式的战略考察程序，避免这种情况的可能性就很大。建立战略审计机制的目的正是为了避免这种情况发生，分析导致 CPC 受到佩雷尔曼侵袭的原因有助于理解战略考察过程的作用方式。

Com 公司成立于 1906 年，它开发了一套谷物湿法加工工序，精炼谷物副产品和工业用谷物淀粉、粮浆和油。1958 年，它与 Best Foods 公司合并，后者是一家食品公司，拥有著名品牌。自合并之后，公司就被谷物湿法加工部门所统治。在当时，谷物加工是个资本集中、高产量、低利润率的行业，存在着周期性过度建设问题，合并这两个公司(后来更名为 CPC 国际公司)的目的是实现产品线多元化，加强在消费品上的获利机会。

大约从 1980 年开始，由于行业内生产能力过剩，谷物加工业的获利能力出现了严重的下降趋势，并且在谷物副产品的获利能力和消费品的获利能力之间出现了越来越大的差距。例如，1977 年，消费品的资产回报率为 24.4%，谷物加工的资产回报率为 12.6%；但是，到了 1983 年，这两个指标分别为 25.5%和 6.6%。

管理层置这些数据于不顾，依然坚持谷物加工这一传统收入来源，坚持建立在该行业竞争绩效预期基础上的长期战略。管理层并没有向股东们隐瞒其战略对绩效的影响。事实上，从 1974 年以来的 8 年里，CPC 一直在年报中披露关于其公司股票回报率构成因素的数据，而且，每一次都是用相同格式披露当年和前四年的数据。很少有哪个上市公司能保持这种连续性。更为不同寻常的是，CPC 竟然能在多事之秋坚持披露其股票价值的推动因素。

虽然在早期很难观察到谷物加工和消费品生产之间的实际绩效的差距，但是，在 1983—1985 年间，这一事实已无法掩盖。当时，食品生产上的获利能力出现了短期下降，CPC 披露的数据表明，公司股票收益率从 8.5%急剧下跌到 1.5%。投资者们意识到谷物加工业务一直是公司盈利的包袱。资本市场分析家和金融媒体开始建议剥离其全部或部分谷物加工业务，向投资者释放 Best Foods 产品线的全部市场价值。

没有记录表明在投资者日益不满之时，CPC 董事会做了些什么，也不知道是否有哪位董事会成员曾挑战过既定战略的合理性，但管理层对接着而来的事件的反应速度表明，无论是管理层还是董事会在此前都不曾分析和讨论过其他替代战略。毫无疑问，董事会不可能托词说它缺少关于企业内在脆弱性的客观历史证据。佩雷尔曼的接管行动持续了两年，直至新任 CEO 詹姆斯·埃斯内尔进行了成功的防御，他提出的许多改革建议包括出售

CPC在欧洲庞大的谷物加工业务。

重组的结果马上反映在CPC公司总裁1987年的财务业绩中，同时也反映在CPC股票市场价值的上涨中。但是，在控制权争夺大战的威胁之下进行重组，成本很高。除了法律费用外，还有以弱者身份匆忙进行谈判的成本——出售价值被低估的资产和回购价值被高估的股份。

案例分析与探讨

1. 通常什么情况导致公司需开展战略审计？该案例中是什么原因？
2. 本案例中，执行的战略审计是“低调和幕后的”，这是基于哪些考虑？
3. 董事会、经理层各自的职责是什么？该案例中，存在什么问题？
4. 面临敌意接管的威胁(控制权争夺大战)，通常公司的应对措施有哪些？

内部审计部门受董事会所托，对公司的战略进行审计，是审计对象选择领域的延伸。在一些公司中，管理当局可以要求内部审计部门进行某项审计。而在另一些公司中(如CPC)，审计人员多是受董事会的领导，因而审计人员对决策有更大的影响力。

4．服从审计战略要求

战略是公司为发展而制订的宏观计划，在公司企业中可以有各种各样的战略，如可持续发展战略、高科技战略等。而审计战略是在制订审计计划的过程中，为完成既定的审计目的，通过各种手段而得出的长远的、宏观的策略。常见的审计战略有财务收支审计、内部控制审计、合规性审计、投资审计、舞弊审计等，新兴的审计战略有信息系统审计、环境审计、风险审计等。

作为整个审计工作的指导思想，审计战略是不可或缺的，否则审计工作就会缺乏整体性与系统性。一方面，制订审计战略，可以提高审计工作的广度与深度。从全局的角度制订的审计策略是公司整体所面临的风险博弈的结果，它反映了公司的整体要求。有的审计问题常需要借助其他的信息，单就一个领域来说是不能发现问题的。如果有了整体战略，就可以从多角度来审查被审计对象，多方面的审计证据也可以相互印证。另一方面，制订审计战略可以大大提高审计效率。审计资源是有限的，而审计工作是无限的，有了审计战略，审计人员就可以避免工作的重复性，增加协同合作的可能性，产生规模效益。

案例2-3

财务审计与内部控制审计结合

XYZ是一家快餐公司，有着1000多家连锁机构。公司为了产品的接收、废物的处置、记录销售以及现金的收支建立了控制政策和程序。公司内部审计部门拟定对下属公司的财务状况进行审计。若是没有总体的战略，为实现上述审计目标，则需要复杂的审计程序。另外，公司还要对监督控制机制的有效性进行审计。在审计战略中，将二者相结合就可以大大提高审计效率。

在监督控制机制的审计中，可以从以下几方面审查每个下属公司报告数据的准确性并作分析性检查：

(1) 将快餐店的收入与预期的收入以及以前年度相同时期的收入作比较。

(2) 特殊促销的效果。

(3) 毛利润。

而财务状况审计则可以利用上述审计结论。例如，公司发现其下属的几家店的利润低于预期的利润，更为奇怪的是毛利润率明显低于预期指标，而且这些店都是由同一个人管理的。管理层可以推断：这些店没有记录全部的收入，或者有着超额的浪费，或者产品被转移到其他地方。通过有效的监督控制，管理层可以进一步发现问题的关键。

案例分析与探讨

1. 食品连锁店的管控有哪些关键环节、因素？管理层最担心哪些问题？
2. XYZ 公司建立的控制政策和程序覆盖了哪些环节？
3. 财务审计与内部控制审计的交集是什么？
4. 该案例中，审查分析这三类数据为什么比较有效？
5. 预期收入、预期利润的数据如何形成？

审计战略的制定还要充分考虑公司的内部控制系统。如果制定审计战略的目标是以公司内部控制系统为出发点，则对控制系统的审查和评价要远比单纯的财务收支审计、舞弊审计的效率高得多。

二、制订审计计划

内部审计机构和人员为完成审计业务，达到预期的审计目的，需要对一段时期的审计工作任务或具体审计项目作出事先规划。审计计划一般包括年度审计计划、项目审计计划和审计方案三个层次。

（一）制订审计计划的目的

(1) 获取有关方面的协调、合作。审计工作要顺利开展，审计部门必须事先与被审计单位的管理层沟通，一方面可保证被审计单位及时、完整、有效地提供有关信息、资料，另一方面可尽量减少审计对日常工作的干预。

(2) 确定开展确认业务的标准。开展确认业务必须有系列评价指标和既定的标准，以便内部审计人员按照制度、标准核对被审计单位的实际情况，科学、合理地做出评价。不合理的标准将直接影响审计的结果，不被被审计单位认可的标准还会影响审计建议的落实，阻碍内部审计增值功效的发挥。因此，事先确立标准就显得非常重要。

(3) 对审计业务进行适当的计划和监督。内部审计工作是个系统、复杂的过程，不仅涉及许多专业技术问题，更牵涉系列管理、组织、协调、人际关系等问题。在制订审计计划时，审计部门应尽量考虑到各种类型的困难，这样便于事先做出安排。监督包含事中及时监督和事后监督，前者往往事半功倍，但必须在计划中事先考虑，否则无法及时实施。

(4) 考虑舞弊的潜在可能性。通常的审计程序难以发现管理层舞弊和串通舞弊的情况，审计部门必须设计和实施专门的舞弊审计程序。对于不同类型的舞弊，也需要设计不同的具有针对性的审计程序来应对。因此，审计部门在制订审计计划时必须事先考虑到潜在的

舞弊可能性。

(二) 年度审计计划

内部审计机构负责人负责年度审计计划的制订工作，一般在下一年度开始前将其编制完成，并报组织管理层或治理层批准。

1. 制订年度审计计划的原则

1) 依法监督，独立审计

法律法规是审计工作的准绳，依法审计是审计人员的天职。内部审计机构应在法律法规以及内部审计章程等公司制度规定的职责、权限内，根据本单位负责人或权力机构的要求，独立确定审计对象，安排审计任务。

2) 全面审计，突出重点

现代内部审计是对组织内部各项经济业务的全面审计，审计工作不应有禁区和盲区，应把遵循全面审计、突出重点原则作为制订年度审计计划的指导思想，正确处理保证重点和兼顾审计覆盖面的关系，采用多种审计形式，有效利用审计资源，更好地履行审计职责。

3) 合理安排，留有余地

内部审计机构必须从实际出发，充分利用现有审计资源，实事求是地安排审计任务，力求年度审计计划具有科学性和可操作性。一方面，审计任务在年度内尽量均衡安排，另一方面，审计计划的安排应留有一定的余地，以便针对突发的重大事件进行跟踪审计。

4) 评价风险，重视质量

质量是内部审计的生命线。为防范审计风险，内部审计部门应加强对内部审计质量的控制，在审计计划中合理安排指导、监督、复核等工作，建立内部审计质量控制制度，定期开展内部评估和外部评估。

5) 整合资源，统筹安排

目前我国企事业单位有限的内部审计资源与不断增加的内部审计需求之间存在矛盾，因此，必须合理整合审计资源，搞好项目组合，不同审计项目结合进行，不同审计方法结合使用审计证据之间相互印证或利用，提高工作效率。另外，内部审计机构既接受国家政府审计的指导，又受本单位董事会、高级管理层的领导，同时还需与注册会计师审计相配合。因此，内部审计机构应发挥联结、沟通等作用，既要支持外部审计工作，又要在制订年度计划时充分考虑外部审计的工作，减少重复性工作。

2. 年度审计工作计划的基本内容

(1) 年度工作目标(应与内部审计机构的章程和工作手册一致)。

(2) 具体审计项目及其先后顺序。

(3) 各项目所分配的审计资源。

(4) 后续审计的必要安排。

(三) 项目审计计划

项目审计程序是一个审计项目从开始到结束的整个系统化过程。项目审计计划是对具

体审计项目实施的全过程所做的综合安排。项目审计计划应在审计实施前编制完成，并经内部审计机构负责人批准。它通常由项目负责人根据年度审计计划确定的审计项目和时间安排，并考虑为满足管理层或治理层的特殊要求而制订，在制订时应了解以下情况：经营活动概况、内部控制的设计及运行情况、财务会计资料、重要合同、协议及会议记录、上次审计的结论、建议及后续审计的执行情况、上次外部审计的意见等。

项目审计计划的基本内容有以下几方面：

(1) 审计目标和审计范围。审计目标可以从经营目标中区分而来，例如成本节约是经营目标，则审计目标之一可以是评价保护存货的内部控制。而审计范围则可涉及组织的治理、经营及信息系统、相关系统、记录、人力、资产等。

(2) 审计重要性和审计风险的评估。审计重要性是指审计人员认定的、不会影响会计报表使用者做决策的最大的错报漏报数额，即可容忍性误差。这是基于审计人员的职业判断。重要性水平与审计风险成反向关系。对审计重要性和审计风险的评估能帮助审计人员确定所需要的审计证据的数量，并决定审计程序。

(3) 审计小组构成和审计时间分配。

(4) 对专家和外部审计工作结果的利用。

(5) 对审计工作进行充分监督和评估。

(6) 其他有关内容。

(四) 审计方案

审计方案是对该审计项目的具体审计程序及其时间的详细安排，通常体现在工作底稿模板中。它由审计项目负责人制订，应在审计实施前编制完成，并经内部审计机构负责人批准。

1. 审计方案的作用

(1) 提供工作方向、行动指南。审计方案是督促现场审计按指令进行，掌握工作进展情况的一种工具。

(2) 便于提高审计效率。审计方案中对人员的安排和时间的预算都非常具体周全，通过周密的计划，尽量整合各种类型的审计，实现审计证据的互相印证和利用，满足不同的审计目的，提高审计工作的系统性和程序性，最终提高审计效率。

(3) 便于协调审计部门与被审计单位的关系。获取被审计单位的合作和支持非常重要，审计方案应着力于与被审计单位沟通，以便及时获取资料，提高审计工作效率，并减少对被审计单位日常工作的干扰。

(4) 便于内部审计工作的监督和业绩考核。审计方案是对现场审计工作进行监督和检查的依据。另外，待内部审计完成后，审计部门可依照审计方案对实际工作进行总结提炼，对项目组成员进行考核，推动内部审计机构审计质量控制制度的完善。

2. 审计方案的基本内容

(1) 具体审计目标。

(2) 具体审计方法和程序。

(3) 预定的执行人员及日期。

(4) 其他有关内容。

3．制订审计方案的步骤

(1) 了解被审计单位的基本情况(初步调查)，并进行分析。下一节将具体阐述。

(2) 初步评价审计重要性，评估审计风险。

(3) 初步确定审计策略，包括了解内控、控制测试、实质性测试以及追踪审计、后续审计等。

4．基准

为帮助制订项目审计方案，基准比较法是有效的工具。基准比较法又称基准管理法或标杆管理法，这种方法通过将组织内部的活动、功能和操作与组织外部其他单位相比较，寻找最佳的对象作为行为基准，努力向基准靠拢，以达到确认需要改进的地方和确认表现最佳的地方的目的。

基准比较法的基本途径包括以下几方面：

(1) 寻求最佳基准，并总结其特点、优势和经验。

(2) 根据基准评价组织自身水平，寻找差距。

(3) 制订计划和方案，改进组织内部的工作。

(4) 持续不断地寻找更先进的基准。

(5) 根据组织特性，确定关键的、需要改进的问题作为设立基准的要素。

基准通常分为以下几类：

(1) 内部基准：与同一组织内的相似信息对比。例如，对比生产流程、服务或是各项报告中的历史数据，以及部门之间、区域之间的对比等。其优点是容易收集数据，缺点是在一定程度上视角较为局限。

(2) 竞争基准：与本地、本国和全世界的同行业企业相似指标对比。例如，对比两个高科技的电子生产商的行为、政策、工作流程、服务和及时性情况。其优点是所得的信息较有价值，缺点是数据收集困难，可能涉及法律、道德问题。

(3) 功能基准：与其他行业具有相同功能的相似流程对比。例如，对比一家医院和一家信用卡公司的客户管理和收款程序。其优点是合作和收集数据方面的阻力较小，缺点是不同行业间的相关性有限。

(4) 一般基准：与运用该流程的最佳组织对比。例如，对比一家获得国家产品品质奖的公司的流程管理。其优点是视角更宽，可提高、改进操作或程序，收集数据方面的阻力较小，缺点是不同行业之间的实务存在较大差异，且难以解释由此导致的问题。

审计部门在制订审计计划和方案时，必须寻找所有可能的基准并为项目的评估选择、确立科学合理的基准，与被审计单位进行讨论并获得其认可。基准一旦确定，对流程、内控、业务、绩效的评价就有了衡量的标准。另外，基准的选择也可能影响审计程序、审计方法的具体实施。

年度审计计划、项目审计计划与审计方案之间是由大到小、由总体到具体的关系。当组织规模较小，面临的风险较单一，审计业务较简单时，可能不需要完整的三个层次的审

计计划，因此，审计部门应当视组织的实际情况决定计划层次的繁简。

三、了解被审计单位的基本情况(初步调查)

对被审计单位的基本情况资料的收集、研究与分析是一个连续的、不断深入、不断完善的过程，因此资料的收集贯穿于审计的各个过程。在审前准备阶段，审计部门应该进行最为详细、深入的资料收集活动。被审计单位相关资料的收集可以有多种形式，一般可以从以下几个方面进行。

1. 查阅有关档案

查阅有关被审计单位的档案资料，利用一切可利用的资源。内部审计有一个得天独厚的优势，就是它根植于企业的内部，可以利用企业内部的一切信息资源，其中包括一些重要的商业秘密和一些外部审计人员无法得知的手段。在审前准备的工作中，内部审计人员应该查阅与审计对象相关的档案资料，包括企业的方针、政策、有关职责划分和权限规定的书面文件、内部控制说明、会计核算体系说明、重要岗位的任用标准等。

在具体的审计工作中，内部审计人员可以根据不同的审计类型所需要的信息来确定应该查阅哪方面的资料，获取所需要的背景信息。例如，对于财务收支审计而言，就未必要查阅有关工艺流程和生产管理方面的资料；对于管理审计而言，掌握有关会计岗位设置和核算体系方面的信息就显得不那么重要了。一个富有经验的内部审计人员能够根据不同的审计目标选择相关的资料，而不是上述的全部资料。

查阅资料的方法非常重要，审计人员要学会查资料。例如，某审计组在开展审前调查的过程中，审计人员坐在会议室，单凭以往的经验要求被审计单位的有关工作人员提供常规的业务资料。而在实际工作中，许多审计问题线索并非通过常规的资料获得，被审计单位的档案资料，尤其是特殊业务处理的资料一般都由相关部门或人员保存，被审计单位有时不会主动提供。因此，审计人员必须到相关业务部门实地了解，依靠职业判断，在积极沟通的基础上主动索取相关资料。

2. 查阅有关文献

借助审计文献可以使审计人员有效地利用前人的经验，避免出现重复错误。内部审计工作底稿是内部审计师工作的结晶，通过阅读前任审计师的底稿，审计人员可以对被审计单位有更为深入的认识。内部审计工作底稿可以提醒内部审计人员去关心已经被发现的问题以及在实现企业目标的过程中实际存在的或潜在的风险领域。

内部审计人员还应针对项目特点查询相关的法律法规、研究报告、新闻报道等，了解同行的先进做法及其他行业的可供借鉴的经验，这有利于审计人员在经营审计、管理审计中确立衡量标准，也可为内部审计实务的创新、拓展提供新的思路。

3. 分析性审查

在审前准备阶段，分析性审查既可用于财务数据分析，也可用于企业经营业务流程分析，还可用于内部控制的分析。常用的方法是将资料进行对比，可以是本期资料与基期资料的对比，也可以是本期相关资料之间的对比。对某些数据而言，彼此之间存在比较稳定的关系，一旦这些关系发生变化，则预示着企业的经营环境、执行结果等发生了改变，如果这种改变并不合理，则可能预示着企业经营过程中的某些关键环节存在重大风险，它就应该被列入审计范围。常见的分析性审查方法如表 2-2 所示。

表 2-2 分析性审查的方法

审查的内容	审查的方法
财务数据	分析流动比率 分析投资净利率 分析资产负债率 分析销售利润率
内部控制系统	利用经验判断 将各个系统的控制模型进行对比
经营业务流程	分析经营活动现实水平与先进标准存在哪些差距 分析经营活动的效益如何，可以依据历史同期的某个标准或行业公认标准

4．实地调查、走访

进行现场实地调查是内部审计人员在审前准备的过程中不可或缺的重要步骤，它能够使内部审计人员直接感觉和认识被审计单位的基本情况，深入理解各类活动的实际目的。内部审计人员可以把所见到的情况与相关档案资料上所描述的内容进行对比，这样便可以发现企业存在的实际问题及重大问题的线索，为编制审计方案做准备。另外，审计人员还可以将了解到的情况编制成档案，便于开展以后的审计工作。

审计人员在现场调查中应注意以下几方面：

(1) 保持认真的态度，不能走马观花。内部审计人员应在做好充分准备的基础上，带着可能存在的问题去观察，根据审计内容，依据职业判断去留意观察，警惕那些不正常、不经济、低效率的迹象。

(2) 不清楚就问，直到满意为止。现场的工作人员不愿意回答或者是含糊其辞的地方可能就隐藏着重大问题，内部审计人员应进一步对这些问题进行了解。

(3) 保持应有的谨慎态度，谨防假象存在。内部审计人员所看到的现象并不能完全代表正常条件下的一切情况，这就要求内部审计人员在今后的工作中进一步求证。

四、案例

(一) 审计方案

案例2-4

×××××公司经济效益审计方案

一、审计依据

1.《×××××集团公司 200×年审计工作要点》

2.《×××××公司关于内部审计工作的规定》

二、审计目的

贯彻集团公司工作会议精神，揭示企业内部经营管理中存在的问题，推进"依法治企、从严治内"，堵塞效益流失的明沟暗渠，促进企业努力挖潜增效，不断提高经济效益。

三、审计范围

×××××公司本部及所属部分单位200×—200×年三年的经济活动，重要问题追溯到以前年度或进行延伸审计。

四、审计重点

(一) 资产审计

(1) 货币资金是否完整与安全；资金是否实行集中统一管理，银行开户是否过多，是否存在资金沉淀问题，是否严格执行收支两条线的有关规定，有无违反规定截留营业款问题。

(2) 应收及预付款项的控制和清理是否到位，坏账准备的计提是否准确。

(3) 存货是否真实与完整，账、表、物是否一致；计价是否正确，计价方法前后是否一致；是否严格执行稽核制度，财务、业务、仓储等部门对进销存数量是否定期进行核对，有无盘点的原始记录；是否对盘盈、盘亏油品查明原因，按规定将其进行处理；有无将盘盈油品直接对外销售或虚列为代管油品，以及在结转库存商品成本时只结转金额而不结转数量，形成账外资产问题；销售盘盈油品收入是否及时足额入账；有无将盘盈油品与往来账对冲等形成"小金库"问题；有无将盘盈油品不通过销售直接抵减业务费用开支，以兑换实物或者用于协调公共关系等问题。

(4) 长期投资是否真实；投资项目选择是否合理，经营内容是否偏离主业；投资及其收益的核算是否符合会计制度规定，投资收益是否及时收回入账，有无体外循环，形成账外资产、账外资金。

(5) 固定资产是否真实与完整，账、表、物、卡是否一致，折旧的计提是否符合规定，有无账外资产；在建工程的核算是否真实与完整，已完工程是否及时结转固定资产。

(6) 无形资产、递延资产与其他资产是否真实，核算及计价是否及时与正确，摊销是否符合规定。

(二) 负债审计

(1) 流动负债和长期负债的合法性与合规性，会计记录是否完整，有无通过虚列负债隐瞒收入问题。

(2) 流动负债与长期负债金额的真实性，在会计报表上的反映是否正确。

(三) 所有者权益审计

(1) 投入企业的资本是否经过验资，有无中途抽走资本的行为；实收资本增减业务是否真实，是否经过严格审批。

(2) 资本公积的来源是否合法，核算是否正确，记录是否完整。

(3) 盈余公积的提取、使用与核算是否正确，会计记录是否全面与完整。

(4) 未分配利润构成是否真实与合法，数据是否正确。

(四) 损益审计

(1) 商品销售收入及其他业务收入形成的真实性、合法性与完整性，是否存在多计、少计或转移收入等问题。

(2) 商品销售成本、商品流通费用与其他业务支出形成的真实性、合法性与完整性，是否存在虚列、多列、少列或挤占成本等问题。

(3) 营业利润、投资净收益、营业外收支净额及以前年度损益调整形成的真实性、合法性与正确性，是否存在效益流失问题。

(4) 各损益项目在会计报表上的反映是否正确，是否存在潜盈、潜亏及其他会计信息失真等问题。

(五) 财务管理中的散乱问题审计

(1) 是否存在私设“小金库”和账外账问题。

(2) 是否存在乱投资、乱存款、乱担保、乱集资、乱拆借、乱炒股、乱贷款、乱开户、乱购销、乱摊成本、乱发奖金等问题，有无造成经济损失。

(六) 效益流失审计

1) 上市与非上市的关联交易存在的效益流失

(1) 是否签订关联交易协议，协议内容是否全面、合理，协议签订手续是否完备。

(2) 协议执行是否到位，关联交易是否存在让价、让利问题，相关费用分摊是否符合规定。

2) 以各种形式向所属集体、联营参股企业、以职工集资为主的企业(以下统称关系单位)让利造成的效益流失

(1) 有无将自身能够经营且效益较好的项目交由关系单位经营，并且利用原有销售渠道和网络为其服务的问题。

(2) 有无以各种名义在成本费用中为关系单位负担人员工资等费用或核销各种损失等问题。

(3) 与关系单位在资产租赁、提供劳务、服务等经济业务往来中，有无不签订协议或签订不公平协议，造成多支付费用或少收取投资收益、劳务费、资产租赁费及资金占用费，导致效益流失的问题；有无关系单位长期占用企业资金不还，甚至由于关系单位经营困难、停业或破产给企业造成损失的问题。

3) 费用控制不严造成的效益流失

(1) 费用开支与预算相比，是否超支以及超支的原因。

(2) 费用列支是否合理、合规，有无虚列、乱列费用支出。

(3) 人工成本是否得到有效控制，是否存在计划外用工和临时用工过多，造成成本负担过大的问题；工资总额是否得到有效控制，有无擅自在核定的工资总额外发放工资、奖金、津贴、补贴等问题；有无擅自提高在成本费用中列支的基本养老保险、补充养老保险标准；有无违规在成本费用中列支基本医疗保险或补充医疗保险；有无违规参加其他商业保险。

(4) 是否违反总部规定，重复向社会保险机构投保资产保险。

4) 成品油管理中的效益流失

(1) 是否存在违规自采油品，且资金来源不清，油品渠道混乱，冲击、扰乱市场的问题。

(2) 是否存在溢余油品不入账，直接对外销售、抵消应付外单位的各项费用或以代储油的名义对外销售，形成“小金库”、账外账的问题。

(3) 库存油品管理有无失控现象，有无油品串收串发或高标号汽油以低标号汽油价格

售出，给企业造成损失的问题。

(4) 有无借代储油名义向外单位发送油品形成损失的问题。

(5) 有无代储油品收入及各种废旧物资处理收入没有列入财务账内核算的问题。

5) 成品油销售中的效益流失

(1) 有无在价格调整前后出现异常大额销售行为，套取、截留差价，损害企业利益的问题。

(2) 是否存在异常的“已提未售”或“已售未提”等问题。

(3) 销售货款回收是否及时；有无截留销售收入，私设“小金库”、账外账的问题。

(4) 是否存在油票回笼不规范，出现二次回笼、利用油票套取差价的问题。

(5) 内控制度是否健全，执行是否严格，有无凭白条发油，造成账实不符的问题。

6) 资金管理中的效益流失

(1) 有无擅自贷款、假贴现真贷款，造成财务费用得不到有效控制，财务费用增加的问题。

(2) 资金管理制度是否健全，有无发生资金被盗、被骗、被挪用等问题。

(3) 有无违规对外出借资金、账户，对外提供贷款担保，以及未采取有效措施抓紧清收清理，给企业造成损失的问题。

(4) 有无应收账款数额过大，清欠措施不力，资金长期被外单位无偿占用，呆坏账过多的问题。

五、审计时间安排和人员分工

现场审计时间：200×年8月29日至200×年9月24日。

审计共分为8个小组：第1组负责审计公司本部；第2组～第8组负责审计所属4个分公司(略)。

六、要求

(1) 各被审计单位要做好配合工作，进行自审自查，并写出自查自纠报告，集团公司审计组将在企业自查自纠的基础上进行详细审查与核实。

(2) 被审计单位负责人、财务负责人要对审计组作出书面承诺，保证向审计组提供的会计资料是真实、合法的，尤其是提供的“小金库”、账外账、呆坏账、资产盘盈盘亏、报废损失、账外资产、乱担保、乱拆借、乱集资等资料真实、完整，保证所有违法、违纪、违规问题都在书面汇报中反映。

审计组

200×年8月1日

案例分析与探讨

1. 该案例中的公司属于国有企业还是民营企业？哪些内容体现出该公司的性质？
2. 哪些内容体现了集团审计的特点？
3. 该案例中由于公司所属行业特色和产品特色，公司容易存在的财务问题有哪些？
4. 从该案例中总结，内部审计方案应如何把握重点？
5. 该案例中的审计方案有哪些可改进的地方？

（二）时间预算

由于现代公司的生产计划紧凑，再加上内部审计部门的审计资源有限，所以合理地安排时间预算是十分必要的。

时间预算也就是落实审计方案中的具体的时间安排，一般情况下，审计人员在审前准备过程中所花费的时间与其进行现场审计，编制审计报告所需要的时间有稳定的关系，对于复杂的审计项目来说，审前准备的时间要长，现场审计的时间也要长；而对于简单的审计项目来说，审前准备和现场审计的时间都很短，所以内部审计人员在大体完成审前准备之时，也就粗略地知道了审计大概需要的时间。并且内部审计部门在长期审计工作经验的基础上，形成了较为固定的审计程序和一些标准化的审计方案，这既有利于现场审计的进行，也能使内部审计人员准确地控制审计的进程，为具体的审计项目负责人分配较为合理的审计工作。

案例2-5

应付账款审计见表 2-3。

表 2-3　应付账款审计

编制人员	王成
审计目标	交易已经录入系统；系统自动处理交易核算的准确性、完整性、及时性；每一笔付款都有据可循；时常与银行对账
审计范围	会计核算方面：系统对交易的处理、过账、复核、账龄分析 付款方面：付款的程序、付款的时间 其他方面：与总账的核对、与银行的对账
重点风险领域	通过账龄的分析确定风险所在：错误、效率、舞弊、职员虚构供应商付款、供应商虚构交易收款、不正常的购货交易
人员及时间预算	李晋：中国方面应付账款，2 天 王军：马来西亚方面应付账款，1 天 刘斐：美国方面应付账款，2 天 得出审计结论、整理底稿、出具报告，1 天
步骤与程序	记录付款程序，保证所有的付款都按照规定的要求处理 选择一系列的付款业务做穿行测试 记录每月银行对账单与银行余额调节表 在 70%覆盖率之上选择适当的抽样方法 检查过去 3 个月的银行余额调节表，测试付款程序被及时复核 分析账龄趋势，记录结果

案例分析与探讨

请指出该案例中，哪些步骤与程序针对了哪些审计目标和哪些重点风险领域？

五、下发审计通知书

（一）审计通知书的目的

在审计之前，审计人员应通知被审计单位，告知审计的时间、目标、范围。审计人员应提供时间表和要求被审计单位准备的文件及其他资料的清单。清单应写明审计人员想面谈的职员。审计人员也要将审计时间和目的通知被审计单位的行政管理部门和审计委员会。另外，审计人员应讲明预期的报告程序和审计行为。

审计通知书是一种内部审计人员的工作方式，也体现了内审人员职业道德中的礼貌原则。审计通知书的作用除了预先同被审计单位进行沟通，并征求对方意见合理安排审计时间之外，还包括要求对方配合提供审计相关文件资料等。审计人员不应妨碍组织的经营，计划和实施审计应尽量做到不影响正常业务。预先通知可以让被审计单位为审计做好准备，收集所需文件，做好必要的安排，并通知受审计影响最大的那些职员。

对于领导人员任期（或离任）经济责任审计要特别关注，审计通知书必须事先取得人事部门的授权委托之后才能下发，否则审计要背上“越权”的名声。

（二）审计通知书与民间审计业务约定书的区别

民间审计业务约定书是会计师事务所与被审计单位签订的，用以记录和确认审计业务的委托与受托关系、审计目标和范围、双方的责任以及报告的格式等事项的书面协议。它是会计师事务所与被审计单位双方的合约，而被审计单位委托事务所进行审计是首要前提，如果不存在委托，民间审计就不存在。

内部审计则不需要被审计单位的委托，它是基于上级管理层或治理层的需求以及内部审计章程的规定，按照年度审计计划开展的，因此，内部审计的开展不需要经过被审计单位的同意。尽管下发审计通知书的主要目的是获取被审计单位的配合，并且被审计单位有选择权，可以推迟需要管理人员全身投入和职员协同工作的项目，也可以因为审计工作影响正常经营而要求推迟审计，但是如果审计人员知道被审计单位要求推迟审计工作是为了逃避审计，审计人员可以马上决定审计。也就是说审计人员只是出于礼貌先征得被审计单位的同意，但这种批准不是必需的。

（三）审计通知书的内容

审计通知书的内容包括审计时间、审计目的、审计重点、所需资料及其他。

案例2-6

关于对××工贸公司201×年度财务收支情况审计的通知

××工贸公司：

根据公司总部的决定，由总部派出的审计组将于3月6日—3月20日对贵公司201×年度的财务收支情况进行审计。此次审计的目的是确认财务会计信息的真实性、完整性、准确性以及内部会计控制的适当性和有效性，请予以积极配合。

我们此次审计的重点是：

(1) 资产的所有权(包括抵押、贴现、担保、租赁等所有权的变更)及其存在性。

(2) 会计处理是否符合企业会计制度，会计报表的编制是否符合相关要求。

(3) 在全公司的清产核资工作中是否按要求进行：负债是否隐瞒或遗漏，资产的盘点是否全面，方法是否适当，对账实不符之处处理是否准确。

(4) 会计控制是否有薄弱环节。

我们希望贵公司提供以下相关资料：

(1) 本年度的会计报表(年度会计报表、季度会计报表、月度会计报表)及相关会计资料。

(2) 岗位说明书、会计工作手册、有关的经营管理制度和规范。

(3) 有关采购程序、销售程序的授权审批制度、规范及执行情况。

(4) 所有重要的合同、合约、协议、承诺。

为提高效率，保证现场审计工作的顺利开展，我们希望采购、销售等业务部门能通力合作，必要时还要与贵公司相关部门负责人进行面谈，请协助安排时间。

请贵单位在审计小组进驻前，按要求将所附表格填写完毕。

审计组组长：王成

项目负责人：李晋、王军

审计组成员：王丽丽、刘斐、张罗、陈玉

附件：承诺书、企业基本情况表、内部控制调查表

××集团公司审计部

201×年3月1日

案例分析与探讨

财务收支审计需要被审计单位提供的资料包括哪些类别？

(四) 被审单位开展自查自纠

在审计组审计之前，内部审计部门应提前告知被审计单位做好自查自纠准备，因为内部审计的根本宗旨是要求被审计单位发现自身存在的问题，及时加以改进，避免重大损失和风险。为此，内部审计机构应下发要求被审计单位开展自查自纠的通知。

通过自查自纠工作，被审计单位可以提前发现存在的各种问题，并且有针对性地加以解决，也可以为审计组进驻审计提供方向和证据，便于审计人员迅速抓住审计重点。这就可以体现出内部审计的监督和服务职能。

案例2-7

关于开展自查自纠工作的通知

按照公司201×年审计工作计划，审计部将对你单位201×—201×年财务收支情况进行审计，重大问题追溯到以前年度或延伸至审计日。在审计组正式进驻之前，请你单位认真做好自查自纠工作。

一、自查自纠的范围

自查自纠的范围是201×—201×年你单位及所属分支机构(含独立核算单位)的经济和管理活动及财务收支情况，重大问题追溯到以前年度或延伸至审计日。

二、自查自纠的主要内容

一是分别介绍你单位及所属公司的基本情况，包括历史沿革、机构设置、职责划分等人财物的基本情况。

二是内部控制制度的建立、健全及执行情况，检查有关物资采购、基建项目等各环节的管理制度是否建立健全并有效执行，内部监督约束机制是否完善。

三是生产经营管理及核算情况，检查近三年来已完成的生产经营管理及核算情况、各项费用使用是否合规。

四是物资采购情况，检查低值易耗品、设备等物资的采购、入库、保管、领用、盘点清查等主要环节手续是否完善。

五是基本项目建设情况，检查工程招投标执行情况、工程物资采购及项目经费使用是否合规。

六是国有资产保值增值和完成公司总部下达各项指标情况；重大投资及其他经济决策情况，其效果如何，是否存在决策不当，造成损失的现象。

七是会计信息是否真实，各项资产是否真实、完整，日常经济业务的会计处理和会计核算是否真实、合规。

八是财务管理情况，检查是否存在乱投资、乱存款、乱担保、乱集资、乱拆借、乱抵押、乱贷款、乱购销、乱炒股、乱发工资奖金等财务管理散乱问题和私设“小金库”、账外账等违反财经纪律的问题。

九是是否进行过财产清查、清产核资、资产评估等工作，结果如何。

十是所属经济实体或投资联营公司基本情况、财务状况及其存在的主要问题。

十一是重大经济案件及其未决诉讼情况。

十二是201×—201×年，你单位及所属分支机构在接受内部、外部机构的审计或检查过程中存在的主要问题，并做详细说明。

十三是需要检查的其他问题。

三、几点要求

一是统一思想、提高认识、加强领导，把此次自查自纠工作看成是推动你单位加强管理、发现和解决问题的良好契机，要认真组织、周密部署，认真搞好自查自纠工作，制订出切实可行的工作方案，以实际行动迎接和配合集团公司审计组审计。

二是在全面自查的基础上抓好问题的整改，或提出明确的改进措施。

三是在审计组正式进驻之前，必须以书面形式提交自查自纠报告。

××公司审计组

201×年3月1日

案例分析与探讨

为提高即将开展的内部审计项目效率，审计部门要求被审计单位进行自查自纠工作时，发放的通知中应注意哪些事项？

第二节　审计实施阶段

一、进驻被审计单位

1. 召开现场动员大会

在审计项目组正式开始现场审计之前，一般要在被审计单位一定范围内召开现场动员大会。动员大会的作用很大，能告知被审计单位所有相关员工该审计的相关事项，使相关员工合理安排自己的工作并做好配合审计的事务，以便审计人员迅速而广泛地开展调查研究和取证。为达到现场动员大会的效果，动员大会通常由被审计单位负责人主持。大会的程序包括以下几方面：第一，由审计组长讲话，讲话内容主要是强调审计目的、审计依据、审计范围、审计时间、审计主要内容和审计要求；第二，介绍审计人员和分工；第三，由被审计单位领导讲话，主要是进行审计准备情况汇报。

另外，在召开现场动员大会之前，可能还会有小规模的进点会议。参会人员通常层次较高，如被审计单位的领导及副手、业务经理、主管等。在进点会议中，参会人员将讨论如何召开一次成功的现场动员大会，为顺利实施审计工作做准备。

2. 索取资料

审计人员在现场应获取关于被审计单位的组织结构、资产情况、偿债能力、业务活动等变化的最新信息，在此基础上，再进行深入分析。审计人员最为关心的文件资料包括：当前的经营策略和经营活动、组织特征、生产流程、工作状况说明、财务指标、业绩报告和管理措施等。审计人员在索取资料的过程中应注意以下几方面：

(1) 审计人员需要通过分析现场观察结果和索取资料的过程确定现场存在什么相关文件，它们放置在哪里，保存状况是否良好以及它们是如何被组织的。

(2) 在向有关人员索取资料和归还资料时，被审计单位和审计项目组两方面都应注意办理好登记及移交手续。

(3) 审计人员要对文件资料进行整理归档，便于以后审计工作的查询。

3. 召开审计座谈会

审计部门与被审计单位沟通的重要方式就是召开审计座谈会。通常情况下，除了必要的突击审计如现金审计等敏感事项的审计，审计会议都要预先安排，以便向被审计单位相关人员传递有利于审计工作顺利开展的信息，增强相互的信任感，并获得审计所需的信息和资料。审计部门对于召开审计座谈会不应持随意的态度，应认真对待，注意以下几点：

(1) 为提高审计座谈会的效果，审计人员应做好充分的准备工作。例如，合理安排座谈会的地点、时间及参会人员；事前尽可能地了解被审计单位，确定座谈会需要达到的具体目的以及准备提问的相关问题；在对座谈会进程进行事先估计的基础上，考虑提问的思路和顺序。

(2) 在座谈会上，审计人员应注意营造轻松、愉快的会议气氛，确保双方在相互尊重、友好合作的基础上进行接触与沟通。尤其在审计座谈会开始和结束阶段，审计人员应注意礼貌，表现出对对方的理解，让与会人员对审计工作和审计人员保持良好的印象。

(3) 审计人员应尽量采用开放性提问而非封闭式提问，并应保持公正、客观的态度，避免武断评价。

(4) 审计人员应注意不要与被审计单位讨论具体的审计程序。

(5) 审计人员应注重座谈会记录以及会后的整理工作。

4. 实地考察

审计人员亲临现场观察，会在大脑中留下深刻的印象，有利于加深对被审计对象的理解。审计人员实地考察的对象包括厂房、车间、设备、仓库、行政及其他职能部门，观察生产过程、审批过程、业务单据流转过程、内部控制执行情况、人员工作状态，感受被审计单位的组织文化和氛围，为判断审计风险领域、评估内控环境提供依据。在实地考察中，审计人员应对不寻常的经营活动有所警觉，如无效的指标、闲置的设备、缺乏保养的机器等，还应注意核实被审计单位声称的内容是否确实存在。

5. 书面描述

内部审计人员在调查、测试、总结过程中会运用一些表格、图例、清单等文档来规划和控制审计工作、记录审计过程、记载审计证据和分析思路，为正确作出审计结论提供依据，打好基础。这些文档包括业务流程图、组织结构图、调查问卷、提示清单、改进建议清单、印象记录等。这些文档经过整理、归集后也成为审计工作底稿的重要组成部分或成为记录审计工作底稿的依据。这些文档的具体内容如下：

(1) 提示清单。审计工作开始时，内部审计人员可能对下一步该做什么工作的问题感到犹豫。虽然每次的审计工作都是不同的，但基本步骤是类似的。提示清单不是用来抑制内部审计人员的主动性或创造性，它能够推动审计工作有组织地进行，帮助内部审计人员更有条理地记录工作底稿。它往往根据审计方案编制。

(2) 内容目录。在审计工作底稿的第一部分编写内容目录可促进内部审计人员为随着工作进展必须处理的确定事项做准备，并制订工作底稿索引。内容目录如表 2-4 所示。

表 2-4　内 容 目 录

目　录	
主题	工作底稿索引
项目完成表格	
客户对审计报告的书面回复	
提交给客户的审计报告副本	
经批注的报告草案(带有边缘批注以支持工作底稿)	
被提议的报告概述(目的是在起草正式报告前让主管检查)	
复核的注释(已与被审计单位的管理人员一起进行复核)	
工作安排表	
来自永久文档的注释(已归入永久文档)	

续表

目　录	
审计指令（与审计主管就审计工作进行讨论的注释）	
以前的审计报告和回复（在审计检查期间，从永久文档借出以备参考）	
时间记录（预计和实际使用时间的记录）	
提示清单	
初步调查的记录	
组织图	
政策声明、指南、程序	
暂定的审计方案	
审计方案	
对以前审计发现和建议的总结	
术语和缩写的词汇表	
调查问卷和回答	
数量统计（与审计相关的交易量和其他有价值的数据）	
流程图	
审计发现的记录（缺陷和采取的纠正措施的记录）	
其他	

(3) 改进建议清单。为充分发挥内部审计的增值作用，内部审计人员应时刻留意如何为企业节约成本、改善经营、增加价值。在许多情况下，内部审计人员只要在流程、设备、表格、计算机报告或登记簿等方面留心去发现，便能帮助被审计单位找到减少成本的途径，而改进建议清单既能起到提醒内部审计人员作为咨询专家提供建议的作用，又能完整记录内部审计人员在审计工作中发现经营管理缺陷、提供整改建议的过程，并最终推动内部审计工作获得管理层和治理层的认可。

(4) 印象记录。印象记录通常不出现在正式报告中，它只是用来记录内部审计人员的观察和印象，尽管不一定代表可以证明的客观事实，但却有其价值。它能够对管理层提供一定的帮助，相当于替管理层去完成实地考察的任务，因为管理层不仅要关注审计反映出来的客观事实，还需要关注组织中的人员及其相互关系，并进一步考虑企业文化等问题。

(5) 结构图。结构图是包含各种方格和连线的展示整个程序和行为的图形代表，对于较为宏观的描述十分有用。其中最有代表性的是组织结构图。管理人员经常需要创建公司的组织结构图，以便于主管或经理准确地评估部门组织结构的合理性，并且根据不断变化的市场需求对组织结构作出及时的调整；员工也需要了解公司的策略和组织结构，以及自己在达成公司目标的过程中所担当的角色。审计人员通过获取或描绘组织结构图，帮助决定哪些地方需要执行审计来证明运行的效果和效率，并证明是否正在达成组织目标。

(6) 流程图。流程图是对于产品或服务的真实或理想的路径的文字描述。它使用特定的符号和图形描述某项业务的整个处理过程，将凭证和记录的产生、传递、检查、保存及相互关系用图解的形式直观表达出来。从流程图中可直观地看到程序中每个步骤的前因后果，证明每个步骤间的关系，确认程序的作用或者应当起到的作用。国际内部审计师协会的一项调查表明：参加调查的英国机构中，81%的审计师均采用流程图法来记录内部控制系统。流程图主要有两种，即垂直流程图和水平流程图。垂直流程图强调流程或项目的关键信息，但不包括其他相关的信息，常用于强调核心流程步骤。水平流程图按照业务部门设置若干竖栏，将业务处理程序由左至右排列，演示了人员、物资、资料和信息在流程中如何运转。

(7) 调查问卷。调查问卷是事先准备好的一系列问题，用以收集关于审计目标的问题。一份好的调查问卷中的问题是经过精心设计并按照逻辑顺序安排的，旨在了解问题的实质而非表面现象。为节约时间，便于统计汇总，调查表中往往只需简单回答“是”或“否”。审计人员在设计调查表时应注意问题尽量完整，覆盖到所有必须了解的重要内容，问题应以中性的形式表达出来，避免诱导性问题的出现。审计人员为获得调查答案，可依靠对被审计单位询问或亲自观察。

二、实施审计程序

1．采用适当的标准

内部审计师有责任确定管理层是否建立了适当的标准以衡量和评价组织目标的完成情况。如果这些标准是适当的，内部审计师应在审计评价过程中使用这些标准，并确定这些标准是否得到贯彻执行。如果这些标准是模糊不清的，内部审计师应同管理层一起制订一个合适的评价标准。内部审计师可以寻求或采取的标准包括工作指南、组织指示、预算、产品说明、行业惯例、内部控制的最低标准、公认会计准则、合同和著名的商业实务、以前年度制定的标准等。如果内部审计师决定采用以前年度制订的标准，则需要对标准的适当性和适用性进行评估。因为随着环境的变化和时间的推移，以前制订的标准可能已经不适合于当前的组织目标。

2．保持防范潜在舞弊的意识

舞弊是以蓄意欺骗为特征的违法或违规行为。建立控制制度以及维护制度有效性的首要责任应该属于管理层。内部审计师应充分了解内部控制制度以辨别发生舞弊的机会有多大，在实施审计过程中，应保持应有的职业审慎性，例如，像舞弊者一样地思考“如果我做这个工作，为了个人利益，可能实施怎样的舞弊行为”。内部审计师应通过检查和评估内部控制系统的适当性和有效性来确定内部控制系统与组织中各个部门存在的潜在风险范围是否相适应，能否阻止舞弊的发生。如果内部审计师发现某些舞弊的征兆或注意到控制弱点之后，应决定是否采取进一步的行动，如扩展审计程序，扩大审计范围，或提出进行调查的建议。如果内部审计师已经具有足够的证据怀疑存在舞弊行为，这时要通知组织内的权力机构。内部审计师可以建议实施在此环境下被认为是必要的任何舞弊调查程序，还可采取后续程序来跟踪相关舞弊事项的处理。

应注意的是，不能要求内部审计师拥有的舞弊检查知识与专职负责发现和调查舞弊行为的人员所具备的知识一样丰富。一般的审计项目中，与舞弊相关的程序和发现舞弊迹象后开展的专项舞弊检查程序也不完全一样。

3．收集证据，保持职业审慎态度

审计证据是为审计结论和审计建议提供支持的信息。整个审计过程其实就是不断收集审计证据、鉴定审计证据、最终作出审计判断的过程。按照来源和接触人，审计证据可以被分为内部证据、外部证据、内—外证据和外—内证据；按照特征，审计证据可被分为实物证据、证明证据、文件证据和分析证据；按照说明力，审计证据可分为可充分信任证据、可部分信任证据和不可信任证据；按照法律概念，审计证据可分为直接证据、旁证、最优证据或首要证据、次要证据、意见证据、附属证据和佐证证据。

在实际业务中，内部审计师一方面需考虑采用最好的方法以获取充分恰当的证据，另一方面还需考虑应用多种审计程序以获得多种类型的证据，只有多种类型的证据相互印证，才能增强审计结论和审计建议的说服力。内部审计师还需考虑证据的时间性，例如，通过电子证据交换系统、文件图像处理系统处理的审计证据，可能在一段特定期间后无法获取。另外，内部审计师对被审计单位的反馈信息也应充分重视。

要求对所有交易事项进行详细审查是不可行的，内部审计师应在合理的范围内实施审计，收集、分析、解释和记录审计证据，这个合理范围是指内部审计师保持职业审慎态度，为了使审计证据能够保证审计结论而应该审查的范围。

4．评估证据、分析数据

《内部审计实务标准》对审计证据的评估标准是充分、可靠、相关、有用。充分性指审计证据是真实的、恰当的和有说明力的，可使任何一个谨慎精明的人都能够得出与内部审计师相同的结论。可靠性指审计证据有证明力，能得到验证，只有可靠的证据才算是有效的证据。相关性指审计证据与审计目标一致，能支持审计发现和审计建议。有用性指审计证据能够帮助组织实现其目标。

内部审计师收集完合适的证据后，需要对这些信息进行分析和解释，从而发现问题，得出结论。分析程序就是对财务和非财务信息资料中一些关系的研究和比较，可以据此确定各种证据之间的关系，确认期望发生的变化是否发生，确认是否存在潜在错误、违法违规行为，是否存在异常交易或事项。

分析数据的方法很多，包括多期比较、预算与实际比较、账户内部关系分析、与行业数据比较、与经营数据比较、与经济数据比较、与非财务数据比较等。

当使用分析程序发现了一些非预期的结果或关系时，内部审计师应给予高度重视，并采用一些技术方法来检查和评估这些结果或关系，如询问管理层并适当验证管理层的解释。对于没有得到合理解释的结果或关系，内部审计师应采取进一步措施，并考虑向适当层级(管理层分为多层，要选择合理层级的管理层)管理层通报。

三、编制审计工作底稿

审计工作底稿是对审计业务和审计过程的记录，可以书面形式或电子媒介形式。审计工

作底稿的作用很大，能支持审计业务报告，有助于对审计业务的监督检查和质量评估，为第三方检查以及保险索赔、舞弊案件、法律诉讼等提供证据。审计工作底稿的内容非常丰富，包含从审计计划一直到提交最终报告的整个过程中的所有有效证据、文件、信息和资料。

1．编制要求和编制方法

内部审计部门应自行决定该如何编制审计工作底稿，对于不同的审计业务，可采用不同的编制格式和编制方法。

工作底稿编制要求如下：清楚整齐、格式标志统一、容易理解、与审计目标相关、经济简明、内容完整、排列有序。

工作底稿通常应载明下列事项：业务活动名称等标题、审计程序的执行过程和执行结果记录、审计结论、内部审计师签章和业务实施日期、复核人员签章和复核日期、索引号及页次、审计标志、符号及其说明。

当项目组内部、项目组与专家、项目组与管理层等发生意见分歧时，内部审计师在审计工作底稿中应予以记录以明确责任。

2．复核工作底稿

首席审计执行官对工作底稿的复核负有全面责任。他可直接完成复核工作或委派有经验的审计人员来完成这项工作。复核工作主要涉及对审计工作底稿充分性的检查，即检查工作底稿是否全面地记录了审计目标和方法，使任何一名从未接触过该审计业务的审计人员从工作中的任何一个阶段入手，都能够通过工作底稿充分理解业务过程，得出一致的结论。复核人员可通过复核备忘录将复核过程中发现的问题记录下来。

3．调用与保管

工作底稿的所有权归组织拥有，所有档案文件由内部审计部门保管。在现场工作中，工作底稿可被暂时看做是内部审计师的财产，并由其管理。调用工作底稿应经过首席审计执行官的批准。外部审计可以调用内部审计工作底稿，这是一种惯例。被审计单位管理层或其他成员为了证实和解释审计结果，也可调用工作底稿。

一般而言，制作工作底稿的审计师才可修改该工作底稿。首席审计执行官负责制订工作底稿保存的相关规定。内部审计工作底稿的保存期没有明确规定，当底稿完成使命后，就可被销毁。

四、审计报告和审计终结阶段

（一）中期审计报告

在业务进行过程中，内部审计师应定期与其他同事、审计主管、首席审计执行官沟通业务进展情况，以确定是否需要更改业务计划，扩展业务程序，扩大审计范围，目的是及时解决存在的问题，提高工作效率和业务质量。

内部审计师也可在业务实施过程中就有关事项与被审计单位的高级管理层进行沟通，目的是使发现的问题能够及时解决，降低组织风险。沟通中期进展情况的最好方式是编制中期报告。中期报告可以是书面的，也可以是口头的，可以正式地报送，也可以非正式地报送，但是它不能代替最终的审计报告。内部审计师应注意在与有关的低层次管理部门讨论之前，不应向高一层的管理部门提交任何材料，除非发生了可疑的舞弊行为，否则会使被审计单位反感，不利于日后的沟通。

需要编制中期审计报告的情况包括：① 审计工作时间需要延长一段时间；② 业务中发现了需要马上引起注意的重要问题，如舞弊问题、可能引起严重后果的重大违法违规问题；③ 管理层迫切需要了解的特殊问题；④ 审计范围发生变化。

例如，一位跨国化学公司的内部审计师被分到一本地工厂实施经营审计。这个工厂在年限、选址和建筑方面都与公司另两家最近因排放有害物质而被传唤的子公司相似。这个工厂生产化学制品过程中产生有毒的副产品，且该审计师已经获取该工厂正在排放有害物质的证据。这位内部审计师应该在工作底稿中记录相关事实，并给管理层提供一份中期审计报告。

(二) 总结会议(退出会议)

《内部审计实务标准》指出："内部审计师在签发最终审计报告时，应该与适当的管理层讨论审计结论和建议。"在形成正式的最终审计报告之前，应该召开总结会议(即退出会议)。这是内部审计师与被审计单位沟通审计结果的重要方法，为编写最终审计报告奠定了基础。

1. 总结会议的目的

(1) 内部审计师与被审计单位讨论审计发现、结论和建议，及时发现审计报告草稿中不正确的地方，以提高业务工作质量。

(2) 会议允许委托人为了澄清有关特定事项而提出问题，并且表达对发现、结论和建议的看法，从而消除误会，改善审计部门与被审计单位之间的关系。

(3) 各方针对审计报告中确认的问题，就问题解决方案取得一致意见。

(4) 内部审计师取得被审计单位管理层对报告的反馈意见，确认管理层的反应和采取的措施。

2. 参会人员

总结会议时间的选择应尽量靠近审计工作结束日，参会人员层次视组织及报告的性质而定，往往是进点会议的人员，一般包括了解审计细节的人员和有权采取纠正措施的人员。

3. 总结会议的程序

为保证会议顺利进行，作为一种友好合作的表示和出于礼貌，审计部门最明智的做法是在会议开始前将审计报告草稿发给被审计单位领导，让他们有所准备。

在总结会议上，审计组长应首先说明审计目的、范围和重大的审计发现，有关审计目的的说明应该简短。审计师应保证被审计单位领导在会上对所有的重要发现和审计建议及业务人员的反应作出评价，这是一个证实审计报告中的审计发现是否正确、审计建议是否合理、措辞是否得体、审计报告是否引起误会等的机会。

被审计单位领导的意见应列入最终的审计报告，而且应与审计师的意见占同等重要的地位。审计组长应努力通过这次会议使被审计单位领导同意所有需要采取的行动以及这些行动的实施期限。这些情况也应列入最终的审计报告。如果审计师与被审计单位发生难以

避免的分歧，就应在审计报告中加以说明。

在会议中，被审计单位对审计发现的反应不一定能被审计师所察觉到，他们往往会控制自己的情绪，在决定是否接受审计发现的问题与建议之前亲自进行有关的测试和检查。因此，事前提供审计报告的草稿是非常必要的。

在会议中，审计师应尽量进行客观和公允的表述，讨论重大风险和存在的问题以及有效的控制措施。

总之，审计师应利用这次会议机会保证让被审计单位领导了解最终的审计报告及有关的补充报告的提交期限和分发情况，并要求业务管理部门确定在收到最终报告后作出反馈的时间。

（三）审计报告

1. 审计报告的作用

(1) 对内部审计人员而言，审计报告是对审计业务的总结，它可促进对内部审计师的教育和培训，为后续工作提供基础，为评价审计工作提供依据。

(2) 对被审单位管理层而言，审计报告有助于管理层了解经营情况，评价经营业绩，关注应该注意的事项，采取必要的改进措施。

(3) 对最高管理层而言，审计报告提供了其他报告不能提供的有关经营和控制的详细情况，帮助最高管理层判断风险事项，并可促进经营活动的规范化。

2. 审计报告的质量要求

(1) 客观性。审计报告应以可靠的证据为依据，实事求是地反映审计事项，作出客观、公正的审计结论。

(2) 完整性。审计报告应当做到要素齐全，内容完整，不遗漏审计发现的重大事项。

(3) 清晰性。审计报告应当做到逻辑性强、突出重点、简明扼要地阐明事实和结论，避免使用不必要的过于专业的复杂语言；用词准确，避免使用“几个、少数、大量”等模糊字眼。

(4) 及时性。审计报告应及时发布，目的是促进相关方采取及时、有效的行动。

(5) 建设性。审计报告应该对被审计单位和组织有帮助，并能够促进需要完善的地方得到改进。审计报告的内容和观点应该有助于组织目标的实现。

(6) 重要性。审计报告形成的审计结论与建议应当充分考虑审计项目的重要性和风险水平。

3. 审计报告的格式及内容

对于不同的机构和审计类别，审计报告的格式和内容不可能相同。我国《内部审计具体准则第 7 号——审计报告》列举出了审计报告的六个基本要素：标题、收件人、正文、附件、签章、报告日期。

(1) 标题。标题指出审计单位名称和报告的性质。它的描述必须让读者明白审计的性质，字数也要有所限制，尽量言简意赅，同时还要考虑对其进行归档和索引的要求。

(2) 收件人。收件人可以是行政管理机构，如董事会或者执行委员会，也可以是某个人，如行政总裁、执行董事、业务经理等。通常在审计计划阶段，审计师就已经明确了报告的收件人。

(3) 正文。正文是审计报告的核心部分，它主要包括以下内容：

① 审计概况：说明审计立项依据、审计背景、审计目的和范围、审计重点和审计标准等内容。在背景资料中，应尽量保持中立，避免表示出不信任或使用其他可能伤害对方或令被审计单位尴尬的措辞。在审计范围和目标的描述中，应避免专业化词汇，说明存在的限制因素。

② 审计依据：声明内部审计是按照内部审计准则的规定实施，若存在未遵循该准则的情形，应对其作出解释和说明。

③ 审计发现：包括消极和积极两个方面的事实。审计发现通常首先描述事实的现状，其次阐明事实应遵守的标准如政策、法规，接着揭示事实与既定标准之间的差异，然后评估事实的影响，最后挖掘和解释事实产生的原因。

④ 审计结论：指内部审计人员对审计发现作出的职业判断，应客观公正。审计结论既包含整体评价也可能涉及具体评价，例如，指出运营目标或项目目标是否与机构目标保持一致；机构目标是否得到实现；被审计活动是否按计划运作。

审计结果总是错综复杂，在对正面与反面的结论进行综合之前，审计人员难以作出总体评价，提出比较明确的审计意见。国际内部审计协会建议审计意见采用标准的措辞，但没有给出具体的措辞。我国的内部审计准则也未明确内部审计报告意见的标准措辞。下面是一些关于审计意见措辞的例子。

满意的审计意见

[范围段]……

“根据我们的审查，我们认为管理部门对内部控制的安排适合业务的需要，运作情况令人满意。”

大致满意但有例外情况的审计意见

[范围段]……

“根据我们的审查，我们认为，除下列情况外，管理部门对内部控制所作安排适合于业务的需要，运作情况令人满意。”

不满意的审计意见

[范围段]……

“根据我们的检查，我们认为，管理部门对内部控制所作的安排是不适当的，其结果在以下方面严重地破坏了内部控制……”

其中对于具体情况的说明可以这样表述：

“对于审计发现的事项，本报告未作评论的，已在我们向××发送的本报告的补充材料中作出说明……”或“审计发现的事项中本报告未作评论的及有关的这些详细情况在我们向××发送的一份补充报告中作了说明……”

在有些情况下，可能需要在概述报告中对涉及补充报告的事项作逐条说明。这样做的另一个方法是将补充报告的索引作为附录加入概述报告中。

⑤ 审计建议：可以是概括性的，也可以很具体。例如，在一些情况下，审计师可推荐采取一般性措施并提出具体实施建议。在另外的情形下，审计师可建议继续开展深入调查或研究。审计师在审计建议中既可以对被审计单位经营活动和内部控制存在的缺陷和问题提出改进意见，也可以对已有成效进行肯定。

(4) 附件。附件包括对审计过程与审计发现问题的具体说明，如相关问题的计算及分析性复核审计过程、被审计单位的反馈意见、记录审计人员修改意见、明确审计责任、体现审计报告版本的审计清单。被审计单位的反馈意见应是书面的，并附上相关管理人员的签名。

(5) 签章。审计报告通常是由内部审计机构负责人、审计项目负责人或其他经授权的人员签字，由内部审计机构盖章。

(6) 报告日期。可采用审计工作实际完成日作为报告日期，在实务中也可将内部审计机构负责人批准送出日作为报告日期。

此外，国际上流行的内部审计报告模式中还涉及参与该项目的审计人员名单、报告接收者的名单、内容目录等内容。当然，这种要求不是必需的。如果还没有得到被审计单位的正式反馈，审计师在审计报告中还可表达对于审计回复的期望。审计报告中列示参与审计人员的名单便于管理当局了解哪些人参与了该项审计业务，还有助于将审计人员与最后的审计成果联系起来，一旦他们知道自己被列示在报告中，将有助于他们对审计质量的控制。

4．审计报告的修改、分发与归档

1) 审计报告的修改

虽然首席审计执行官和项目经理要对最终的报告结果负责，但报告通常是由几个人通力合作的成果。从程序上讲，对审计报告的检查最好由几个不同的内部审计人员同时进行，一个人的归纳方式和总结方法常常容易出现偏差。审计报告的结构应具有逻辑性，如按照相对重要性或其职能和被审计的地点归类。参与修订审计报告的审计师可通过列出各级标题和有关的原始资料，然后再对它们进行整理和安排，将审计报告的内容修改得越来越有逻辑性。可见，从最初的编制审计报告草稿到最终的完成并发送审计报告，其实是一个持续不断地检查和修订的过程。

审计报告还会因为被审计单位的反馈意见进行修改，但这并不是说审计师的审计结论和意见要受被审计单位管理层的控制和影响。不过，反馈意见确实会促进内部审计师进一步考证审计证据，反思审计结论，评估审计意见的合理性并斟酌审计报告的表达与措辞。反馈意见可通过总结会议等形式收集，被审计单位管理层也可能需要一段时间的调研和思考才能给出正式的反馈意见。

2) 审计报告的分发

审计报告发送的目的应是保证那些能够对审计意见给予应有考虑的管理部门了解审计意见。报告的发送对象在审计初期就已拟定，并于报告检查和修订之后作出最后决定。分发清单的内容包括接收审计报告人的姓名、地址，以及对领导管理层次分发审计报告的时间先后进行排序。分发对象包括：有权保证纠正措施的人；高层次组织如董事会(含审计委员会)、总部或集团的CEO；外部事务所、董事会等可能受审计结果影响的人；相关业务开

展时必须联系的人。这里要注意，高层次组织通常收到的是摘要性报告。

被审计单位通常有权知道其业务情况将会被哪些人知道。由于报告的内容通常是保密的，并可能令被审计单位的管理人员感到尴尬，因此，让报告落入那些没有必要或无权得到这些信息的人手中，将引起被审计单位的反感。特别是当被审计单位对某些审计发现感到不满或敏感时，情况将更严重。一般而言，审计报告的发送应限制在最小范围。

对发送对象的选择应注意以下几方面：首先，应有一份政策性文件对审计报告的发送对象作出一般规定；其次，应由内部审计机构的主管单位或审计业务的委托者确定合适的报告发送范围，而且在所有情况下，应由首席审计执行官决定实际的发送范围；再次，对于其他发送对象，最好应得到被审计部门领导的认可；最后，每个接收者都应知道谁收到了报告，被审计单位的领导应事先掌握这一情况。

审计人员还应考虑采用何种方式传递审计报告。尤其是报告中包含高度保密的信息时，更应如此。审计报告发送可以通过派专人传递、特快专递、邮政服务、同一办公室内的当面传递等方式。

3) 审计报告的归档

审计人员对每一份内部审计报告都应至少留有一个副本，典型的方法是将一份整洁的、没有任何标志的副本归入永久性档案，将另一个副本归入工作底稿，并且要有标志，使报告中的审计发现能与工作底稿中的审计结果汇总表以及记录审计发现的相应工作底稿进行交叉索引。

(四) 审计决定

审计部门将审计报告按照程序提交给被审计单位之后，并不表示审计工作结束，还要按照审计报告反映的问题出具审计决定。

1. 审计决定的严肃性

审计决定主要是针对审计查出问题的处理及处罚意见。在实际工作中，内部审计查出的问题如果得不到及时有效的整改，那么说明审计的质量和效果不佳。很多事例都说明了这个问题。

案例2-8

某审计小组在审计一家公司所属贸易公司过程中，发现该公司与外系统一家单位做一笔钢材贸易，贸易合同额1960万元，该公司从该笔贸易中收取对方单位回扣196万元，在对方单位账面存放，该公司经常拿各种发票到对方单位提取或报销。当审计报告披露此事之后，审计组考虑到人际关系的复杂，没有下达处理及处罚决定，只是在报告中要求下属公司将在对方单位挂账的回扣款余额89万元收回入账。一年之后，审计组进行后续审计时发现，下属公司非但没有及时整改上述问题，而且变本加厉，连续在多笔贸易中收取对方回扣高达800多万元。

通过此例，我们看到审计的效果如此之差。为什么出现屡查屡犯、屡禁不止的问题，这应当值得内部审计人员思考！

2. 审计决定的内容

按照一般的审计要求，审计决定主要包括两个方面的内容：一是审计查出的主要问题；二是处理及处罚决定。

案例2-9

关于对公司经理×××同志任期经济责任审计有关问题的审计决定

×××公司：

根据集团公司 201×年审计工作计划，受人事部委托由公司审计部派出的审计组于201×年 2 月 27 日至 3 月 23 日，对×××同志 201×年至 201×年任×××公司经理期间履行经济责任的情况进行了审计。经研究，同意审计报告的意见，现就审计查出的有关问题作出如下审计决定。

一、关于私设“小金库”×××万元的问题

截至审计日，该公司通过截留贸易、对外提供劳务、变卖废品等收入×××万元，主要用于支付业务招待费、购置固定资产等支出×××万元，余额×××万元。

对此问题，×××公司应按国家及集团公司有关规定彻底整改。私设“小金库”是严重违反财经纪律的行为，“小金库”余额必须全部上缴，并入财务大账，今后坚决杜绝“小金库”的发生。同时，给予公司有关当事人王某停职检查处分，给予公司经理×××同志行政记大过处分。

二、关于潜盈、潜亏××××万元的问题

截至 201×年末，公司本部及所属××贸易公司多计提上缴办公楼物业费、铁路运费等费用，形成潜盈××××万元；公司本部及所属××贸易公司由于三年以上应收账款、库存商品清理不及时等，形成潜亏××××万元，潜盈、潜亏合计××××万元。

对此问题，公司本部及所属经济实体应严格会计核算工作，将上述潜盈、潜亏金额全部计入当期损益，保证会计信息的真实性和完整性。同时，给予公司财务主管通报批评处分。

三、关于内部管理存在薄弱环节的问题

(1) 内部承包管理不规范等问题。截至审计日，公司本部所属公司在内控制度建设和内部经营承包等方面存在承包合同不规范、会计核算不完整、支付佣金手续不严格等薄弱环节。

(2) 未实行物资集中采购的问题。截至审计日，公司本部未将办公家具、维修材料和日常药品等纳入集中采购范围，招投标不规范。

(3) 工程维修项目超预算和招投标不规范问题。截至审计日，公司本部存在工程维修项目超预算、工程招投标不规范等问题。

(4) 固定资产存在管理漏洞的问题。截至审计日，公司本部管理的车辆、房屋等固定资产存在管理漏洞。

对于上述问题，公司应组织各部门和所属经济实体认真学习集团公司内部控制制度的规定，修订并完善相关的内部管理制度，进一步加强经营管理工作，认真查找并切实采取有效措施堵塞管理漏洞。今后，公司所属经济实体内部承包经营和支付佣金要规范、透明，提高风险管理意识；对于各项物资都要实行集中采购，采购要按照内控制度的要求执行，完善招标采购程序；认真履行工程维修项目招投标，建立招投标环节的牵制制度，加强工程预决算审核；规范合同签订和管理工作，建立合同授权委托和联签制度；进一步加强库存物资和固定资产的管理，建立固定资产台账，定期盘点并分析盘点结果，做到账实相符；完善废旧物资处理制度。同时，尽快研究对有关业务人员的调整。

四、关于财务管理及会计核算中存在的问题

(1) 财务未实行集中统一管理。公司财务核算单位较分散，未实行集中管理。

(2) 公司所属部分经济实体财务处理随意性较大，会计信息不真实。

对上述财务管理和会计核算存在的问题，公司应根据实际情况，明确各项管理职能，适时推进财务管理体制改革，实行财务集中统一管理。要加强会计基础工作，正确计提各项费用；进一步规范资金管理，严格资金审批权限，防范资金风险；搞好预算管理，将预算控制落到实处。

以上审计决定，请于 201×年 7 月 31 日前整改完毕，并将执行及整改情况连同相关复印件报送公司审计部。

对上述审计决议如有异议，可在收到本决定之日起 15 日内向公司审计部提出复审，复审期间仍按本决定执行。

××公司审计部

201×年 4 月 20 日

案例分析与探讨

1. 审计决定中对制度问题和具体问题，以及重要问题和一般问题，按怎样的顺序列示较合理？

2. 在问题后紧跟着的处理意见应覆盖哪些方面？

3. 为什么会同时存在潜盈和潜亏？该案例中，该单位财务核算的问题主要是虚增利润还是隐藏利润？

4. 潜盈和潜亏在判断问题的严重性时能抵消吗？为什么？

第三节　后续审计阶段

一、后续审计概述

后续审计是指内部审计机构为检查被审计单位对审计发现的问题采取的纠正措施及其效果而实施的审计。后续审计是审计工作中不可缺少的重要组成部分，是强化审计监督职能，深化审计内容，加快审计工作制度化、规范化的有效途径。

1．后续审计的必要性

被审计单位管理层的责任是对审计中发现的问题采取纠正措施。内部审计人员的责任是评价被审计单位管理层采取的措施是否及时、合理、有效。事实证明，企业各部门对于审计发现的问题未必真正认可，未必切实和及时实施纠正措施，对于纠正措施的效果也未必如实汇报。因此，内部审计机构必须进行后续审计，防止被审计单位蒙混过关与虚假应付。内部审计是推动组织实现目标的手段，只有审计报告而没有实际纠正和改善效果的审计不能称为成功的内部审计，因为它为组织创造的价值是十分有限的。因此，后续审计非常必要，它也是内部审计区别于外部审计的重要特征之一。

2．后续审计的内容

后续审计的内容包括以下几方面：

(1) 确认原审计结论和处理决定中的问题是否妥善解决，纠正措施是否执行到位。对于审计建议尚未采纳、措施尚未执行的，应认真分析、查明原因；对于措施不力的，应督促其执行；对于故意推脱、拒不执行的，应责令其在限期内改正。

(2) 检查上一次审计时已审出的问题是否重犯，特别要注意深查那些隐藏较深，未得到根本性解决的问题。

(3) 审计有否产生新问题。有的单位避开已审计的事项和已被发现的舞弊手段，在其他事项中采用其他手段继续违规、舞弊，因此，后续审计应关注有否产生新的违规、舞弊手段。

(4) 检查上一次审计质量和审计报告的质量。这是内部审计部门进行自我复审和保证审计质量的重要方法。

3．后续审计的性质、时间和考虑因素

从性质上说，后续审计属于事后的跟踪审计，在具体实施时可以结合以下三种方式：

(1) 实地跟踪审计，即再次进行实地调查、复核和审计。

(2) 定期向被审计单位管理层收取项目进展报告，鼓励被审计单位管理层定期通过电话、传真、邮件等方式及时通知内部审计部门重要的变化和情况。

(3) 如果内部审计部门对被审计单位管理层能否如实报告不够信任，或者纠正措施属于某些专业领域，涉及其他职能部门的工作范畴，或者被审计单位管理层很难进行自我评估，则可通过董事会或有权限的管理层将纠正措施的监督权甚至部门执行权落实到某些职能部门(如法律部、安全部、环境监察部等)，由内部审计部门定期向这些职能部门收取项目进展报告等。

从时间上说，根据审计业务的特点和具体实施情况，后续审计可以是本年度审计计划的一部分，在本年度开展；如果审计发现的问题不大，或者内部审计机构已初步认定被审计单位管理层对审计发现的问题已经采取了有效纠正措施，后续审计也可成为下一次审计工作的一部分。后续审计的开展可以是一次性的，也可根据实际需要实施多次、连续的跟踪审计。

在决策如何采取适当的后续审计活动时，审计部门应考虑的因素包括以下几方面：

(1) 审计发现或建议的重要性。内部审计师将根据审计认定会影响组织实现其目标的消极状况来进行职业判断。如果该问题严重违反了公司政策、行业规章制度和法律法规，公司将被施以巨额罚款甚至被拒绝受理新产品核准、被拒绝行业准入等，则内部审计师可能实施范围较广的后续审计，确保纠正措施得到落实。而针对某项会计处理中的一个小问题，内部审计师只会在工作底稿中做个记号，提醒审计师在下次审计时重新检查。

(2) 纠正行动所需的成本和工作量。例如，在制造企业，审计师发现工厂输送工人的运输方式存在伤害雇员的风险，内部审计部门和制造部门管理人员都认为重新安排设计这些运输设备将耗费很大的成本，则应采取另外一种更加节约成本的替代性解决方案。

(3) 纠正活动失败所产生的影响。例如，法律要求生产车间的危险品数据应放在活页夹中，并将活页夹放在特定地点。内部审计师发现有些记录的文件过时或丢失了。管理层同意在下一个工作高峰之后修改数据表格并使其符合规定。首席审计执行官考虑到雇员已经得到了全面的危险品知识培训，且在使用危险品的地方都有了警告提示，因此决定接受管理层提出的纠正时间表。

(4) 纠正措施落实的时间跨度。《索耶内部审计》建议首席审计执行官安排管理层回应审计发现的纠正时间表，该纠正时间表可以以发生频率、重要程度和威胁程度等来衡量。内部审计人员应审核纠正时间表的合理性，并按照该表中的时间安排相应地实施对应的跟踪审计步骤。

二、后续审计的工作步骤

1．仔细阅读被审计单位的书面回复

对于不回复的情况，内部审计人员应与被审计单位进一步沟通，弄清楚不回复的原因，如果是无故不回复，则应高度重视后续审计的工作，并保持高度的职业审慎性；对于回复不充分的情况，内部审计人员应与被审计单位充分讨论，分析审计建议的合理性和可行性；对于有异议的情况，审计人员要确定在哪里存在异议，必要时对前期审计进行复核，找出双方具体的错误所在；对于审计建议被无理由拒绝的情况，内部审计部门要通过适当的手段向更高层次的管理层反映实际情况，同时还应确认被审计单位管理层已选择了承担风险。

无论审计工作开展较好还是存在问题，审计建议是谨慎适当还是存在欠缺，审计建设都可能引起异议。审计人员要懂得运用沟通技巧，在不损害将来的沟通或不妨碍落实审计建议的基础上处理好这些问题。

2．对后续审计进行认真规划

内部审计人员应从以下几个方面对后续审计进行认真规划：

(1) 谁来监督建议执行结果？特定内部审计人员应该被分派承担监督责任，如果需要获得其他部门的配合和支持，内部审计人员就需要与这些部门签订合同，协调努力。

(2) 需要监督检查什么？内部审计人员应将建议具体化，使其有可衡量和可以看得到的标准。例如，某项建议是“会计核算部门应该采取新的会计核算方法”，则可具体化为“提供采用了新的计算机应用软件的资料、提供具体的行动时间表、举行相关培训”。审计人员应从这三个方面进行核实。

(3) 如何实现监督、跟踪？内部审计人员应明确管理层采用什么方式(书面、电子邮件、口头)来证明其对建议的回应。对于重要的事项，应实施现场跟踪取证和测试，而对于不太

重要的事项，可采用调查问卷或面谈，或仅仅核实管理层的汇报。

(4) 何时或隔多长时间实施后续审计？跟踪审计的时间表取决于建议的重要性并考虑被审计单位的纠正时间表。但并不是说被审计单位的纠正时间表上写明将于三个月后开始进行系统整改，后续审计就得在三个月后开展。内部审计部门应根据实际情况自行决定最适当的执行后续审计的时间。通常情况下，重要、紧急的事项要求立即得到解决，后续审计也应及时开展。

3．实施现场审计和测试，对剩余风险进行评估

审计人员可采用访问、直接观察、测试和检查纠正措施等方法对重大的审计发现和结论进行现场审计。后续审计与前期的审计方法、程序基本类似，审计人员应将审查工作写成工作底稿并归档。

后续审计涉及的问题往往并不是容易解决的问题，时常会牵涉几个部门，考虑到后续审计的时间和成本，内部审计人员一定要把注意力集中在风险最大的事项上，争取使问题得到彻底解决。因此，执行后续审计必须坚持风险导向，把握审计重点。

为了提高审计效率和质量，审计人员应做到以下几点：一是在前期审计时就充分考虑将来后续审计的需要，做好一些基础工作；二是要时常与各相关部门沟通，及时取得各种回复，收集有效信息；三是要考虑环境和实际情况的变化，对后续审计中采用的方法、步骤甚至衡量标准作出适当的调整。

后续审计的核心是确认纠正措施是否被及时、有效实施，为此，内部审计人员必须评价实施了纠正措施后的剩余风险是否在组织允许的范围之内。内部审计人员会运用一些专门技术和工具来评估剩余风险，尤为重要的是，内部审计人员必须站在组织整体的角度，用发展的眼光去评价风险，而非只是评价剩余风险对每个职能部门或业务部门的影响。

当建议得到成功执行，或存在的问题得到妥善解决时，内部审计人员可简化甚至停止后续的监督活动。

4．编写后续审计报告

通常后续审计报告的编写工作与前期审计报告类似，它与内部审计人员的职业判断、沟通能力、文字表达能力和工作态度相关。后续审计报告一般包括审计目的、以前报告中的审计发现和审计建议、纠正措施、审查结果、对纠正措施的审计评价。

对于已经整改的情况，内部审计人员应采用科学合理的技术方法进行定性或定量评估，尽量采用量化考核，如各部门的整改率。对于未整改的情况、仍然存在的问题或出现的新问题，内部审计人员应注意区分成因并合理界定责任，对于由主观原因造成的问题，必须明确责任并限期整改；对于由客观原因或历史原因造成的问题，应提出切实可行的建议，如分步走、分阶段实施的建议。

5．汇报监督计划和监督结果

首席审计执行官应定期向审计委员会、董事会或类似权威机构报告内审中的监督计划和监督结果。监督报告应特别强调由于执行建议给组织带来的收益。

《内部审计实务标准》要求，当首席审计执行官确信高级管理层已经接受了为组织所不能接受的剩余风险时，他们应与高级管理层展开讨论。如果剩余风险的问题得不到解决，则首席审计执行官和高级管理层应该将此分歧向董事会报告，以求得解决。

✧✧✧✧✧　本章思考题　✧✧✧✧✧

1. 内部审计程序与注册会计师财务报表审计程序的区别体现在哪些地方？
2. 在内部审计中，审计对象的选择为什么很重要？
3. 年度审计计划、项目审计计划、审计方案之间的关系是怎样的？
4. 审计准备阶段中的初步调查和审计实施阶段中的调查有哪些区别？
5. 召开进点会议和退出会议的要点分别是什么？
6. 哪些情况需要编制中期审计报告？
7. 内部审计报告的基本要素有哪些？
8. 后续审计的关注点有哪些？可通过哪些方式实施？

内部审计在风险管理及公司治理中的作用

第一节　内部审计在风险管理中的作用

一、风险

风险是指影响组织目标实现的各种不确定性事件。

企业可能面临的风险可分为两大类：行业风险和经营风险。

1．行业风险

行业风险是指在特定行业中与经营相关的风险。考虑企业可能面对的行业风险时，如下几个因素非常关键：

(1) 生命周期阶段。行业会经历起步期、成长期、成熟期及最后的衰退期。显然，处于成长期的行业会比处于成熟期或衰退期的行业有利得多。

(2) 波动性。这是与变化相关的一个指标。波动性行业是指成长变化迅速，充满上下起伏的行业。波动性行业会涉及较大的不确定性，使计划和决策变得更难。

(3) 集中程度。对于一个企业而言，在一个受保护的行业中处于垄断地位，风险很低，如国有大型企业。相反，随着国家的发展、国家企业私有化、关税壁垒减弱以及新兴行业与成熟公司的竞争，企业在行业中的垄断地位被推翻，各行业的竞争性都增强，风险也就加大。

2．经营风险

经营风险可简单定义为经营企业时面临的风险，从广义标准来说，它是指由于采用的战略不当、资源不足、经济环境或竞争环境发生变化而不能达成经营目标的风险。经营风险包括以下几类：

(1) 市场风险(有时也称为财务风险或价格风险)：由于市价的变化而导致亏损的风险，具体可分为利率风险、汇率风险、商品价格风险、股票价格风险。其中，利率风险和汇率风险可能会相互关联，企业在制定决策时，应当考虑可能面临的市场风险，采用一定的套期保值手段规避风险，同时应认识到有时不作任何应对也是一种具有风险的决定。

(2) 政治风险：与企业运营所在国家的政治稳定性，或者当地的政治制度有关的风险。即使是在政治制度稳定的国家，政治改革对企业的影响也可能是重大的。

(3) 操作风险：由于员工、过程、基础设施、技术或对运作有影响的类似因素(包括欺诈活动)而导致亏损的风险。操作风险可分为以下几种风险：员工风险、技术风险、舞弊风险、外部依赖风险、过程/程序风险、外包风险。

(4) 法律/合规风险：不符合法律或法规要求的风险。与法规有关的风险并不是指法规存在的事实，通常是指法规突然发生了变化所产生的影响。

(5) 项目风险：与企业进行日常管理的各种项目有关的风险。

(6) 信用风险：赊销过程中，交易对方在款项到期时不予支付的风险。该项风险管理最重要的决策是确定允许赊欠的对象及允许赊欠的金额。

(7) 产品风险：企业面临的与产品(包括劳务)相关的风险。新产品和成熟产品都存在着一定的产品风险，前者涉及产品的销量和顾客的认可程度，后者涉及价格的变化对销量的影响。

(8) 流动性风险：由于缺乏可用资金而产生的到期无法支付应付款项的风险。到期及时偿还债务对于维持信誉非常重要，而无法按时偿还债务很可能意味着信誉的丧失。

(9) 环境风险：企业由于其自身或影响其业务的其他方造成的环境破坏而承担损失的风险。

(10) 声誉风险：企业声誉受到负面影响的风险。其产生的原因是由于企业未能有效地控制其他类型的风险。

二、风险管理

(一) 风险管理基本概念

风险管理是对影响组织目标实现的各种不确定性事件进行识别与评估，并采取应对措施将其影响控制在可接受范围内的过程。风险管理的目的、本质和目标如下：

(1) 风险管理的目的是为了将风险控制在可接受的范围内。风险的可接受范围取决于组织对风险的态度，包括组织整体及职能部门两个层面。

(2) 风险管理的本质是规避风险，实现组织目标。

(3) 风险管理目标由两个部分组成：损失发生前的风险管理目标和损失发生后的风险管理目标，前者是减少风险形成的机会，或避免风险形成，包括节约经营成本、减少忧虑心理；后者是努力使损失的标的恢复到损失前的状态，包括维持企业的继续生存、生产服务的持续、稳定的收入、生产的持续增长、社会责任。二者有效结合，构成完整而系统的风险管理目标。

(二) 风险管理程序

1. 风险识别

企业应通过正式的检查程序来全面分析风险和损失。这种风险审查允许企业评估真正的成本驱动因素，以便设计适当的损失控制和预防计划，来减少高风险的活动和高成本的

损失事件。需要注意的是，风险识别的目的并不只是罗列每个可能的风险，而是识别那些可能对运营产生影响的风险；风险识别程序应在企业内的多个层级得以执行。

风险识别的方法有多种，常见的有以下两种：

(1) 头脑风暴法：集体讨论可能的风险领域。

(2) 找出并列明属于企业层面的重要设施及经营单位的高层级的组织结构图，各单位再分别列出其面对的主要风险。

2．对主要风险的评估

对风险发生的可能性及相对重大程度进行评估，对于通过集体讨论快速识别的风险尤为重要。风险的评估方法有很多，常见的定性方法是制作风险评估系图，另外，还有大量方法或工具可用来确定风险对企业的影响，如情境设计、敏感性分析、决策树、计算机模拟、软件包和对现有数据的分析。

3．确定风险评级

风险评级是按照已确定的重大程度和可能性估值计算风险评分，并识别最为重大的风险。企业应根据影响及可能性对风险进行优先次序的排列，将注意力放在主要风险上。

企业对风险进行优先次序排列时，不应仅考虑财务方面的影响，更重要的是应考虑对现实企业目标的潜在影响。企业对非重大的风险应定期复核，特别是当外部事项发生变化时，应检查这些风险是否仍为非重大风险，有否升级。

4．实施风险应对策略

管理层可选的应对策略有风险规避、风险降低、风险转移和风险保留，可以选择一个或多个策略结合使用。

(1) 风险规避。风险规避是企业为了避免风险的威胁，采取试图使损失发生概率等于零的风险应对策略。风险的回避是一种较为保守的风险控制办法，企业不承担风险也意味着市场份额的降低和盈利机会的丧失，从而使自身在竞争激烈的市场中处于不利地位。所以，企业经营管理者应正确权衡风险与效益的关系，主动回避那些风险与效益不相匹配的业务。

(2) 风险降低。风险降低是企业在权衡成本效益之后，准备采取适当的控制措施改变不利后果发生的概率，从而降低风险或风险损失，将风险控制在风险承受度之内的策略。常用的一种形式是风险分散，即通过分散的方式来降低风险，如股票投资组合、套期保值。

(3) 风险转移。风险转移是指企业自身不承担风险而将风险转移给他人，如购买保险、将某一工程项目分包出去或将带有风险的资产卖给他人。

风险转移是一种事前控制风险的手段。在复杂多变的市场环境中，各经济主体对风险的看法及承担风险的能力各不相同，从而为企业之间转移风险创造了条件并提供了可能。

(4) 风险保留。风险保留包括风险接受、风险吸收和风险容忍。这是比较经济的策略，在没有其他备选方法的情况下，企业管理层采取风险保留的策略。

5．风险监察

企业需要设立一项机制，对已识别的风险进行监察，监察内容包括组织目标的实现过程、新的风险和相关损失。企业根据负责风险领域的人员提供的信息进行分析、预测、持续调研，提供对已识别风险的可能性的最新评估，相应地，企业还应该加强跟踪反馈，精确调整损失控制程序。

三、内部审计在风险管理中的作用

2004 年，COSO 委员会在其发布的《企业风险管理——整合框架》(简称 ERM 框架)中指出：“内部审计人员通过对风险管理过程的充分性和有效性进行检查、评估、报告、提出建议来帮助企业的董事会、审计委员会、管理层等履行其职责，因此，内部审计人员在风险管理中的地位越来越重要。”内部审计在风险管理中的作用包括以下几方面：

1．检查与评价

内部审计可以通过运用风险管理方法对风险管理过程的充分性和有效性进行检查、评价和报告，提出改进意见，为管理层或审计委员会提供帮助。其中包括确定风险领域，检查风险管理过程的效果，评价风险控制程序的有效性。

2．管理与协调

内部审计能够客观地从全局的角度管理风险，从组织的利益和实际出发，清醒地识别和评价风险，提出防范风险的有效建议。内部审计可以凭借其对组织全面而深入的了解，对风险管理过程进行管理和协调，促进被审计部门经营和管理的改善，赢得他们的信任和尊重。

3．顾问与咨询

内部审计人员对本组织的情况最为熟悉，在对其提供咨询方面有独特的优势。内部审计部门可以通过审计发现和评估并运用风险管理的方法，帮助组织解决风险问题，通过咨询积极协助企业风险管理过程的建立或使风险管理过程的建立成为可能。内部审计部门可以在改善管理层的风险管理流程的效果和效率方面协助管理层和审计委员会进行检查、评价、报告和提出建议。管理层和董事会对本组织的风险管理和控制流程负责。

4．报告与防范

审计发现如何传递，审计成果如何利用，舞弊风险如何防范，所有这些问题将直接关系到内部审计在风险管理监督体系中的价值和作用。内部审计部门在风险控制和改进组织机构的效果方面要发挥其领导作用。一方面，内部审计部门要与相关部门进行沟通，对风险管理过程的充分性和有效性进行检查、评价和报告，对重大的审计发现要按清晰的传递线路进行报告，对监督检查结果的落实情况要进行跟踪和报告，使风险及时得到控制和防范；另一方面，内部审计部门可以通过评估相关控制的充分性和有效性来协助管理层防止舞弊，可以利用其自身的优势在倡导良好的精神文明建设方面发挥更大的作用。

四、在 ERM 框架基础上将内部审计与风险管理相结合

(一) ERM 理念的发展

自美国 COSO 委员会于 2004 年 4 月颁布《企业风险管理——整合框架》(Enterprise Risk Management Framework，以下简称 ERM 框架)后，理论界对 ERM 框架的研究不断增加，

监管机构对于ERM框架的规范不断推出，实务界对ERM框架的尝试不断增多，如北美、欧洲有11%的组织拥有了完全实施的ERM框架，90%的组织正在建立或者想建立ERM框架；《财富》世界500强企业截至2004年年底有近40%实施了ERM框架，30%部分实施了ERM框架；我国2006年针对部分先进企业和ERM框架探索者的一项调查显示，7.89%的企业建立并实施了ERM框架，15.79%的企业已经建立ERM框架但是尚未运作，71%的企业在一定程度上建立了ERM框架但流程缺乏相互约束，5.26%的企业没有建立ERM框架。可见，ERM框架受到了越来越多的重视，如何促使企业尽快建立ERM框架，以及保证企业顺利实施和完善已经建立的ERM框架，成为当务之急。

（二）在ERM框架基础审计模式下，内部审计在风险管理中的工作定位

ERM框架的精髓之一在于全员参与，如何清晰地界定各参与方的职责决定着ERM框架的实施成效。内部审计作为组织治理结构四大支柱之一，在ERM框架建立和实施中发挥着重要作用。IIA在《内部审计在企业全面风险管理中的作用》意见书中将内部审计在ERM框架中可能开展的活动划分为三类，第一类是核心性保证活动，包括：就风险管理过程提供保证；就风险被准确评估提供保证；评价风险管理过程；评价关键风险的报告；审阅关键风险的管理。第二类是合理性咨询活动，包括：促进风险识别与评价；指导管理层作出风险反应；协调风险管理相关活动；加强风险报告；保持和开发ERM框架；促进ERM框架的建立；经董事会批准制定ERM框架战略。第三类是不适当的活动，不建议内部审计部门开展该类活动，包括：设立风险偏好；对风险管理过程施加影响；提供管理层风险保证；对风险反应作出决策；站在管理层的立场作出风险反应；对风险管理承担责任。

（三）利用ERM框架基础审计模式将内部审计和风险管理有机结合

ERM框架基础审计模式以COSO委员会在企业风险管理框架中设计的内部环境、目标设定、事件识别、风险评估、风险反应、控制活动、信息与沟通以及监控等八个要素为基础，考虑内部审计在ERM中能够开展的活动，将两者进行有机结合，形成了ERM框架基础审计模式。

在各项要素中，以建立和沟通组织目标为起点，依次经历决定组织的风险偏好、建立适当的风险管理框架、识别阻碍目标实现的风险或事件、评价风险发生的影响和可能性、选择和实施适当的风险反应、实施控制和其他反应活动、进行风险信息一致性沟通、监督和调整风险管理过程和结果八个环节，形成了ERM框架的运行系统。在此基础上，由管理层提供对ERM框架构建过程的首要保证，进而由内部审计实施对ERM框架的独立客观保证和咨询，最终各方履行为董事会服务的职责，董事会对ERM框架承担最终责任，形成了ERM框架的保障系统。ERM框架基础审计模式将ERM框架与内部审计融合在一个整体中，两者实现了无缝对接；明确了内部审计和管理层在ERM框架中的职责和地位；同时，也便于内部审计通过深入各个业务环节开展对ERM框架的全程审计。其主要内容包括以下几方面。

1. 建立和沟通目标

CEO负责制订组织的整体战略目标，处于不同管理层次、不同地域分布中的各业务单

位、分部和子公司管理层负责制订各自的子目标，子目标必须与组织整体目标保持一致，并与组织文化、价值观、使命和愿景相协调，在整个组织员工中得到全面的沟通、清晰的解释和正确的理解。内部审计应为下列各个方面提供保证：审查组织目标是否得到有效建立(如检查目标建立依赖的信息、采用的程序、参与者的素质等)；审查子目标与组织整体目标是否协调一致；审查目标在组织员工中是否得到全面的沟通和一致的理解。审计人员可以采用对关键人员进行访谈、获取和审阅相关资料、向不同层次人员发放调查问卷、实施自我评估等方法来开展审计工作，其中问卷设计应该提供可以由回答者进行评论的空间，以便于收集人员对目标理解情况的软性信息。

2．确定风险偏好

组织的风险偏好决定了组织能够承受的风险水平。风险偏好与目标设定有着直接的关系，具体体现在组织交易形式审批、资本预算限制、职责权限划分、购买事项确定等各项活动中。确定风险偏好是董事会和管理层的责任，内部审计部门不能设定组织风险偏好或容忍度，但可以就风险偏好和容忍度水平的确定、量化、沟通问题，为政策、程序和实务中的有效实施情况提供保证。

3．建立风险管理框架

在不同组织之间甚至在同一个组织中的不同部门之间，由于文化氛围、管理理念、工作目标、组织规模、业务复杂性以及与业务目标和风险容忍度相关的固有风险水平不同，ERM 框架可能会存在很大差别。例如，信息技术部门因为其工作的性质，需要有完整的风险识别、评价框架，而人力资源部门可能仅需要一个明确的政策和程序性审阅。从事常规交易的部门一般具有相对成熟的 ERM 框架，该框架中有明确界定的风险指示，与日常的业务运行过程相结合；而战略管理部门却不具有这样正式的框架，需要进一步加以开发。某些组织拥有了较成熟的 ERM 框架，而其他一些组织却仅处于 ERM 框架的计划阶段、萌芽阶段甚至无知阶段。

董事会和高级管理层负责建立和管理 ERM 框架。内部审计人员不能参与设计 ERM 框架，但是需要依赖自己的判断，结合组织的实际对 ERM 框架的适当性作出结论，发现框架结构和功能中的缺陷。具体的审查内容包括：审查 ERM 框架的组成要素；审查在组织政策、治理框架、实务操作中所体现出来的风险观点和价值；审查风险管理政策和指南的实用性、灵活性和自我引导性；审查员工对风险管理含义的理解和对风险管理技术的掌握情况；审查管理层对风险管理的支持、对公司文化的培育情况；审查风险管理实务按框架期望持续运行的情况；审查框架动态调整、监督和自我评价管理情况。

4．识别风险

识别风险是对组织正在和将要面临的风险加以判断、归类和鉴定风险性质的过程，换言之，即确定组织正在或将要面临哪些影响组织目标实现的风险。风险识别是管理层的职责。内部审计人员在风险识别中的主要工作包括：审查风险识别的充分性，即与组织整体目标和战略相关的、涉及组织整体和分部层次的主要风险是否均已被识别出来，是否存在未被识别的风险，并提醒管理层注意；审查风险识别的一致性，即风险定义、分类是否在组织中得到统一的运用。对于发现的风险识别不完全、不一致、忽视风险等情况，内部审计人员应采用特殊审计程序并加以报告。

5．评估风险

评估风险是指采用定性与定量相结合的方式，估计风险影响的大小和发生的可能性，在二者结合的基础上，对风险进行排序，进而实施不同程度的关注。实施风险评估是管理层的责任。内部审计人员应检验风险是否被准确评估，具体可以采取以下方式：对管理层的风险评估结果进行再检验，即掌握风险评价的系统方法，对风险成因、影响后果、发生频率等作出综合分析，根据“风险值=风险概率×风险影响”的计算结果，对风险级次进行排序，对不恰当的风险评估予以更正；对管理层的风险评估能力进行审查，如审查管理层的风格(激进与稳健的管理者对于相同风险的赋值往往存在较大差别)、采用的风险评估方法、对相关信息的掌握程度、对成本效益的考量、对相关部门或人员意见考虑的程度等。

6．检查企业的风险反应

管理层要在符合企业风险偏好和可接受的风险容忍度之内，采取相应的措施对风险进行应对。风险应对策略包括风险规避、风险降低、风险转移和风险保留。

内部审计人员判断采用风险规避方法时应该考虑：第一，规避风险并不是完全消除风险；第二，在未来收益小于控制成本的情况下，规避风险是最经济的方式；第三，规避一项风险可能产生新的风险。风险降低也就是控制风险，即减小风险发生的可能性、减小风险的影响或者两者同时减小，此时内部审计人员需要对内部控制设计的合理性、执行的有效性进行测试和评价。内审人员应该检查企业是否对于每一个重要的风险都考虑了所有的风险反应策略，有效的风险管理要求风险反应策略的选择是正确的、恰当的。

每种风险反应策略的实施都经过了风险与收益的权衡。企业风险管理框架中的风险反应将风险划分为以下三种风险收益类别：

(1) 完全接受。这类风险的风险与收益关系在现有的量值和概率水平下是可接受的。

(2) 有选择地接受。一些风险的量值或概率非常大，以至于不能接受且无法经济有效地加以抑制，因而超出了组织的风险容忍度，企业必须通过放弃有关计划从而避免受风险的影响，或通过在源头上预防风险来消除这类风险。还有一些风险是企业经常遇见的，风险与收益的权衡可接受，但如果管理层不采取一定的行动，则不可接受。

(3) 有条件地接受。一些风险可以通过保险、套期保值、衍生工具转移给他人，或通过合营、联盟和定价手段来分摊。内部审计人员要判断风险管理措施是否恰当，要将管理层对风险偏好的设定考虑进来。

7．评价企业的控制活动

内部审计人员应该从以下几个方面评价控制活动的科学性和合理性：

(1) 审查相关交易过程的控制措施。内部审计人员在审查相关的交易过程时，要确保交易的所有程序、文件是合法的，而且交易的目标与企业的经营目标是一致的。

(2) 一般控制与应用控制。内部审计人员应该评价企业的一般控制是否与企业的战略目标、经营目标、财务目标相一致，应用控制是否是在一般控制的指引下制定的。

(3) 多重控制。为防止一项控制措施不能发现存在的风险，应设计多重控制。多重控制包括授权、业绩评价、信息处理、实物控制、职责分离等几个方面同时或交替的控制设计。

8. 评价企业的信息与沟通

随着信息时代的到来，信息在企业管理中的作用愈加明显和重要，所以获取有用的信息是非常必要的。内部审计人员在评价企业的信息时，首先要评价这些信息的价值，看其是否对企业的发展有用，之后才能评价这些信息是否得到有效传递，是否在企业各个层级之间得到有效沟通。

从表面上看，沟通就是一个传递信息的过程，但是实际上，沟通已逐渐成为一种技术，从而受到个人及企业的重视。根据美国著名的普林斯顿大学对 1 万份人事档案的分析，“智慧”“专业技术”和“知识”在个人的社会成功中只起 25%的作用，影响个人成功的其余 75%的因素与良好的沟通有关，对于企业而言更是如此，有效的沟通能够影响企业的经营状况及未来发展。研究表明，企业内部存在着沟通的位差效应，即领导层的信息一般只有 20%左右能够传递给下级并能被正确理解，而下级对上级的反馈信息更是不超过 10%，但平行交流的效率却能达到 90%以上。企业中这种信息传递的不畅通及沟通的不到位，最终将阻碍企业的有效运行。因此，建立有效的沟通机制是企业发展的安全阀，内部审计人员在对信息与沟通进行评价时，要看企业沟通机制的建立是否恰当，是否达到良好的沟通效果。

企业内部的每个员工都需要获取与风险管理过程相关的、可靠的信息，但是不同的人员对信息的需求有所不同，不同层级之间采取的沟通方式也有所差异，内部审计人员在评价信息与沟通时，要根据实际情况来予以权衡。

9. 监控企业的风险管理

内部审计人员对风险管理的监控实际上就是评价管理层对风险管理的绩效，在这个过程中，内部审计人员需要对风险评估过程进行再次评估，并为企业的风险管理过程提供改进建议，以实现企业的价值增值。

企业可以通过两种方式对风险进行监督，即持续监督与个别评价，这两者都是为了保证企业的风险管理在各部门得到持续的执行。

五、企业风险管理成熟度与内部审计的角色

1. 风险管理不成熟时期的内部审计

1) 审计介入

审计介入可帮助企业启动风险管理流程。企业在风险管理不成熟阶段最重要的是与董事会和审计委员会协商，并通过内部审计章程确定内部审计的角色。随着企业风险管理成熟度的增加，内部审计在推动建立 ERM 框架中起的作用将会减弱，如果企业雇佣风险管理专家或成立专门的风险管理部门，内部审计更有可能承担确认角色，而非咨询角色，因此，内部审计章程也应作相应修改。

2) 推动

内部审计推动企业风险管理的建立和发展。研讨会是推动风险管理的重要方式，但推动风险管理并非一定要以研讨会为中心。研讨会需要制定适当的计划并得到资源支持。审计部门应制定标准对研讨会进行记录并产生可靠的风险管理记录表和内部控制披露报告。

每次的推动活动应有一个明确的主题。最好允许风险管理工作小组在适当的时候承担任务，而非由内部审计人员承担过多的职责，因为推动的最终目标是授权相关人员进行自我风险管理，但是对于涉及不同经营部门的高风险领域，风险管理工作小组应向上级汇报，注明重要性并对其进行跟踪。

案例 3-1

某政府企业以前每个月举行大量的风险研讨会，但现在仅在有人提出要求时才举行较短的研讨会，介绍风险状况的最新变化。最初，员工受到大量关于风险管理和工具的培训，以后这种培训则逐渐成为向新员工介绍工作程序的一部分。

3) 协调和领导

内部审计应宣传风险管理的好处，向管理层和员工传授实施风险管理需要采取的行动并鼓励和支持他们采取风险应对措施。

案例 3-2

某政府部门通过内部审计小组引入风险管理，并将风险管理的概念分解为若干模块。内部审计人员向所有员工发送简报，宣传风险管理的益处，并强调所有管理层都应了解和管理自身风险，因为他们是经营领域内的真正专家。一段时间之后，内部审计人员逐一拜访每个经理并讨论其工作范围内的风险。内部审计人员鼓励经理主动承担工作领域内的责任，鼓励每个小组负责人与中级经理讨论自身风险及应对方案，并向上级报告(包括横向报告)。

4) 帮助、支持、设计与实施

当企业没有真正建立风险管理时，内部审计可考虑提供核心职能(即保证、确认)之外的其他服务(如与帮助、支持、设计与实施有关的服务)，例如，当企业没有明确的风险评估程序时，内部审计人员可以与管理层共同工作，识别、评估风险并记录。这种情况下，内部审计部门承担了多种任务，但不能承担全部责任。内部审计部门应当要求管理层提供声明，以明确管理层对识别、降低、监督与承担风险的责任。

5) 非审计任务

作为企业的职能部门，内部审计部门不免受到董事会或高级管理层的委派，承担一些非审计性质的工作。此时，内部审计部门应避免陷入参与风险管理的困境，尽量避免承担那些需要定期接受内部审计评估的非审计职能，必要时应向适当的部门报告该情况对内部审计的独立性和客观性的损害。

2．风险管理发展阶段的内部审计

1) 意识

企业应意识到需要建立一个系统以保证其有条不紊地应对风险。董事会和审计委员会应负责对管理层是否建立适当的风险管理流程以及是否有效执行进行监督，内部审计人员

应协助董事会和审计委员会对管理层风险流程的适当性和有效性进行检查、评价、报告并提出改进建议。

2) 设计

管理层应当根据企业的性质、经营活动的规模和复杂程度设计风险管理流程。内部审计人员应认识到，各种企业风险管理实务中使用的技术存在重大差异，风险管理流程可能是正式的，也可能是非正式的，可能是量化的，也可能是主观的，可能嵌入业务单元，也可能集中在公司层次。

案例 3-3

某企业使用一组试验项目来启动风险管理程序。内部审计人员设计的方案要求调查当地同类型企业的最佳实务。该方案还清楚地界定了风险管理流程的目标和18个月中必须实现的阶段性进展。此外，风险管理方案还包括测量项目的进展并记录失败的表现，如工作负荷过重、员工自大或轻视以及风险识别程序所遗漏的重要事项。项目开始后，每个经理都必须阐述正式的风险管理的好处，并与其他部门经理分享其观点。

3) 整合

所谓整合就是将风险管理与经营相互融合，使风险管理成为经营方式的组成部分，包括建立适当的基础设施和文化，使用逻辑的、系统的方法来建立风险管理框架，识别、分析、评价、应对、监督和交流与所有活动、职能或流程相联系的风险，以使企业实现损失最小化和收益最大化。

案例 3-4

某企业根据变化管理的思路开展风险管理，即由于预计会有反对意见，所以准备了强有力的论据证明风险管理所增加的价值。刚开始，许多经理觉得将风险管理整合进经营流程有困难，因此需要大量的在线帮助。事实上，一些人很快找到自己的道路，能够理解自身风险及如何对风险进行管理并降至一定的水平。另一些人则以风险为导向，寻找当前经营战略中存在的漏洞。这种方法带来的好处是能够发现并减少不直接针对风险的传统控制，从而加快经营速度，提高经营效率。

4) 复核

当企业已经建立有效的风险管理和控制系统后，可对其进行复核和监督，并向外界报告它如何运行及是否有效。内部审计人员开始减少咨询服务，逐渐回到其核心职能。整个监督和复核流程包括以下几方面：定期测量或检查特定参数；部门经理对风险及应对措施进行复核；内部审计和外部审计，主要针对系统测试而非具体事项测试。内部审计的复核工作涉及以下几方面：复核风险管理流程，包括设计和运行；复核对关键风险的管理，包括控制有效性和其他应对措施；复核对风险的评估报告是否可靠和适当。

3. 风险管理成熟期的内部审计

1) 推动

在已经建立风险管理系统的企业中，内部审计仍然可以推动风险管理系统的继续完善，并将推动风险管理的工作与内审主要职能(保证职能)相结合。

案例 3-5

某企业内审经理将CRSA(控制风险自我评估)技术作为开展审计业务的途径。首先，审计人员将问卷发送给被审计部门的经理，由业务小组填写后收回，并据此评估控制环境。其次，审计人员与被审计部门人员面谈，一旦发现明显的弱点就对此开展审计。最后，审计经理牵头与被审计部门的关键人员召开风险研讨会，根据研讨会的反馈意见调整审计范围，从而将审计资源集中在高风险领域和已经发现的问题上。

2) 建议

在风险管理较成熟的企业中，内部审计要与具体的风险管理保持一定的距离，即内审人员不再是队长的角色，而是像教练或技术顾问一样在场边旁观，对风险管理提出建议。

3) 复核与确认

在风险管理较成熟的企业中，内部审计主要工作是对整个企业的风险管理进行复核，涉及五个关键领域：

(1) 经营战略和活动中的风险是否被识别并排序。

(2) 管理层和董事会是否确定了企业能够接受的风险水平，包括能够实现企业战略计划的风险。

(3) 设计和实施风险控制活动是否旨在将风险降低至管理层和董事会能够接受的水平。

(4) 持续的监督活动是否旨在定期对控制风险的有效性进行再评估。

(5) 董事会和管理层是否收到关于风险管理结果的定期报告，企业的公司治理流程是否定期向股东提供关于风险、风险战略和控制的信息。

六、风险管理综合评价

内部审计部门必须对企业的风险管理流程进行总体评价，判断企业的风险管理系统是否有效，为此，可以参考一些既定的风险管理综合模型。

案例 3-6

某企业的内部审计部门根据本企业情况选择 ERM 框架关键要素并分别赋予权重，对以下每条要求进行清单细化并逐一打分，分值从 1 到 10，1 分表示完全没有达标，5 分表示部分达标，10 分代表完全达标，在此基础上计算风险管理分值，作为判断企业风险管理

状况的依据。评价这些关键因素的工作可以包括：

(1) 评价对利益相关者的考虑。

企业是各类利益相关者之间所签订的各种契约的集合，因此，企业理解和管理风险应当从各类利益相关者的需要出发，应满足关键利益相关者的需要，在各类利益相关者的不同需要之间保持平衡，这些应纳入风险管理框架。

(2) 评价经营风险的识别与应对。

企业的环境充满了不确定性，这些不确定性导致了企业面临各种风险。企业应能持续识别这些风险并采取适当的应对措施。

(3) 评价合规风险的识别与应对。

企业未能遵循法律法规和监管要求，可能受到法律制裁或监管处罚，从而承受重大财务损失或声誉损失。

(4) 评价企业战略的制定与实施。

企业战略是连接基于利益相关者期望的企业目标与企业风险管理的桥梁。因此，企业在制定战略时，应考虑利益相关者的要求是什么，分析哪些因素阻碍企业满足利益相关者的要求，并设计相应的策略加以解决。

(5) 评价风险管理成熟度的提高。

风险管理成熟度是反映企业风险管理发展水平的核心指标。

(6) 评价董事会的ERM框架政策。

董事会对风险管理系统的建立和有效运行承担最终责任。

(7) 评价风险管理平台建设。

企业应尽最大努力，为ERM框架流程有效发挥作用创造适当的平台，包括保持风险容量与战略的一致性，减少经营中的意外和损失，协调企业的各种风险和政策。

(8) 评价审计委员会。

在风险管理中，审计委员会的角色是对ERM框架的设计与实施过程进行监控。

(9) 评价风险管理超载。

过分强调风险管理可能导致经理们专注于风险管理流程而忽略手头真实的业务经营。

(10) 评价与经营过程的整合。

风险管理不是凌驾于企业业务活动之上或在企业经营业务系统之外单独建立一个新的系统，而是将风险管理的观念、流程和程序嵌入业务系统之中。

(11) 评价风险容量的确定和执行。

企业应当根据利益相关者的要求制定适当的风险容量，作为风险管理的依据和标准。

第二节　内部审计在公司治理中的作用

一、公司治理的含义

公司治理(又称为公司治理结构或公司管治)是现代企业制度中最重要的组织架构。经

济合作与发展组织在《公司治理结构原则》中给出了一个有代表性的定义："公司治理结构是一种据以对工商公司进行管理和控制的体系"。公司治理的含义有广义和狭义之分。狭义上的公司治理主要指公司所有者对经营者的监督和控制机制。广义上的公司治理除了股东与经理层的关系之外，还包括股东与其他利益者(如员工、客户、供应商、债权人和社会公众等)的关系，即与所有利益参与者相关的一整套法律、法规、文化和制度性安排。

二、公司治理与内部审计的关系

1．公司治理和内部审计目标的一致性

企业的目标主要有两种主要观点，即股东财富最大化和利益相关者财富最大化。公司治理则是通过一系列规章、程序、方法实施的治理活动，是为实现企业目标而存在的管理和决策行为，治理的目的是各种利益关系的调节和平衡，最终实现企业的战略目标。内部审计作为公司治理的检查、监督、评价手段，其目的也是平衡股东和管理层的权利和利益，预防和控制公司各层风险，致力于企业目标的实现。因此，公司治理与内部审计的目标具有一致性。

2．内部审计是公司治理监控机制的组成部分

公司治理监控机制包括内部监控机制、外部监控机制及企业管理自我调控机制。内部监控机制主要包括股东大会、董事会、监事会、经理层等。外部监控机制包括一般股东、资本市场、外部审计、经理市场、社会舆论等。从西方发达的市场经验看，内部审计作为实现内部控制的关键因素，是公司治理结构的有机组成部分。内部审计已经发展为以增加价值和改进企业经营为目的的保证和咨询活动。作为经营者的高级参谋和助手，内部审计的业务范围已不仅局限于降低代理成本、查错防弊、解除内部受托责任、为委托代理关系提供有效的管理与监控机制，更重要的是，内部审计服务于公司利益，能够为工程项目、重要合同、投资决策、资金使用、财务规划等诸多方面提供支持，成为公司治理中不可或缺的组成部分。

3．公司治理结构对内部审计的影响

公司治理是企业运作的基础，为企业内部各项管理活动提供环境。内部审计作为企业内部控制活动的一部分，毫无例外地受到公司治理的制约，公司治理结构对内部审计的模式起着决定性的影响。从世界范围来看，公司治理结构主要分为美国模式和德国模式两种。

美国公司治理结构的主要特点是采用单层董事会，下设若干委员会，如审计委员会、薪酬委员会、提名委员会等。美国公司治理结构的主要特点是公司规模庞大，资本来源比较分散，股权的集中度不高，经营者享有很高的公司控制权，投资者在企业控制中处于弱势，公司治理主要依靠外部治理来完成。在这一模式下，由于所有权和经营权的分离，股东不能有效地监控管理层的行为，即所谓的"弱股东，强管理层"现象，由此产生代理问题，内部控制监督尤其重要。内部审计人员在业务上需向董事会及审计委员会报告，而这种模式的缺点是审计委员会的成员主要来自公司外部独立董事，与内部审计的目标与价值取向存在较大差异。

德国公司治理结构的一个重要特点是“两会制”，两会即监事会和董事会。德国模式是“内部控制”型模式。两会中包括股东、银行及员工的代表，对管理层实行监控。其中，职工代表在两会中扮演重要角色。德国模式的主要特点是资本来源比较集中，主要资本来自少数几个大股东、银行和其他法人组织。其公司控制权由大股东、银行、创业家族和经理人联合控制，注重企业内部的监控，公司治理主要依靠内部治理来完成。公司管理体制实行双层制，既设最高权力机构董事会，又设监督控制机构监事会，执行内部审计的职能则由监事会承担。公司组织由股东会、董事会和监事会构成，其中监事会起比较大的作用，内部审计部门要密切配合监事会的工作，并及时向监事会提供有关信息。

三、内部审计在公司治理中的作用

1. 内部审计是解决信息不对称的有力措施

内部审计对财务报告进行相对独立的审计，可对管理层的会计信息编报权力和充分披露进行约束，缓解管理层与投资者之间的信息失衡问题。内部审计部门最有资格监督信息的真实性，其基本宗旨之一便是通过审计手段向有关部门或人员提供真实信息，既可降低信息不对称，又可对代理人形成间接的约束，以利于减少“逆向选择”和“道德风险”的影响。

2. 内部审计是完善公司治理机制的必要内容

上市公司内部审计要满足以下需求：股东和股东大会代表机构对公司经营状况的了解，以防范决策风险；管理层对管理、控制薄弱环节的客观反映，以规避经营风险；外部审计和监管机构对公司内部控制状况的评估，以降低审计风险和监管风险；潜在投资者对公司经营业绩和发展潜力的客观评估，以减小投资风险。可见，在补充与加强内部监督的同时，内部审计可以弥补外部审计在实现公司治理功能方面的不足。

3. 内部审计是创造公司价值的重要载体

一方面，内部审计通过努力帮助组织预防和减少损失，使公司价值增加。另一方面，内部审计的存在，客观上会对组织内的经营管理者和其他职能部门产生威慑作用，使其不得不维持良好的控制系统，并努力改善工作绩效。这种被动的“自律”行为客观上导致了组织价值的增加。

4. 内部审计是实现内部控制的关键要素

内部审计是在公司内部对内部控制结构实施连续监督，并确定和调查那些可能预示虚假财务报表迹象的最好选择。例如，世通公司将38.5亿美元的费用列为资本支出，就是首先通过内部审计得以发现的，这充分地显示了通过内部审计检查内部控制制度在公司治理机制中的关键地位。内部审计师应该采用适当的方法，帮助公司保持充分而有效的内部控制结构。

5. 内部审计是监督企业社会责任的有效手段

企业社会责任是企业在生产经营过程中产生的经营决策和企业行为对社会影响所具有

的责任。它包含企业对消费者、员工、股东乃至社区、政府、环境所应承担的经济责任和社会责任。企业从社会获得利润，再用适当的方式回馈社会，这有利于改善企业的形象，促进社会和谐和进步。通过内审分析财务管理的薄弱环节和存在的问题，以及经营管理中潜在的风险，提出审计意见和风险防范的建议，可促进被审计单位风险防范能力和经营管理水平的提高。同时，作为审计人员，在审计过程中(包括对工程质量、成本造价、企业生产经营等的审计)可以监督企业的社会责任履行情况。在企业利益和社会利益发生冲突时，内部审计人员应保证公众利益不受侵害。

四、内部审计在公司治理中的职能

1．获得董事会对内部审计章程的批准

内部审计章程由内部审计部门起草，并经董事会、审计委员会、相关治理机构和高级管理层批准或认可。内部审计章程可保证内部审计的独立性和地位，使内部审计工作不受限制，也是评价内部审计质量的依据。

2．沟通审计业务计划，报告重大审计事项

内部审计人员应制订年度审计工作计划，报高级管理层审批，并报董事会备案。若中期发生重大变化，则应及时与高级管理层及董事会沟通。在审计过程中，发生重大审计事项时，内部审计人员应先与高级管理层讨论，若高级管理层决定不采取任何行动并承担由此产生的风险，则应向董事会报告高级管理层的决定。

3．定期向董事会报告关键绩效指标

内部审计人员应对产出、风险、可持续指标、公司社会责任指标等制定绩效指标，确定衡量绩效的相关标准，将审查的绩效成果与制定绩效指标作比较，分析与评估绩效差异，并制定相关奖惩制度。

4．支持董事会全面评估企业风险管理

内部审计人员可通过在管理层评估公司内部风险与外部风险、确定公司对风险的承受能力中提供保证，来支持董事会评估企业风险管理工作。内部审计人员可以通过研究与分析以往的风险报告，并与高级管理者讨论控制风险及降低风险的方法与途径，对风险管理中出现的薄弱环节提出建设性的建议及改进措施。

5．协助董事会对外部审计进行评估

内部审计人员应评估外部审计人员是否具有相应的业务技能，评价外部审计在审计过程中的独立性，确定外部审计人员出具的审计报告的真实性，对外部审计人员出现的审计问题应及时向高级管理层与董事会报告，对外部审计人员与高级管理层之间出现的问题，则应立即向董事会报告。

6．跟踪对外部审计结果的落实情况并报告管理层

内部审计人员应对管理层针对外部审计意见采取的纠正措施的结果进行评价，对纠正过程中采取的不正当措施进行及时的纠正，并向高级管理层及董事会报告。

7．树立舞弊防范意识，鼓励报告不正当行为

内部审计人员应建立一套恰当的防范舞弊的监督机制，评估舞弊防范流程与控制，加强公司内部人员的道德规范，鼓励公司内部人员报告不正当行为，并对举报人的信息进行保密。内部审计应向董事会及时报告事关公司重要风险的舞弊现象，在获取董事会支持的前提下，以合法妥当的形式开展舞弊审计。

五、公司治理审计的内容

公司治理审计作为相对新的概念，在实务中开展得还不够深入，这主要是因为公司治理层、管理层对内部审计职能的认识度不够，以及公司内部权力斗争和平衡的缘故，也体现出内部审计的自我宣传力度不够，或向公司上层推进和介入的意愿不强。但无论如何，利用好内部审计，以构建、梳理良好的公司治理，符合公司现代企业制度的发展趋势。公司治理审计主要包括治理环境审计、治理流程审计和治理程序审计。

（一）治理环境审计

公司治理审计应当首先评价企业的治理环境。治理环境为良好的公司治理提供基础的文化、框架和政策。

1．评价总体治理结构和政策

总体治理结构和政策的评价包括以下内容：董事会与各委员会之间持续的交流和联系；在公司层面及分支机构、小组层面分配的治理责任和活动；阐明横向及纵向的监督事项；确保持续、可靠、有效的信息流动可以上达董事会各职能委员会；对包括但不限于治理、道德规范和监督政策的总体政策进行清楚的描述。

2．评价企业文化和道德规范

企业文化和道德规范的评价包括以下内容：有正式的书面形式的行为准则；对企业文化和道德目标进行清楚的阐述；对行为准则和违规处罚等进行有效的交流；使用需求分析法来确定与道德相关的培训需求；无障碍报告违法行为的交流渠道；要求个体确认各自的责任范围；对违规现象持续有效地调查并坚持按规定处理；管理层支持监督活动的明确承诺，包括提供充分的资源及培训如何评价与治理有关的事项。

3．评价审计委员会的活动

审计委员会活动的评价包括以下内容：有正式的书面形式的审计委员会章程，对目的、成员、独立性、会议频率、成员的作用和责任、与管理层及内外审计师的关系、报告责任、特别调查的授权等问题进行阐述；将实际活动与章程、正式的指南和规则、最佳实务等进行比较；审计委员会使用正式的自我评估程序。

（二）治理流程审计

所谓治理流程，是指支持治理环境的特定活动，它们构成了治理程序的基础。

1．评价舞弊控制和报告流程

评价舞弊控制和报告流程包括：反舞弊程序将舞弊预防作为持续进行的过程；在舞弊

风险评估的基础上开发、追踪和运用舞弊特征；将特点控制活动与特定舞弊情节相联系；使用反舞弊培训和报告程序；建立腐败内幕揭发和舞弊举报热线；使用事件报告和追踪程序。

2．评价报酬政策和相关流程

评价报酬政策和相关流程包括：正式的报酬政策和流程由报酬委员会提出；实际报酬、奖励及延期报酬计划的批准权和透明度、特殊安排的批准权和透明度；检查者应具有的胜任能力。

3．评价财务治理流程

评价财务治理流程包括：作为财务治理基础的原则和流程是否建立且有效；财务治理原则和标准是否得到有效沟通。

4．评价战略计划和决策的治理活动

以良好的治理作为企业战略规划活动的中心是明智之举。例如，热衷于并购的企业应设法以对治理结构、政策和操作原则的可靠理解为基础评价并购愿景。

5．评价治理绩效的评估

如同企业定期对各种经营活动进行衡量和量化，企业也可衡量和量化治理活动。内部审计应评价治理绩效的准确性和可靠性。

(三) 治理程序审计

所谓治理程序，是指那些对治理活动的执行和操作十分关键的特定程序，它们是公司治理的具体实践。

1．评价内部和外部治理报告程序

评价内容和外部治理报告程序包括：治理报告是否符合法规中的报告标准和定义；报告过程中是否使用了正确的重要性区间；报告的违规之处是否在企业的适当层次被发现、上报并得到解决。

2．评价治理事项的上报和追踪程序

评价治理事项的上报和追踪程序包括：政策程序规定的治理事项的上报和追踪；对解决治理问题的责任进行清楚的界定和交流；确保发现的治理事项能够通过治理程序回溯至识别阶段；伴随高级管理层的适当参加，促进治理事项以有效及时的方式得到解决。

3．评价治理变化和学习程序

评价治理变化和学习程序包括：变化和学习创新被用来支持新治理方法的采用或现有程序的改革；治理问题的重要性通过持续的教育和培训得到加强。

4．评价治理支持软件和技术

许多企业的治理流程和程序采用一系列的技术和软件工作来实现其目标。过去，企业并未优先考虑风险管理和治理技术投资，但当前环境下，获取实时信息变得至关重要，对遵纪守法的要求不断增强，技术成为企业提高和衡量风险管理及公司治理的关键动因。内部审计应对关键的技术资源进行定期的检查，并评估与其相关的控制是否适当。

✦✦✦✦✦ 本章思考题 ✦✦✦✦✦

1. 在ERM框架基础审计模式中，内部审计可以开展哪些工作？

2. 在风险管理成熟度不同的企业中，内部审计的角色是如何变化的？工作重点是如何变化的？

3. 在公司治理中，内部审计是如何帮助董事会发挥作用的？

4. 在公司治理审计中，内部审计主要有哪几方面的工作内容？

内部审计管理

第一节　内部审计管理概述

一、内部审计管理体系

内部审计管理目的是为了有效发挥内部审计部门的组织功能，提高审计工作效率，为企业实现增值服务。《国际内部审计专业实务标准》指出："内部审计执行主管应该有效管理内部审计部门，保证内部审计部门为机构增值。"

一个理想的内部审计工作管理体系应包括支持保障系统、人力资源系统和业务管理系统。其中，支持保障系统为审计业务工作提供财力、物力和其他行政方面的保障，使审计工作能有一个良好的物质环境；人力资源系统为审计业务工作提供具备资格和能力的审计人员，并通过建立责任体系和培训管理，保证和提高审计工作的质量；业务管理系统通过期间计划的制订和落实来控制审计业务工作的进程，保证审计任务的完成。

内部审计工作管理体系中的各项管理制度协调配合，合理地调配审计部门的人、财、物，协调审计任务，并通过对审计作业过程的严格监督和控制取得满意的结果，以保证内部审计工作能在一个良好的环境中高质量、高效率地运行。内部审计管理体系中各个组成部分的关系如图 4-1 所示。

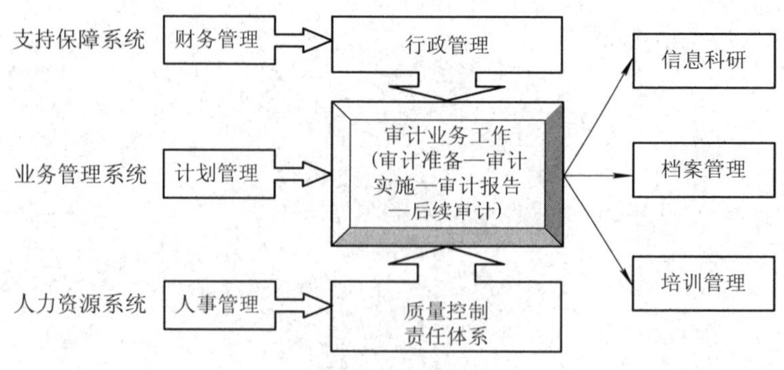

图 4-1　内部审计管理体系

二、内部审计计划管理

从在内部审计部门整体的层面考虑内部审计长远发展的角度出发，现代企业内部审计计划可分为三个层次，即审计战略计划、审计期间计划和审计项目计划。

内部审计战略计划是内部审计部门制定的一个统一领导、协调控制、预先谋划的发展战略，它关乎在一个战略期间合理使用审计资源(人力、物力、财力)，以有效完成董事会或者高级管理层的目标和任务。战略计划应根据企业发展战略所制订的目标、步骤来合理规划未来审计的目标以及为实现该目标所需要的战略准备，包括内部审计机构发展战略、内部审计人力资源战略、未来审计重点领域设想等内容。

内部审计期间计划是实施战略计划管理的重要步骤之一，体现了内部审计由被动监督向主动服务的职能转变，也是内部审计注重自身价值、努力提高审计质量的体现。内部审计部门应以企业长期、中期、短期所面临的主要风险为出发点，对未来所要开展的审计业务进行主动规划，并以业务规划为基础进行内部审计人力资源建设，开辟和深入挖掘内部审计在企业价值增值中的领域。年度审计计划属于内部审计期间计划。

内部审计项目计划是对具体审计项目实施的全过程所做的程序、时间、人员的安排，包括审计项目计划和具体审计方案。它一般按照内部审计期间计划逐项展开。内部审计机构应该根据企业规模、审计部门现状、被审计事项情况确定项目审计的繁简。

三、内部审计项目管理

内部审计项目管理就是在审计项目实施过程中，运用项目管理的理论知识、技能、工具和技巧，在处理与内部审计项目的相互冲突的诉求中寻求最大化收益的计划、组织、协调以及控制的一种活动过程。从不同的视角看，内部审计项目管理可分为以下几种类型。

1. 内部审计项目团队管理

组建一支既能胜任审计工作又能节约审计成本的项目团队是审计项目成功的起点。项目团队组建的原则是胜任性(成员应具备相应的知识和胜任能力)、协调部分和整体(协调内部审计机构、审计团队以及个人之间的权、责、利)、及时性(及时更新团队的审计知识)、针对性(针对具体的业务类别组建团队)。

团队建设的内容包括道德建设(遵守职业道德)、质量建设(提高项目审计质量)、教育建设(上岗培训和后续培训，提高组员的胜任能力、综合素质，强化专业知识)和考评建设(绩效考核，建立奖惩制度)。

2. 内部审计项目管理平台框架

内部审计项目管理平台框架主要包括审计项目质量管理、审计项目沟通管理和审计项目风险管理。内部审计项目质量管理即内部审计业务质量控制和改进，包含内部评估和外部评估两部分。内部审计项目沟通管理是对内审人员与高级管理层、治理层之间的沟通、与被审计单位之间的沟通、项目组之间的沟通、项目组与审计管理人员之间的沟通进行系统的管理，对经验教训、内外部咨询信息加以总结，并通过指南、操作流程、规定等进行规范。内部审计项目风险管理在一定程度上区别于注册会计师审计中的风险管理，由于内部审计报告仅供组织内部使用，错误的审计报告可能会影响管理层的决策和治理层的判断，

内部审计人员和内部审计部门也会因为失败的审计而受到惩罚，但一般不会承担法律责任。内部审计项目风险管理一般应从降低审计成本与减少审计失败带来的对组织利益的损害这两者的平衡上把握。

3．内部审计项目流程和控制管理

《国际内部审计专业实务标准》中的工作标准以及针对工作标准的实务公告正是对内部审计工作流程进行控制和管理的规范。内部审计部门应在遵循《国际内部审计专业实务标准》，在参考实务公告的基础上，区分审计的不同阶段，制定适合本组织的项目流程和控制管理规范。项目流程和控制管理规范是针对某类审计文档或某些审计程序的系统梳理，涉及项目计划编制、审计工作底稿撰写、审计报告编审以及审计证据取证、分析程序、审计抽样、审计职业判断、审计处理处罚、审计文档整理等。

审计文档可分为纲领性文档、实施作业文档、质量控制文档、通用文档，其具体内容如下：

(1) 纲领性文档：告诉公司内部和外部，审计是做什么的，如审计章程、内部审计制度。

(2) 实施作业文档(内审手册)：指导审计人员开展作业，帮助新人尽快上手，防止审计现场工作的遗留和偏差。内审手册包含预计的审计时间、工作量、审计程序、审计所需资料清单、重要的审计风险提示以及与该审计相关的一些工作底稿等。除此之外，实施作业文档还包括与现场开展工作相关的文档如外勤工作指引、项目负责人管理办法、审计现场管理办法、底稿归档管理办法等。

(3) 质量控制文档：用于对审计质量进行评估的文档，如审计底稿复核办法、工作底稿编制要求。对于该文档，审计人员关注的重点是审计证据与审计问题的关系是否一一对应，是否形成闭环。

(4) 通用文档：与审计工作相关的辅助性资料，如审计部岗位职责说明书、审计部 KPI 考核指标、内部审计工作保密规定等。该文档与其他部门的文档基本类似。

4．内部审计项目操作规范管理

针对不同业务类别的项目，具体操作规范应有所不同。内部审计项目的操作规范包含针对财务收支审计、内部控制审计、经济责任审计、合同审计、采购审计、工程项目审计、人力资源审计、风险管理审计、舞弊审计、信息系统审计的一整套操作规范。

四、内部审计管理中的人员职责分工

首席审计执行官是内部审计机构的最高领导，对整个内部审计机构的运行负责，是审计质量控制的最终负责人，还负责与高级管理层、董事会及审计委员会的沟通。

审计经理或主管是内部审计机构的业务部门负责人，负责对本业务部门的审计项目的指导、监督和复核。他可能出面处理审计项目中的复杂关系，解决重大审计难题，化解审计困境，协调各项目组之间的关系。

审计项目负责人负责对项目的日常管理、监督审计组成员的工作、与被审计单位的协调、掌握审计项目工作进程、审核审计工作底稿、撰写审计报告。他比其他项目组成员要承担更多的具体工作和管理工作。

审计人员是具体工作的执行者。他根据审计项目计划和方案的安排，执行具体审计程序。他参与部分项目审计计划和方案的编写，之后完成项目审前调查(初步调查)、控制测试以及实质性测试，填写审计发现的问题。他要接受审计项目负责人的指导和监督。

外部专家是审计项目组根据需要聘请的、具有特殊专业领域知识、技能的人员。外部专家的职责是以专业优势发表审计项目中涉及该专业的独立、客观的意见。外部专家仅对其发表的意见负责，并接受审计项目负责人的领导，但审计项目负责人不能影响专家意见的独立性。内部审计报告整体仍然由审计项目组负责。

五、内部审计管理的工具与方法

在管理中，我们需要借助一些手段来改善审计管理的效果。以下是一些审计管理的手段，这里需要提醒的是，管理手段的应用应结合自身实际。

1．工作授权表

工作授权表主要反映与审计部门的时间和资源的分配相关的周密性。各项审计工作可利用的资源非常有限，但必须让审计所花费的时间体现出价值或使开支不至于浪费。工作授权表如表 4-1 所示。

表 4-1　工 作 授 权 表

工作授权表

工作名称：________________ 项目编号：________________

初步授权时数：________________ 结束日期：________________

允许增加的时数：________________ 审批日期：________________

审计组长：________________________________

组员：________________________________

审计目的：________________________________

姓名：__________ 职位：__________ 负责联系人：__________

报告接收人：________________________________

其他必要的说明：________________________________

呈报人：________________________________

日期：________________________________

授权或批准人：________________________________

日期：________________________________

2．审计清单

审计清单可以反映执行审计所要求的大量的各种管理细节。它包括每日工作、每周工作、审计步骤等详细计划安排。表 4-2 列示了审计清单的具体内容。

表4-2　审计清单

每日工作：
·检查审计清单 ·监督该审计项目各相关部分工作的执行情况 ·检查审计人员工作报告，记录缺勤人员等 ·修改工作时间控制表
每周工作：
·召开一次小组会议，对审计工作现状进行全面监督和协调 ·就审计工作情况向审计部门汇报 ·向被审计单位管理部门沟通审计工作情况，并征询他们的意见
审计步骤：
审前准备阶段各项内容的起止时间(略) 内部控制的技术性检查起止时间 ·检查和审批每张附加的工作底稿 ·确保时间控制，不超时 扩大审计测试起止时间 ·按需要修改审计计划 ·确保审计结果记录表不断被准备和检查 确保对审计报告有用资料的汇总起止时间 ·修改工作授权表，如必要应经批准 ·如有必要追加差旅和食宿费 ·与被审计管理部门交换意见，扩大审计测试 ·检查和审批到目前为止的工作底稿 审计结果和可能补救方法的开发起止时间(略) 审计评价起止时间 ·与审计部门开会讨论审计策略和执行情况，并将讨论情况记入档案 ·编制审计人员执行情况评估表 ·准备和递交工作完成情况表

注：参见国际内部审计师考试辅导教材《内部审计技术与原理》一书。

3. 审计工作时数控制表

审计工作时数控制表是一份对工作时间的控制表格，累计某一审计事项全部完成后的审计时数。审计时数控制表有助于审计人员把握工作进度、掌握时间极限、作好时间预算工作，使实际工作时数不超过批准的预算时数。预算时数是在审计工作开始时制订的，但在后期可能会根据需要予以增加。即使没有增加测试，审计部门也可以根据审计工作的进展对预算时数进行适时的调整。编制审计工作时数控制表是一个动态的计划手段，表中也可记录已耗用的时数。审计工作时数控制表如表4-3所示。

表4-3　审计工作时数控制表

工作名称及项目编号：　　　　　　　　　　　　　小组领导：

审计各项步骤	审　计　师	预算时数
工作准备(共计20工时)	甲、乙、丙	甲10、乙8、丙2
初步调查(共计15工时)		甲8、乙5、丙2
内部控制检查(共计10工时)		甲2、乙6、丙2
扩大测试(共计15工时)		甲5、乙5、丙5
检查结果和发现(共计10工时)		甲2、乙2、丙6
审计报告(共计10工时)		乙5、丙5
后续审计(共计7工时)		甲2、乙2、丙3
审计评价(共计8工时)		乙4、丙4
总预算(共计95工时)		95工时
总天数	9天(1日～9日)	—

注：摘自《现代内部审计学》，蒋燕辉，中国财政经济出版社，2001。

4．工作底稿索引

工作底稿索引应于审计工作开始时准备好。该资料有助于审计人员在工作底稿准备好之后对其进行整理并编号，同时也有助于审计经理和组长组织和分配小组的审计工作。它列示了审计过程的各个步骤，并详细表述审计进展情况。

5．审计方案

制订审计方案是一项主要的管理手段，并已在前面的章节中讨论过，这里不再详细阐述。

6．会议议程

审计过程中要组织各种会议，至少包括：一次小组会议、动员会议、中期与被审计对象召开的会议、总结会议。计划好会议议程是组织审计工作程序的重要环节，安排好议程、组织好议题、合理分配会议时间、集中会议主题等都是会议议程中要事先考虑的内容，它将有利于提高会议质量，有利于将会议内容集中在主题上，保证有关业务事项能够在会议上提出来讨论。如果没有议程，会议时间有可能会拖长，一些重要的问题可能被遗漏。通常情况下，明智的做法是提醒与会的人员紧扣计划议程，就议程的事项提出自己的改进意见或建议。

7．工作底稿检查表

工作底稿是审计人员记录审计程序和内容的重要手段，它是对审计进展和审计质量进行监督的一种有效方法。工作底稿在审计过程中应定期检查，确保审计工作的实施，并按照审计方案的要求进行。审计工作底稿检查表是审计组长告知审计成员需要纠正和修改的

重点和建议的表格，它一般属于非正式的文件。

8. 审计结果汇总表

审计结果汇总表能够简化报告编写过程，有助于改进审计质量和审计管理。审计结果汇总表的编写要求审计人员注意审计结果的方方面面，如观察到的状况、所选判断标准、实际效果、所发现问题的原因等，从而使审计工作能够更加充分、细致。

9. 报告发送控制表

并非所有的内部审计部门都采用了正式的报告发送控制表。这些表特别适用于那些要求在组织内部将详略不同、或总或分的各类审计报告等审计文书分发给为数众多的部门的情形。如果没有该控制表，审计中一些重要步骤的某些细节，如审计报告的传递就可能被忽略，甚至造成管理失误。报告发送控制表如表4-4所示。

表4-4 报告发送控制表

<table>
<tr><td colspan="5">报告名称：
报告编号：
项目编号：</td></tr>
<tr><td>收件人</td><td>发送授权人</td><td>传送日期</td><td>如何以及由谁传递</td><td>实际收件人</td></tr>
<tr><td></td><td></td><td></td><td></td><td></td></tr>
<tr><td></td><td></td><td></td><td></td><td></td></tr>
</table>

六、不同阶段的内部审计部门规划

根据内部审计部门的发展规律，可划分为成立期、发展期、成熟期三个阶段。

1. 成立期(0—2年)

成立期的内部审计部门建设应注意以下几方面：

(1) 招聘合适的内审负责人。招聘审计负责人常见的方式有三种：从公司内部培养；从会计事务所等咨询、中介机构选择；从同行或类似行业的审计部门选择。其中，第一种方式的优势是应聘者熟悉公司运作和内部关系，劣势是缺乏必要的审计技能；第二种方式的优势是应聘者擅长财务审计、合同审计、内控合规审计，劣势是缺乏对公司的深刻了解，缺乏企业运作实务经验和ERP管控能力；第三种方式的优势是应聘者熟悉内审运作，劣势是不熟悉公司内部关系。

(2) 建立部门规章制度、明确审计部门的权利和义务。

(3) 进行常规的财务审计和运营审计，在企业内部门推广内审部门的价值。

(4) 有选择地对某些部门采用经济效益审计、舞弊审计的方式，让高管看到内审的价值，提高内审部门的权威。

(5) 熟悉内审规章制度、公司明文规定以及内部关系，避免内审陷入被动的困境。

(6) 通过对高管的汇报和沟通，通过跟踪审计及落实审计整改建议等，促使被审计部门重视内审发现和建议，加强内审影响，对于阻挠内审工作的被审计部门一定要态度坚定，不予妥协。

内审部门在成立阶段，业务开展一般以常规审计为主，财务审计以成本费用审计、货币资金审计为主，运营审计以采购审计、销售审计、仓库审计为主，审计形式主要为合规审计。除此之外，内审部门负责人还应在公司内部进行多种形式的自我宣传，推广内审价值，争取得到广泛认同。

2．发展期(3—5 年)

内部审计部门首先要注重部门规划和发展，其次要形成知识库和资料库，再次要梳理和完善企业整个内控制度。

内部审计部门应根据内审业务开展规模进行人员招聘，可从运营领域、IT 领域招聘，而不一定在乎其是否具备审计技能。

业务开展虽然还是以事后审计为主，但内部审计部门应增加事中、事前审计的内容，审计形式应从以合规审计、财务审计为主转向以管理审计、舞弊审计为主。

同时，内审部门也可为公司承担具体培训任务，为核心管理人员的晋升提供必要的专业训练。

3．成熟期(5 年以后)

在成熟期，内部审计部门需进行信息化整合，引入内审系统，开发内审软件，对审计作业进行规范化管理。

大型企业的内部审计部门可进行拆分，如分为审计部、风险管理部和内控部。

内部审计部门的业务开展除了一般常规审计和舞弊审计外，可根据实际情况调整，如将尽职调查、内控审计、环境审计、ISO 审计、5S 审计等纳入常规审计，还可增加以某些特殊业务领域为对象的专案审计。

第二节　内部审计质量控制

首席审计执行官必须建立并维护涵盖内部审计活动所有方面的质量保证与改进程序。质量保证与改进程序旨在对内部审计活动是否遵守《国际内部审计专业实务标准》，以及内部审计师是否遵守职业道德规范进行评估，还可以用来评价内部审计活动的效率和效果，并识别改进的机会。质量保证与改进程序包括内部评估和外部评估。

一、内部评估

1．对内部审计活动执行情况进行持续监督

持续性的质量检查最明显的方法是对内部审计活动的管理监督，涉及获取审计客户和其他利益相关者的反馈、使用清单、对内部审计活动是否按部就班进行实施的自动监控、衡量项目预算、时间控制和对审计项目完成情况的分析等。一些较大的审计机构能够建立正式的内部质量评估小组，负责全部的质量评价和改进程序的活动。

1) 建立对内部审计活动的日常监控和评价程序

内部审计部门应将日常监督、检查和测试纳入管理内部审计活动的日常规范和实践，运用必要的流程、工具和信息对内部审计活动是否遵循《内部审计实务标准》及职业道德规范作出评估。其内容包括评估指标分析、监督、标准实务、工作底稿的编制、签字和报告审核等。

监督工作是一个持续的过程，应从计划开始直至最终得出审计结论。监督体系是多层次的，体现为首席审计执行官对审计经理的监督、审计经理对审计主管的监督、审计主管对审计项目负责人的监督。

(1) 计划阶段。内部审计部门应组织经验丰富的审计人员参加最初的会议，介绍相关经验教训，并对审计计划的编制提供咨询。项目审计计划和具体审计方案应获得首席审计执行官或经授权的审计经理的批准。内部审计部门通过适当的团队工作和培训，帮助经验较少的项目组成员清楚地了解分派工作的目标，提高审计技能。

(2) 初步调查。初步调查是了解被审计单位的环境、发现审计疑点和重点、逐步明确审计目标的关键环节。审计经理或主管应对初步调查的计划、步骤进行指导和监督，以确保初步调查取得预期的效果，并对初步调查的结果进行审核，复核审计计划和方案的制订是否建立在初步调查的结果上。

(3) 现场工作。项目负责人应跟进审计业务的进程，根据项目组成员的胜任能力和素质，考虑是否能够按照计划的方案执行工作，这意味着可能需要在各成员之间作适当的工作调整，或要求成员采取补救措施。项目负责人还应解决或请审计经理、主管解决在执行业务过程中出现的重大问题，并根据其重要程度适当修改原计划的方案。项目负责人还要识别需要咨询的事项。

(4) 审计报告和审计终结阶段。项目负责人应逐页检查项目组成员的工作底稿，重点关注重大发现、未解决的问题，复核审计证据的适当性和充分性，验证审计结论的客观合理性，并考虑提请审计经理、主管审核初步审计报告。项目负责人还应仔细考虑退出会议中讨论的内容、解决争议的方式等细节，确保退出会议顺利开展。审计经理、主管也应尽可能参加退出会议。审计报告通常需要根据被审计单位的反馈和追加的审计证据反复修改，审计经理、主管应要求项目负责人在审计报告边缘注明所参考的工作底稿，以便复核。即使在审计报告内容不变的情况下，报告的措辞也需要谨慎斟酌。

(5) 结束项目。所有的表格和管理文件都应编写妥当；由内部审计部门专门负责人员进行复核、整理并归档。内部审计部门对审计档案应加以妥善保管，未经许可，他人不可擅自调阅或复印。借阅审计档案要办理手续，不能长期借用，对于包含比较敏感的信息、资料的档案，内部审计部门应当采取更为严格的保管措施。跟踪审计的形式、时间等应由项目负责人事先做好规划并根据审计结果作适当调整，存在严重问题的跟踪审计方案还需审计经理、主管的审核。通常跟踪审计的工作底稿也应一并纳入该项目的审计档案。如果所有需要纠正的行动在项目结束前都已执行，首席审计执行官及上层管理层、治理层将对此感到满意。当然，与本审计结束时间间隔较长的跟踪审计也可能作为下次审计项目中的一部分。

审计监督的范围将取决于内部审计人员的熟练程度和审计委托的难度。由于审计人员在专业训练、实践经验、客观性上的差异，某些审计人员比其他审计人员需要更多的监督。

同理，由于某些审计事项更具有技术上的困难性、政策上的复杂性和敏感性，因而需要更多的监督以保证质量控制。

为保证质量控制，内部审计部门应当将审计中执行的监督证据编成文件并归档保存。例如，审计主管为在审计中执行的管理任务准备一份清单，它含有监督的任务，每完成一项就应当签名并注明日期。同样，在工作底稿和审计报告复核后，复核人应当签名和注明日期，以示同意。

2) 建立适当的业绩考评程序

建立适当的业绩考评程序以强化质量和持续改进是达到持续监控内部审计效果的另一种主要方式。常见的审计部门绩效考评指标包括：审计项目的达成率(根据年度审计计划的安排，本月应完成几个审计项目，达成情况如何)；审计发现挽回的损失(发现问题的严重程度以及这些问题对公司的价值)；审计整改进度(对审计问题的整改落实情况)；流程梳理及优化(对公司新业务或原有业务流程提出管控漏洞并进行优化)。

另外，完成有关客户满意度调查的等级评定，也是一些审计机构对履行职责方面进行持续监控的方式。例如，审计机构在审计人员入驻被审计单位的开始阶段就向被审计单位的经理、主管、普通员工发放审计评价表，让他们从一开始就注意所接触到的审计人员的行为、言语、工作方式以及其他需关注的事项，以便在审计组退出被审计单位之时，他们能向内部审计部门的相关管理人员提交该评价表。内审部门管理人员也可通过开展评价座谈会取得被审计单位对审计人员的评价。来自被审计单位的评价能反映审计人员的作风是否正派、工作方式是否恰当、与被审计单位的关系是否融洽，也便于审计项目组进行自我反省和自我评价。同时，审计项目组也应提交对整个审计过程的自我评价表，以便记录对今后审计工作有价值的信息。

2．定期进行自我评估或由组织内部其他人员进行定期检查

定期的自我评估由内部审计人员进行。例如，内部审计人员在内部控制自我评估中使用的方法，可用于发现审计过程中隐藏的问题和效率低下的问题。另外，还可由集团内部的内审机构对集团内部的其他内部审计部门进行定期检查。

除此以外，首席审计执行官可以在组织内部组建检查小组，但它不属于内部审计机构。例如，内部审计部门中经验丰富的前辈，或者是在其他部门工作并具有内部审计师资质的员工都可以成为有效的检查者。

内部评估的优点在于，管理部门可以不必过于顾及审计中所涉及的公司事务的保密性。国际内部审计师协会的《质量评估手册》或一套比较适用的指南和工具都可以作为定期内部评估的基础，内部审计部门也可按照审计最佳实务来衡量内部审计活动的业绩，还可从组织外部如行业论坛、提供服务的机构中寻找相关的建议和信息。许多内部审计机构认为定期的内部审计评价可以每隔几年开展一次，在外部评估没有进行的年份，定期内部审计是有效的补充。

二、外部评估

外部评估由独立于该组织的人员来进行，这些独立的外部检查人员应当精通最新的内部审计实务。与内部评估相比，外部评估通常更客观，因为没有真正的或明显的利益冲突。

《国际内部审计专业实务标准》要求这种独立的外部评估至少每五年进行一次。对于小规模企业，进行全面的外部评估或许不适用，那么暂时可考虑采用独立审定的自我评估代替。检查人员在评估时，一般要做以下工作：检查和评价内部审计部门的政策与程序；与内部审计部门内外有关人员进行面谈；对单项审计工作进行深入细致的检查。在评估完成时，检查人员要提交一份书面报告。这个报告应发表对内部审计部门遵守《国际内部审计专业实务标准》情况的意见，并且还应包括适当的改进意见。

1．外部评估的方式

第一种方式是由合格的、独立的外部检查人员实施的完全的外部评估。这种方式需要在经验丰富的专业项目经理领导下，由具备相应能力的专业人士组成的外部团队负责实施。

第二种方式是由合格的、独立的外部检查人员或检查小组对内部审计部门开展的自我评估，对出具的报告进行独立审定。

2．外部评估的主体

1) 由外部审计人员进行的外部评估

对内部审计部门的外部评估可以由受聘于该组织的外部会计师事务所进行，也可以由其他的会计师事务所进行。在开展这项工作时，重要的是要保证外部会计师事务所对内审部门的评估是合理的。相关从业标准指出，在这样的评估中应掌握的一个尺度就是查看内部审计在多大程度上遵守了《国际内部审计专业实务标准》。外部检查为本组织确认其内部审计工作是否符合公认标准提供了一个良好的机会。内部评估则更注重于对照部门的政策和计划检查其审计工作的质量。在外部会计师事务所对内部审计部门进行外部检查时有一种倾向，即会计师审计事务所不能从内部审计从业标准的角度去检查，而是根据会计师事务所在年度法定审计中利用内部审计工作的结果去判断内部审计工作的效果。因此，管理部门有必要保证会计师事务所对内审部门进行外部检查的基础是会计师事务所充分理解和采用内部审计从业标准作为其任务大纲。

2) 同行评估

同行评估是由其他公司的资深内审人员执行检查、评估工作，这对检查人员的资历要求较高。但是，管理部门可能由于不希望别人分享保密性信息而对这种检查心存疑虑。

3) 由专家顾问进行的外部评估

对内部审计部门的外部评估可由目前没有参与内部审计的顾问组来执行，判断这些人是否具有开展这项工作的资格的依据是看他们是否具有足够的相关经验。许多职业团体如国际内部审计师协会都保存着一份资深会员名单，这些会员愿意并有能力在处理一些法律案件时作为专家旁证。这些专家顾问比其他方式下的检查人员更具独立性，更能排除偏见。

三、对评估结果的报告

内部审计部门应鼓励内部审计师依据《国际内部审计专业实务标准》中开展工作的表达方式来报告其活动。这种表达方式经常被写进内部审计章程以及审计报告。但是，只有在质量改进程序的评估结果表明内部审计活动是遵循了《国际内部审计专业实务标准》的情况下，内部审计师才可进行“遵循《国际内部审计专业实务标准》”的声明。因此，在说明其遵循性之前，内部审计师要对已识别的问题进行整改，并在质量评价工作中将过程记录在案。

若未遵守职业道德规范和《国际内部审计专业实务标准》的情况影响到内部审计活动的整体范围或运作，首席审计执行官必须向高级管理层和董事会披露未遵循事项及其影响。首席审计执行官应至少每年一次向高级管理层和董事会报告质量评估的结果。

第三节　内部审计的人际沟通

良好的人际关系可为内部审计工作的开展提供良好环境和必要条件。内部审计人员不仅仅是监督者，更应该是管理者。内审人员应与被审计人员保持良好的关系，让被审计人员感觉到内部审计人员是在帮助他们，并与其利益相一致。和谐的人际关系能确保审计工作更顺利且高效地进行。当然，良好的人际关系要求内部审计师有端正的职业态度，在工作时不要将自己与被审计单位对立起来，而应正确定位自己，杜绝高傲自负的工作态度，以取得被审计单位管理人员和工作人员的信任，建立良好的人际关系，使内审工作发挥最大效益。

一、内部审计的人际沟通环境

长时间以来，内部审计工作容易遇到人际沟通方面的难题，这是由内审人员的工作性质决定的。内部审计工作有很特殊的性质，就是审计的成果通常是发现被审计目标的工作漏洞、失误、缺陷。被审计目标通常都非常担心审计人员会揭发其工作上的问题和不足，从而将审计人员对立起来，使得审计工作难以开展。这种情况下，就要求审计人员采取合作的态度，让所有相关人员都明白审计工作本是一种有效的工作方式，并不是针对某个人的缺陷进行揭发，而是为了共同改进并提高效益的业务活动。当然，内部审计人员一定要明确自己的立场，为组织整体利益服务。

良好的审计工作得以开展就要求内部审计人员有较高的地位、过硬的专业技术、较强的个人影响力和个人魅力，并取得高层管理者的支持。这样，才可以使内审工作顺利开展。

当审计工作结束之后，如果审计发现问题，被审计单位人员认为将产生变革，一些人惧怕变革，另一些人欢迎变革。惧怕变革的人会阻挠审计工作的开展，内部审计人员也会成为这些人排斥的对象。这时，需要内部审计人员充分了解变革，确定变革符合成本效益的原则，变革的收益将会超过损失。在充分确定之后，内部审计人员可以对变革作出解释，让所有人理解变革所带来的潜在优势和风险，减少他们对未知的恐惧，并向被变革者描述积极的结果，让被变革者参与变革的决策，通过横向或者纵向的部门沟通，使内部审计工作中的变革顺利进行。

矛盾是存在于任何事物中的，内部审计中的矛盾特别容易激化。对于这些矛盾的解决，内审人员应注意不要把被审计方当做障碍来看待，应努力让双方产生认同感，让双方共同参与决策的过程，尝试沟通，实现相互理解。矛盾最终的解决应该是依靠双方共赢，而不

是内部审计工作单方面的成功。

二、保持良好人际沟通的工作方法

内部审计人员在工作中应在注意加强控制的同时加强自我控制意识。内审人员的工作是治理层和被审计者之间的有益缓冲，还是生硬的控制力量，这或许是有效审计和无效审计之间的区别。

为了保持良好的人际沟通，内部审计人员应注重以下几方面：

1．咨询的态度

内部审计人员在询问被审计人员时要格外注意态度和工作方法，有时不要直接切入主题，可以先表示对被审计人员的关心，在取得被审计人员的好感之后，在工作进行中的询问才更有可能有意外的发现。有时，内部审计人员可以从被审计人员的不经意的话语中发现蛛丝马迹，找出人际关系中的脉络，发现一些舞弊迹象。内部审计人员在咨询的时候还应该提出一些较为专业的问题，在被审计人员的心里树立良好的形象，从而得到准确的信息。

内部审计人员应该对被审计单位管理人员多提出建设性的建议，提出多套解决问题的方案，使他们觉得让内部审计人员参与管理是正确的选择。在询问高管人员的时候，内部审计人员应特别注意时机，不应在错误刚刚被发现，高管人员正在生气的时候进行。适当的询问时机为咨询提供了良好的基础，而内部审计人员在咨询时保持自信和谦逊的态度也是审计工作中必不可少的条件。

2．与经营人员协作

内审人员通常应该与经营人员协作共赢。经营人员长期处在经营前线，工作经验丰富，所以内部审计人员应多多听取经营人员的建议，从中筛选有用信息。内部审计人员在审计工作进行的同时公开采纳经营人员的意见，可以在提高经营人员参与积极性的同时，使其得到其他人员的认可，从而大大改善被审计人员与内部审计人员的关系。

3．应对敌对的态度

内部审计人员在内部审计工作中遇到敌对态度是不可避免的，尽管内部审计人员试图合理地解释所有观点，但还是难免会遭到顽固的对抗。对待态度敌对的被审计对象时，内部审计人员要特别注意以下几点：选择适当的时间开展工作，做事要留有余地，不要对对方施加过大压力，找到双方共同点，邀请被审计人员阐述自己的观点，努力换位思考，帮助被审计人员纠正错误。

4．注意倾听

倾听是一项看似简单其实复杂的工作。多数审计工作都有书面记录，然而，审计人员在倾听时有时不方便进行书面记录，这样有利于被审计单位人员放松警惕，吐露真相。从倾听中，审计人员可以知道被审计人员在内审工作中有什么需要，理由是什么，加深对被审计人员的了解，从而有利于内部审计工作的开展。审计人员应专心地倾听，仔细地分析和摘取重点，同时在倾听中应注意：不要对讲话的人妄加断论，认真倾听每一句话，过滤得到有用的信息，不要有过激的行为，不要尝试去驳斥或者指责被审计对象，关注事实，

而不要被被审计人员的态度和断论迷惑，尝试多记下一些线索。

5．注意利用访谈

内部审计人员在访谈提问中要注意问题的设置，进行有范围的提问；要求被询问者不要随意地问答，要提供有用的细节、关注没有提及的问题；注意提问时的措辞；提出假设问题予以试探。如果出现冲突的情况，内部审计人员不要采取挑衅的提问态度，应寻找冲突的根本原因，找出共同点。

6．沟通

人与人之间的沟通是化解矛盾的最好方法，是建立良好关系的最佳途径。在内部审计中，沟通是非常重要的环节，是内部审计人员获取信息的途径。沟通中，内部审计人员应该确定预期沟通的内容并进行充分的准备，想到可能发生的问题和解决的方案。集体性沟通(会议)应安排在适当的时间，改善会议中的气氛也很关键。

沟通是一种信息的传递，可信度、氛围和内容这几方面对信息传递效果有着重要影响。可信度的来源是：① 专业方面，如专业认证；② 组织方面，即内部审计在组织中的地位；③ 个人方面，即外表、作风、沟通和语言技巧、个性、技术能力和准备工作。在这三方面中，个人方面的可信度是最重要的。如果倾听者不尊重内部审计人员，则无法实现良好的沟通效果。

有时客户极不情愿去同意自己不懂的事，内部审计师不应假设客户和他们一样熟悉情况，而应按照逻辑顺序传递信息，包括：简单地确认问题，简要地陈述，陈述主要问题的原则、程序及现存的情况，把现存情况与原则、程序进行比较，得到审计结论，提出审计建议。

三、内部审计的宣传

内部审计部门除了需要作出业绩之外，也需要进行宣传，让其他部门的人员知道内审的作用和价值，这样，审计部门不仅增加了与其他部门交流的渠道，还增加了消息来源。

1．对同级部门的宣传

内部审计部门可以通过网站、公司内刊、宣传海报、公告等介绍内审的职能、风险管理、内部控制，也可以通过与其他部门一起参加公司组织的座谈会、竞赛等活动，与其他部门人员建立相互理解、信任的关系。

2．对管理层的宣传

内部审计部门对管理层的宣传包括两方面，一是向管理部门申请授权，并在公司做宣传，二是日常工作的沟通，具体方式包括每个月的审计简报，以及参加管理层会议，报告审计发现及审计问题的整改进度。另外，内部审计部门也可采用其他方式，例如采购出问题时，审计部门与被审计部门召开一个工作总结大会，开展批评与自我批评，内部审计部门会后将总结的内容报告给管理层。

3．对第三方的宣传

许多信息和资料无法从被审计单位获取，但内部审计部门可从其他部门侧面获取。搞好内部审计需要良好的人际关系，对于一些突发或临时的审计项目更是如此。审计部门一

般应与财务部门、IT 部门人员建立良好的交往关系，因为这两个部门是公司所有生产经营信息的汇集地，部门人员对于各类违规现象比较清楚，对相关业务的熟悉程度也高于内部审计人员。另外，子公司的兼职审计人员也是内部审计人员应该保持联络的对象。

4．树立审计部门的威信

内部审计部门树立威信离不开差错纠弊立威，咨询建议立信，内部审计部门要做到监督和服务两手都要抓，两手都要硬。在审计中，内部审计人员要在坚持审计工作原则的基础上，与各部门建立良好的人际关系。内部审计人员在考虑问题时应多从公司利益的角度出发，最大限度地发挥内审的功效；在写审计报告的过程中，也需要站在被审计单位的角度换位思考。

✧✧✧✧✧　本章思考题　✧✧✧✧✧

1．对于不同规模、不同性质的企业，在不同阶段，内部审计部门的规划会不同，本书只是抛砖引玉，对此你有什么不同见解？

2．延伸思考，在内审质量控制中，如何将内部评估与外部评估结合使用？

3．内部审计的人际沟通在实务中极其重要，“智者见智，仁者见仁”，除了本书中的观点，你还有什么体会和建议？

第二篇

内部审计业务实务

第五章　合同审计

合同是企业与自然人、法人及其他组织等平等主体之间设立、变更、终止民事权利义务关系的协议。在市场经济环境下，合同已成为企业最常见的契约形式。合同契约关系中的主体是追求自利和具有有限理性的，加之信息的不对称、契约的不完备，使签订合同的过程成为一种动态博弈，通常具有市场主导权的一方就是具有合同话语权方，这些都会充分体现在合同文本条款上。当合同主体处理信息和决策能力有限时，就会产生由于契约不完备而引起的纷争和资源浪费，使合同主体的利益无法在契约文本条款上得到保障和实现。因此，在合同管理全过程中，防止合同风险和经济后果的控制程序及手段的制度安排成为合同内部控制的迫切需求。

随着我国市场经济体制的逐步确立，合同的运用更为广泛，合同审计的作用显得更为重要。合同审计由最初对合同条款的审计，逐步发展到涵盖合同管理全过程的审计，它已经延伸到组织管理的各个领域。

第一节　合同审计概述

合同审计是指内部审计机构和人员对合同的签订、履行、变更、终止过程及合同管理进行独立客观的监督和评价活动。

一、合同审计的主要特点

合同审计有以下主要特点：

(1) 合同审计内容的广泛性。合同涉及组织经营管理的各个方面，相应地，合同审计内容十分广泛。

(2) 合同审计的专业性。合同本身具有很强的专业性，不同的经济活动有不同的特点，这要求内部审计师具备多种专业知识，内部审计机构在实施合同审计时要组成与合同审计业务相适应的项目审计组。

(3) 合同审计的合法性。合同审计的依据主要是法律、法规。这些法律、法规除了《中华人民共和国合同法》之外，还包括与合同审计相关的所有法律、法规、部门规章，如审查担保合同还要依据《中华人民共和国担保法》，审查建筑合同还要依据《中华人民共和国建筑法》，审查政府机关的物资采购合同还要依据《中华人民共和国政府采购法》、《中华人民共和国招标投标法》，等等。

二、合同审计的主要内容

1．合同签订前审计

合同签订前审计是指内部审计人员在合同双方当事人就相关经济事项协商达成一致，合同条款也已基本确定，但双方尚未签字确认之前的准备阶段，对列于审计范围内的合同所进行的审计。合同签订前审计是合同审计的重点和关键，因为合同一旦经双方签字即具有法律效力，合同签订过程中的任何疏漏或失误，都有可能给组织造成损失或带来风险。对于重要的合同，内部审计机构应当及时掌握情况，加强全过程监督，适时提出审计建议。合同签订前审计包括以下主要内容：

(1) 审查签订合同的必要性。审查签订合同的必要性，主要包括审查合同内容是否符合组织目标，合同项目是否列入组织的生产经营、投资等计划，是否已安排了相应的财务预算，确认履行合同的资金来源是否已经落实。

(2) 审查合同的合法性、合规性和合理性。审查合同的合法性、合规性和合理性，主要包括：审查合同是否符合国家法律法规和规范性文件的规定，是否违反国家利益或者社会公共利益；审查合同是否符合本组织的规章制度要求，履行该合同是否给本组织带来预期利益；审查对方的主体资格是否合法，签订合同的当事人是否有签订该合同的权利，对方是否有履行该合同的能力和诚意，选择对方签订合同的理由是否充分。

(3) 审查合同条款的完整性和真实性。审查合同条款的完整性，主要是审查双方协商形成的合同是否符合合同法的规定，具体内容主要包括：当事人的名称或姓名和住所、标的名称、标的数量和质量、价款或者报酬、履行期限、地点、方式、违约责任、解决争议的方法等是否完整；合同条款是否规范、用词是否准确。

审查合同条款的真实性，主要包括：对标的数量、质量、价款等重要条款，除了审查形式上的完整性之外，还要审查其真实性、合理性，如合同当事人的信誉、经营范围、履约能力、售后服务；审查合同的内容是否可行，是否经过单位相关部门的论证。对于一些重大合同的审计，内部审计师还应咨询法律顾问和相关方面的专家的意见，以便充分完善合同条款，防止在合同中存在任何法律方面或者技术方面的问题。内部审计师在合同审计过程中还要关注以下内容：与执行该合同相关的营业税、个人所得税等税金的代扣代缴的问题；与执行该合同相关的服务和后续服务的要求和相关费用的承担问题；合同执行过程中可能存在的风险的分担问题，特别是技术服务或者技术转让合同。

(4) 审查合同在组织内部是否经过相关部门的会签，拟签订合同的人是否得到适当的授权，合同拟盖公章是否符合组织的规定。

2．合同履行过程审计

合同只要按照约定和规定履行才能实现预期的经济效益，避免发生不必要的纠纷和损失。合同履行过程审计的主要审查内容包括：履行合同的主体是否是合同的当事人，有无由他人代为履行的情况；审查双方是否按照合同约定行使自己的权利和承担应尽的义务；合同当事人履行合同的地点是否与合同约定相同；以分次、分期、分部履行的方式签订的合同，其履行方式是否与合同约定一致；合同的履行费用(如包装费、运输费、税费、海关报关费、通讯费、成品保护费等)结算是否符合合同的约定，优惠承诺是否按照合同约定进行结算；履行该合同是否达到预定的效益；对合同执行过程中存在的问题，有关职能部门是否及时查明原因并予以纠正；合同违约责任是否按法律规定或者合同约定进行；合同纠纷的处理是否及时、合法、合理。

3．合同变更审计

合同变更是指合同成立后，当事人在原合同的基础上对合同的内容进行修改或者补充。合同变更的审计是指对当事人修改或者补充的合同内容进行的审计。具体审查内容包括：合同的变更理由是否充分，有无由于欺诈、胁迫、重大误解、显失公平而导致合同权利和义务对一方当事人不合理、不公正的变更；合同的变更是否经双方协商一致，合同当事人是否履行法定程序；合同变更是否损害公共利益；变更条款是否真实、完整。

4．合同终止审计

合同的权利义务终止，指依法生效的合同，因具备法定情形和当事人约定的情形，合同债权、债务归于消灭，债权人不再享有合同权利，债务人也不必再履行合同义务。合同终止审计的主要审查内容包括：合同终止是否符合合同法规定的情形；合同的权利义务终止后，当事人是否遵循诚实信用原则，根据交易习惯履行通知、协助、保密等义务；对已解除的合同，当事人是否依照法律、法规规定办理批准、登记等手续；解除已履行的合同后，已履行方是否根据履行情况和合同性质要求对方恢复原状、采取其他补救措施和赔偿损失。

5．合同日常管理审计

合同日常管理审计的主要审查内容有：审查组织有无设置专门的合同管理机构，合同管理人员是否具备相应的资格，合同管理制度是否完善，有无重大合同变更的风险防范措施；审查合同的归档和保管是否完整。

合同审计作为组织内部控制的组成部分和风险管理的重要手段，贯穿于合同管理的全过程。内部审计师对合同的审计一般采取事前、事中和事后相结合的方法，根据组织内部管理的需要或最高管理层的指令，适时对合同管理中的某一环节或事项进行审查和评价，规避合同风险，提高组织合同管理效果，增加价值服务。

第二节 合同签订前审计案例

一、新利集团公司审计部对试验基地门禁系统工程施工合同审计案例

（一）审计对象划分

200×年，新利集团公司在公司总部与各职能部门之间建立了计算机局域网，形成计算机网络办公信息系统。公司审计部利用该系统进行合同审计，审计的流程是：

首先，由各职能部门将拟签订的合同采用规范的格式通过OA系统传到“未审签合同”栏，审计部门通过OA系统网络对“未审签合同”进行浏览。

内部审计师浏览合同后，对于需要抽审的合同，附上需要审计的标记，使它不能进入到下一环节的流程当中去。这时，在合同经办部门的网络系统中，其经办人员就可看到本单位合同必须经过审计的提示。内部审计师审查后可以通过模板生成《合同审计签证意见书》，经办部门按照内部审计师提出的意见整改后，内部审计师方可在该合同审计意见栏内签署意见，同意合同签订执行，并进入下一环节，使合同继续在OA系统中传递，由相关职能部门执行其他程序，以便形成合法有效的合同。

内部审计师浏览合同后，对于不需抽审的合同，就可把其放入到"不审计"流程中去，由公司法律部门审批，再由公司有关经理签字批准。

最后，内部审计师可通过OA系统对所有生效合同进行浏览，并根据年度审计计划对合同履行情况进行抽样审计。

200×年2月，审计部抽查了技术开发部与××科技有限公司签订的试验基地门禁系统工程施工合同。该合同文本如下。

新利集团公司技术开发部试验基地

门禁系统工程施工合同

甲方：新利集团公司技术开发部

乙方：××科技有限公司

经甲、乙双方共同协商，本着"平等、互利"的原则，特签订以下合同：

第一条　合同标的、价格

乙方愿意承建甲方试验基地门禁系统工程(地址：××省××市)，工程总造价：￥100 000.00(大写：人民币壹拾万元整)。该价格为交匙工程价(见表5-1)。

表5-1　交匙工程价

序号	设备名称	型号	数量	单位	品牌	备注
1	控制器	SK100	2	个	Smartkey	
2	Mifar门禁一体机	SK100M	13	台	Smartkey	
3	Mifare读卡器	SKRD-MI/W1	2	台	Smartkey	
4	按钮	EM600S(LED)	15	个	Smartkey	
5	电锁	SKPC-1	15	把	英国	
6	电源箱	SKPS-1.5A	15	个	Smartkey	
7	开关电源	SKPT-AS	30	个	Smartkey	
8	485转换器	Mifare One	1	台	Smartkey	
9	IC卡		0	张		开发部卡
10	软件		1	套	Smartkey	
11	完成本工程所需的线缆、轴材、技术措施费用					

第二条　付款方式

该工程验收后，支付合同款的95%，余款待一年后付清。

第三条　产品质量

本合同规定产品的质量均符合国家或行业对该产品的各项标准。乙方对产品质量出现的问题(人为损坏或使用不当造成的损失除外)免费保修一年，并对产品终身维修。

第四条　安装、调试、验收

本合同规定的产品的安装、调试工作，由乙方统一负责。

乙方必须尽快安装、调试终结。安装、调试时，甲方须指派现场负责人给予配合，以保证乙方安装、调试工作的顺利进行。

本合同规定的产品安装调试完毕后七天内，甲方须派代表与乙方代表共同进行验收，如全部合同产品都符合清单要求且正常运行，本合同产品被认为验收合格，甲、乙双方调试、验收在场人须在门禁系统《项目验收报告》上签字。

第五条　培训

乙方负责培训甲方操作人员壹至贰名，培训内容包括系统操作、日常维护及常见故障的处理方法。培训时间自培训开始至培训人员理解、掌握以上培训内容为止。

第六条　不可抗力

甲乙双方任何一方在履行合同过程中，由于不可抗力导致不能按期履行，应及时将发生不可抗力的情况通知对方，并对履行合同事宜进行协商；任何一方不得以此为由拒绝履行或单方修改合同。

第七条　违约责任

甲乙双方必须遵守本合同，严格履行合同义务，双方不得违约。如有一方违约，违约方应当承担违约责任，赔偿对方损失。

第八条　解决争议的方法

本合同未尽事宜协商解决，另签补充协议。本合同如发生争议，友好协商解决。协商不成，在工程所在地诉讼解决。

第九条　生效条件

本合同须经甲乙双方签字盖章生效。本合同一式四份，甲乙双方各执两份。

第十条　其他条款

1. 所采用的线缆必须为合格产品，经甲方确认后使用。
2. 乙方在室内施工时必须服从总包单位的管理，严格按合同约定规范施工，并不得损坏、影响总包工程，工程设备物品如有损坏实价赔偿。
3. 以上价格为交匙工程价，包含工程所需费用。
4. 以上报价为现场勘察并充分了解工程要求后，作出的系统工程报价。
5. 施工期间一切安全责任由乙方承担。

甲方：新利集团公司技术开发部	乙方：××科技有限公司
地址：	地址：
电话：	电话：
法定代表人：	法定代表人：
委托代理人：	委托代理人：
开户行：	开户行：
账号：	账号：

附件：

××科技有限公司服务承诺

为了使您的系统能正常运行，我们向您承诺：

一、每月巡回服务一次，半月电话询访一次，提供定期服务。

二、送到办事处或公司的设备及时修理，提供常规服务。

三、遇系统故障立即提供解决方案，以最快的速度派员到位维修，提供即时服务。

四、产品升级换代只收材料费，免费培训和软件升级。

五、一年保修(免费服务)，终身维护(按规定收取服务费)。

六、当您需要服务时，请先和办事处联系，他们会及时给您提供服务。

七、本服务承诺作为合同的附件，与本合同具有同等法律效力。

联系方法：××科技有限公司××分公司

联系电话：0571-××××××××

热线电话：0571-××××××××

应急电话：0571-××××××××

监督电话：0571-××××××××

24小时投诉电话：(0)1390571××××

(二) 审计实施情况

(1) 内部审计师通过OA系统网络浏览了新利集团公司技术开发部与××科技有限公司签订的试验基地门禁系统工程施工合同，并附上需要审计的标记。

(2) 技术开发部的经办人员在规定的时间内向审计部提供与该合同相关的资料：××科技有限公司的《企业法人营业执照》、《企业法人代码证》(复印件)、施工资质证书(复印件)、签约代理人的本人身份证(复印件)和授权委托证书，××科技有限公司开户银行账号、资信和履约能力的证明材料，该工程项目年度预算资料，同意建造该项目的批准文件，有关设备品牌、型号、规格、价格的市场调查资料，价格招投标的全套资料以及其他相关资料。

(3) 具体查证过程：

① 检查该工程项目年度预算资料和批准文件。该项目已列入公司年度计划，并获得公司总经理的批准，所需资金已落实。

② 检查××科技有限公司的各种证书和证明材料，审查其是否弄虚作假。经查证，该公司所提供的材料属实，主体资格合法。

③ 审查合同条款的真实性和完整性。审核合同文本，将合同条款与招投标资料、市场调查材料进行核对、比较、分析。检查双方的名称或姓名和住所，标的名称，标的数量和质量，价款或者报酬，履行期限、地点、方式，违约责任，解决争议方法等。

审计发现如下问题：

① 该合同缺乏设备单价，没有“本工程需要经审计部审计后方可办理款项结算”的条款，没有明确的合同履行期限，不符合相关法规与公司的规定。

② 对“交匙工程”的表述不清楚，容易引起歧义。

③ 合同的违约条款不明确，对违约处理方式和罚金在合同条款中表述不清楚。

④ 合同支付条件的条款不明确。如“该工程验收后，支付合同款的95%，余款待一年后付清。”验收后，还有合格与否，余款付清也要有附加条件。

⑤ ××科技有限公司的义务服务作为单方面的承诺，不符合《中华人民共和国合同法》。

⑥ 技术开发部是公司的内设部门，不能以技术开发部的名义对外签订合同。

(三) 审计结果

内部审计师根据OA系统中的模板，向新利集团公司技术开发部出具了合同审计签证意见书(见表5-2)。

表5-2 合同审计签证意见书

<table>
<tr><td>合同名称</td><td>新利集团公司技术开发部试验基地门禁系统工程施工合同</td><td colspan="2">合同编号</td><td>200918</td></tr>
<tr><td rowspan="3">送审部门</td><td colspan="4">新利集团公司技术开发部</td></tr>
<tr><td>联系人</td><td>×××</td><td>联系电话</td><td>×××××××××</td></tr>
<tr><td>送审日期</td><td colspan="3">200×年××月××日</td></tr>
<tr><td>合同主要内容</td><td colspan="4">标的：新利集团公司技术开发部试验基地门禁系统
合同金额：人民币10万元
付款方式：该工程验收后，支付合同款的95%，余款待一年后付清
产品质量：符合国家或行业对该产品的各项标准</td></tr>
<tr><td rowspan="2">审计签证意见</td><td colspan="4">根据《新利集团公司合同审计签证和备案暂行办法》，我们提出如下签证意见，请相关部门据此修改合同，修改后的合同请于200×年××月××日前上传到OA系统，便于内部审计师签署意见。
1. 在合同价款方面，缺乏设备的单价，应在合同中补充。
2. 对“交匙工程”的表述不清楚，容易引起歧义，双方应进一步协商，并在合同中明确表述。
3. 根据公司规定，本工程需要经审计部审计后方可办理款项结算，本合同中没有此条款，容易导致纠纷。应在合同中增加此条款，便于以后进行工程结算审计。
4. 合同中没有明确的合同履行期限，应予以明确。
5. 合同的违约条款不明确，对违约处理方式和罚金的表述不清楚，双方应进一步协商，并在合同中明确表述。
6. 合同中约定，该工程验收后，支付合同款的95%，余款待一年后付清。该条款表述不清，应当是验收合格后方能支付合同款。余款待一年后付清要有附加条件，当达到一定条件才能付清余款。
7. 虽然××科技有限公司在服务承诺中说明“本服务承诺作为合同的附件，与本合同具有同等法律效力”，但服务承诺是单方面意思的表示，实际上不具有法律效力。应将服务承诺的内容写进合同条款。
8. 技术开发部是公司的一个内设部门，不能以技术开发部的名义对外签订合同。</td></tr>
<tr><td>审计部负责人(签名):

日期：200×年　月　日</td><td colspan="3">内部审计师(签名):

日期：200×年　月　日</td></tr>
</table>

二、案例分析与探讨

1. 作为一种无纸化办公模式，OA 办公平台(Office Automation System，意为办公自动化系统)可以把很多的小系统如 HR、CRM、SAP 等关联在一起，这样就不会使相关的数据孤立起来，从而达到真正的协同管理。内部审计如何利用好 OA 系统呢？

2. 除了该案例中审计结果指出的问题，该公司的门禁系统工程施工合同还存在哪些问题？

3. 该案例中，对照本章第一节合同审计概述，内审部门获取了哪些资料，实施了哪些审计程序来验证合同的必要性、合法性、合规性、合理性、真实性和完整性？

第三节　合同履行情况审计案例

一、新利集团公司审计部对洗衣机零配件采购合同审计案例

(一) 背景材料

200×年 10 月，新利集团公司审计部通过 OA 系统对所有生效合同进行浏览，抽查了一份合同，检查该合同实际履行情况。

该合同的主要内容是：200×年 3 月，本公司与乙工厂双方约定，乙工厂供应本公司洗衣机零配件 50 000 套，每套价格 10 元。乙工厂从当年 4 月份开始，每月交货 10 000 套，每月月底交货。本公司收货后 10 天内验货付款。违约责任为未履行货物价款的 5%。本公司于签约后 10 天内支付给乙工厂定金 50 000 元。

(二) 审计实施情况

(1) 内部审计师到仓库检查从乙工厂购进的洗衣机零配件的出入库记录，并与相应的验收记录核对。本公司在 200×年 4 月 28 日和 5 月 30 日分别收到洗衣机零配件 1 万套，经验收合格后入库，生产车间已领用上述 2 万套配件。内部审计师将已收到的洗衣机零配件数量与合同核对，合同约定到 8 月底应收到 5 万套，而实际到 10 月份公司才收到 2 万套。

(2) 内部审计师检查仓库中与从乙工厂购进的型号、规格相同的洗衣机零配件的明细记录。记录中显示：200×年 6 月至 8 月，本公司从丙公司购入洗衣机零配件 3 万套(其中 6 月份 0.8 万套，7 月份 1 万套，8 月份 1.2 万套)，价格均为 10 元/套，生产车间已领用上述 3 万套配件。内部审计师将这 3 万套配件的入库记录与相应的验收记录核对，二者相符，且质量合格。内部审计师询问仓库保管员，为什么不从乙工厂采购剩余的 3 万套配件，而从丙公司采购？保管人员答复其职责是管好仓库，其余不清楚。

(3) 内部审计师回到办公室上 OA 系统浏览，查阅是否有本公司与丙公司签订的洗衣机

零配件采购合同。经查证，本公司没有与丙公司订立任何合同。

(4) 内部审计师到公司的采购部了解从丙公司采购洗衣机零配件情况。采购部门解释：乙工厂履行了第一批和第二批交货义务后，适逢一外商紧急求购这种洗衣机零配件，出价远远高于本公司在合同中约定的价格，于是乙工厂就与外商签订了以这种洗衣机零配件为标的的购销合同。由于生产能力有限，乙工厂遂不再履行与本公司签订的购销合同，要求解除第三批至第五批的合同。采购部不同意解除合同，要求乙工厂继续履行合同，但乙工厂就是不履行合同。考虑到生产部门紧急需要这种配件，采购部只好和其他单位联系，刚好丙公司有采购部需要的配件，价格和乙工厂一样，采购部就决定从丙公司采购另外 3 万套配件。内部审计师要求采购部提供本公司与丙公司的采购合同，采购部说当时时间紧急，要求对方先发货再补合同，后来由于货款已经支付给对方，也就不想补签合同了。内部审计师追问采购部是否向乙工厂索赔，采购部回答，由于没有给部门造成损失，他们也就没有去追究乙工厂的违约责任。内部审计师对上述情况做了记录，并要求采购部经办人员及采购部负责人在记录上签字确认。

(5) 内部审计师到财务部检查本公司与乙工厂、丙公司的款项往来情况。结果显示，本公司 3 月 28 日支付给乙工厂定金 5 万元，5 月 5 日和 6 月 5 日分别支付给乙工厂货款 10 万元；本公司 9 月 10 日支付给丙公司货款 30 万元。内部审计师询问财务人员，支付给丙公司 30 万元货款时，凭据有哪些，是否有双方签订的合同？财务人员解释：有发票、验收记录、入库凭证并经相关部门负责人签字，当时没有附上合同，财务部也要求采购部提供合同，但采购部说过两天送过来，财务部人员想想等两天也没有关系，所以就将货款付了出去，事后采购部没有将合同给财务部，时间长了，财务部人员也忘记向他们要了。内部审计师复印了本公司与乙工厂、丙公司的款项记录，将在财务部门了解到的情况做了询问记录，并要求财务部经办人员及财务部负责人在相关记录上签字确认。

(6) 审计结果分析：合同法第 107 条规定："当事人一方不履行合同义务或者履行合同义务不符合约定的，应当承担继续履行、采取补救措施或者赔偿损失等违约责任"。合同法第 110 条规定："当事人一方不履行非金钱债务或者履行非金钱债务不符合约定的，对方可以要求履行，但有下列情形之一的除外：① 法律上或者事实上不能履行；② 债务的标的不适于强制履行或者履行费用过高；③ 债权人在合理期限内未要求履行。"依据以上规定，当事人一方违约后，非违约方要求继续履行合同义务的，违约方应继续履行，除非符合合同法第 110 条规定的三种情形之一。经审查，乙工厂是在具有履行能力的情形下为牟取更高利润而不履行对本公司的合同义务，并不属于第 110 条规定的免予继续履行的情形，依法应承担相应的违约责任。

根据合同法规定，当事人一方不完全履行合同的，应当按照未履行部分所占合同约定内容的比例，采用定金罚则。乙工厂已履行了合同总价款的 40%，尚有 60% 未予履行，故采用定金罚则的结果应为乙工厂退还 8 万元[返还定金的 60% 的双倍，即 6 万元(5 万元×60%×2=6 万元)，加上定金的 40%，即 2 万元(5 万元×40%=2 万元)需退还，实际共退还 8 万元]。而根据合同约定，乙工厂违约金为未履行货物价款的 5%，即为 30 万元×5%=1.5 万元，加上退还的定金 5 万元，共应退还 6.5 万元。当同一违约行为同时存在违约金与定金两种违约责任时，本公司只能选择其中的一项责任要求乙工厂承担，本公司选择对自己有

利的方式即采用定金罚则，要求乙工厂退还8万元。

(三) 审计结果

审 计 报 告

新利集团公司总裁李某某先生：

根据年度审计计划，我们于200×年10月8日至10月10日，对200×年3月份本公司与乙工厂签订的洗衣机零配件采购合同履行情况进行了审计。审计的主要内容是检查合同的履行情况。现将审计结果报告如下：

一、审计查明的事实

按照规定履行合同是采购部、财务部等相关职能部门的责任，我们的责任是对合同的履行情况发表意见。我们按照中国内部审计准则的规定实施了审计。

二、审计结论

(1) 200×年3月，本公司与乙工厂订立洗衣机零配件采购合同，合同约定乙工厂从4月份开始每月供货1万套洗衣机零配件给本公司，共5万套，每套价格10元。本公司在4月至5月份共收到乙工厂2万套零配件，另外3万套零配件没有收到。本公司已支付给乙工厂定金5万元，货款20万元。乙工厂没有按照合同约定供应剩余3万套零配件，属违约行为。根据合同法规定，乙工厂应双倍返还未履约部分定金6万元，并退回已履约部分定金2万元，共计8万元。截止到200×年10月10日，采购部、财务部、法律事务部没有采取措施要求乙工厂返回这8万元。

(2) 在乙工厂不供应剩余3万套零配件时，采购部能采取积极措施落实货源，从丙公司采购零配件，使得产品生产正常进行。但采购部没有与丙公司签订采购合同，违反公司关于“采购5万元以上的货物必须签订书面采购合同”的规定。财务部没有依据采购合同支付给丙公司货款30万元，违反公司财务管理规定。

(3) 虽然本公司通过OA系统加强了合同管理力度，但通过此次审计，我们依然发现合同管理中存在薄弱环节。合同审计系统无法发现应当签订合同而尚未签订合同的情形，也无法发现已签订合同但不提交审计的情形。

三、审计意见

(1) 由法律事务部牵头，采购部、财务部等职能部门配合，采取有效措施要求乙工厂返还采购洗衣机零配件已履约部分定金2万元，因违约行为而双倍返还未履约部分定金6万元，合计人民币8万元。

(2) 对采购部没有按照公司规定与丙公司签订采购合同行为和财务部违反公司财务管理规定支付货款的行为，建议在采购部和财务部内部予以通报批评，引起大家重视。

(3) 完善合同管理制度，加强财务监管。财务部门要按照OA系统已生效的合同条款支付款项，建立财务部门与审计部门的沟通机制，如财务部门发现已签订但尚未审计的合同，应当将该情况通报给审计部门。建立合同履行情况通报制度，有关部门发现没有按照合同约定履行情形时，应当及时向法律事务部、审计部、财务部、销售部等相关职能部门通报并移交相应的材料。

新利集团公司审计部(印章)　　签发人：×××

200×年××月××日

二、案例分析与探讨

1. 案例中，为检查采购合同履行情况，内部审计师首先去仓库检查到货情况，而不是直接去询问采购部该合同是否履行完毕，为什么？

2. 当发现洗衣机零配件并没有按合同到货时，为什么内部审计师去寻找仓库有无相同型号、规格的零配件到货？

3. 当内部审计师询问仓库保管员为什么向另一家企业采购某未履行合同中剩余零配件时，仓库保管人员回答其职责是管好仓库，其他不清楚，你认为仓库职能应该是什么，这里的内控有缺失吗？

4. 当确认在 OA 系统上没有集团公司与丙公司签订的合同时，作为内部审计师，应预见可能发生了什么问题？哪些部门可能存在过错？

5. 紧急采购的流程与普通采购的流程可以有哪些区别？

6. 像案例中的情况“已到货，货款已结算，合同最终未签”，会造成什么不良后果？

7. 对于采购款项的结算，财务部的流程、内控有哪些？财务部的付款手续中为什么应与合同核对？紧急采购就必然要紧急付款吗？紧急付款的内控要点有哪些？

8. 定金和违约金的区别有哪些？集团公司与乙工厂所签的合同，违约金责任条款合理吗？为什么？

9. 审计报告中的审计结论分为三部分，分别涉及什么内容？

10. 该案例中，审计意见是否能解决审计结论中指出的所有问题？应如何完善？

11. 该案例中，采购部应如何改进内控？

第四节 合同纠纷审计案例

一、新利集团公司审计部对中建房地产公司与丰华水泥厂合同纠纷审计案例

(一) 背景材料

200×年 12 月 1 日，新利集团公司审计部接到公司董事会办公室的通知，要求对独资子公司——中建房地产公司与丰华水泥厂发生合同纠纷事件进行审计。12 月 3 日，内部审计师进入中建房地产公司实施审计。

中建房地产公司在承接某项工程时，因事先没有与有关厂家订立水泥供货合同而造成施工过程中水泥短缺。200×年 11 月 20 日，中建房地产公司同时向海天水泥厂和丰华水泥厂发函，函件中称：“我们现需要标号 425 的普通硅酸盐水泥 2000 吨，要求每吨价格不超过 380 元。如贵厂有现货且同意我们的价格，则在收到本函件的 10 天内发货，送达地点为××市××路××号的××工地。货到付款，运费由供货方自行承担”。海天水

泥厂接到函件后当天回函，表示愿以每吨 390 元的价格发货 2000 吨。中建房地产公司回函同意此价格。海天水泥厂于接到函件后第 4 天将 2000 吨水泥送到中建房地产公司指定的工地，工程项目部当天组织人员验收并接收了货物。11 月 29 日，中建房地产公司支付给海天水泥厂货款 78 万元。丰华水泥厂接到中建房地产公司要货的函件后，组织人员加班生产，于接到函件后第 7 天将 2000 吨水泥送到中建房地产公司指定的工地，结果遭到中建房地产公司的拒收，理由是：本工程所需要的 2000 吨水泥已由海天水泥厂供应；至于给丰华水泥厂发函，只是进行询问协商，不具有法律约束力。丰华水泥厂不服，向中建房地产公司的母公司新利集团公司董事会反映，要求予以解决，否则向法院起诉。

(二) 审计实施情况

(1) 审计部编制项目审计计划和审计方案，制发审计通知书。

(2) 内部审计师到达中建房地产公司的审计现场时，将审计通知书送交中建房地产公司，并要求中建房地产公司提供审计所需要资料，指定专人配合此次审计工作。

(3) 内部审计师审阅中建房地产公司 11 月 20 日向海天水泥厂和丰华水泥厂发出的函件、海天水泥厂的回函。海天水泥厂回函是对中建房地产公司发出的反要约。面对这一新要约，中建房地产公司回函同意，其实质是承诺，说明双方订立的合同有效。内部审计师还检查了收到海天水泥厂 2000 吨水泥的验收记录、入库记录、付款记录，确认所收水泥质量合格、数量无误，货款已按照规定支付。中建房地产公司随后的验货、接货、付款是履行合同的行为，并无过错。内部审计师按照规定编制了审计工作底稿。

(4) 内部审计师分别询问中建房地产公司负责人、工程项目负责人、丰华水泥厂的经办人员，了解采购该批水泥的具体情况、拒收水泥的原因、实际造成的损失、解决途径等，并一一做了记录。

中建房地产公司发给丰华水泥厂的函电中，对标的、数量、规格、价款、履行期、履行地点等有明确规定，应认为内容确定。而且从其内容中可以看出，一经丰华水泥厂承诺，中建房地产公司即受该意思表示的约束，所以构成有效的要约。要约人中建房地产公司未行使撤回权，则在其要约有效期内，中建房地产公司应受其要约的约束。由于中建房地产公司在其函件中要求受要约人在 10 天内直接发货，所以丰华水泥厂在接到信件 7 天后发货的行为是以实际履行行为对要约作出的承诺。因此，可以认定在中建房地产公司和丰华水泥厂之间存在有效的合同关系。中建房地产公司拒收丰华水泥厂水泥的行为构成违约，应承担违约责任。

由于双方没有约定违约金或损失赔偿额的计算方法，所以应根据实际情况确定损失赔偿额，其数额应相当于中建房地产公司的违约行为给丰华水泥厂所造成的损失。

(5) 内部审计师在现场召开会议，参加人员有中建房地产公司负责人、工程项目负责人、丰华水泥厂负责人和经办人。经过友好协商，达成一致意见：中建房地产公司接收丰华水泥厂生产的 1000 吨水泥，按照每吨 380 元价格结算；另外 1000 吨水泥由丰华水泥厂在 7 日内自行运回工厂或推销到其他工地，中建房地产公司则赔偿丰华水泥厂经济损失 5 万元。5 万元的赔偿包括 3 万元的返回运费、装卸费，以及 2 万元预期可获得的利润。

(三) 审计结果

审 计 报 告

新利集团公司董事会办公室：

根据公司董事会办公室的通知，我们于200×年12月3日至12月5日，对中建房地产公司与丰华水泥厂的合同纠纷一事进行审计。现将审计结果报告如下：

一、审计查明的事实

200×年11月20日，中建房地产公司同时向海天水泥厂和丰华水泥厂发函，求购425标号的普通硅酸盐水泥2000吨，价格每吨不超过380元。如有现货且接受报价，在10天内向××市××路××号的××工地发货。货到付款，运费由供货方自行承担。海天水泥厂于接到函件后第4天将2000吨水泥送到中建房地产公司指定的工地，中建房地产公司接收这批货物并支付货款78万元。中建房地产公司是严格按照合同的约定履行自己的义务，并无过错。

丰华水泥厂于接到函件后第7天，将2000吨水泥送到中建房地产公司指定的工地，结果遭到中建房地产公司的拒收，理由是：本工程所需要的2000吨水泥已由海天水泥厂供应；至于给丰华水泥厂发函，只是进行询问协商，不具有法律约束力。

二、审计结论

中建房地产公司发给丰华水泥厂的函件内容确定，一经丰华水泥厂承诺，即构成有效的要约。要约人中建房地产公司未行使撤回权，则在其要约有效期内，受要约人丰华水泥厂发货是对要约的承诺。因此，可以认定在中建房地产公司和丰华水泥厂之间存在有效的合同关系。根据上述情况，我们认为，中建房地产公司和丰华水泥厂之间所订立的水泥采购合同是有效的；中建房地产公司拒收丰华水泥厂水泥的理由不能成立，已构成违约，应承担违约责任。

虽然经过双方协商，中建房地产公司同意赔偿丰华水泥厂经济损失5万元，使合同纠纷得到妥善解决，但我们发现本公司在合同管理中还是存在以下一些薄弱环节：

(1) 本公司只是利用 OA 系统对各职能部门对外订立的合同进行审计，没有对所属全资公司订立的重大合同进行审计，合同审计的范围偏窄。

(2) 合同经办人员的法律意识不强，对合同法的内容不是很了解。

三、审计意见

(1) 由法律事务部定期对员工进行法律知识培训，提高员工的法律水平。

(2) 完善合同审计制度，把控股公司订立的重大合同纳入本公司审计部的审计范围。各控股公司要建立合同审计制度。

新利集团公司审计部(印章)

签发人：×××

200×年××月××日

二、案例分析与探讨

1. 该案例中的要约函件有什么问题，导致出现了纠纷？

2. 丰华水泥厂接到要约函件后的处理方式有不妥之处吗？

3. 该案例启示我们，合同纠纷能得到妥善解决的关键是什么？

4. 延伸思考，为加强集团公司对子公司合同的管控，哪些合同应获得集团公司的批准、备案？

第五节　承包经营合同审计案例

一、关于××大厦承包经营合同的审计案例

（一）基本情况

××大厦是A公司拥有产权的一处房地产，建筑面积3万平方米。该大厦地处××市三环内沿线，交通极其便利，作为纯写字楼的商业地产，其升值潜力巨大。A公司作为一家国有独资的大型控股企业，以汽车行业股权投资为主业，本身并没有实际业务，所以其拥有的该大厦的经营收入就成为A公司唯一持续的、稳定的现金流，企业职工也就非常关心大厦经营状况。A公司于××××年××月××日与B公司签订了《××大厦物业经营管理合同》（以下简称《经营管理合同》），合同约定A公司将××大厦的对外租赁、物业管理委托给B公司承包经营和管理。

根据A公司领导的批示，A公司审计室组成四人审计组，于××××年××月××日至××月××日，对《××大厦物业经营管理合同》的执行情况，以及B公司承包经营××大厦××××年度经营情况进行审计。由于B公司拒绝审计组检查××大厦项目的财务资料及其他有关资料，审计组只能根据A公司与B公司签订的《××大厦物业经营管理合同》内容，以及B公司与该大厦租户签订的租赁合同和B公司提供的其他资料开展审计工作。审计组在审计过程中，仔细研究了《中华人民共和国合同法》《物业管理条例》《物业管理企业财务管理规定》《物业服务收费明码标价规定》《××市物业服务收费管理办法》、委托物业管理合同和××市房屋租赁合同规范文本等法律法规和规范资料，并通过走访，调查了周边地区同类写字楼租赁市场现状。在此基础上，审计组通过对该合同本身以及合同执行情况进行审计，揭示了合同内容上的缺陷和合同执行给A公司带来的潜在风险。

（二）审计中发现的问题

1.《经营管理合同》内容存在的问题

（1）该合同的签订程序不规范。审计组发现《经营管理合同》属于长期性合同，并且涉及金额较大，每年合同金额大约千万左右。这类合同的签订按照公司规定，应该由本公

司经理会议决定，但是审计组在本公司档案室没有找到相关的会议记录文件。经过调查了解得知，由于当初时间比较紧迫，该合同的签订全过程都由公司××部处理，故合同的签订没有经过其他部门的监督和审核。

(2) 该合同没有采用规范的文本格式，许多条款语义含糊，对关键的名词没有准确的解释说明，使得合同在操作中双方分歧很大。

(3) 该合同缺少必要的要件，如合同中提及物业管理合同和担保方担保函，但是审计组没有见到这两个合同附件。

(4) 空置房屋的物业管理费收取不合理。该合同第13条第4款提到“乙方是采用整体租赁经营、自负盈亏的经营方式，甲方对乙方的经营不予干预；也不承担乙方经营过程中的各项费用”，而在第13条第5款中又规定甲方必须承担一半由于乙方经营不善导致的空置房屋的管理费，这属于明显矛盾和不公平的合同条款。这与整体租赁、自负盈亏的经营方式矛盾，并且使B公司的经营风险部分转移给了A公司。另外，空置房的管理费标准以及A公司自用房的物业费标准明显偏高。

2.《经营管理合同》执行过程中的问题

(1) 根据《经营管理合同》约定，B公司应在承包期开始(××××年××月××日0时)后第8个月底(××××年××月××日24时)前支付首期承包租赁费，A公司为此于××××年××月××日给B公司发了《关于支付租赁费的通知》(××××字〔××××〕××××号)的催款通知，但是直到××××年××月××日，B公司并没有支付任何款项给A公司。

(2) B公司没有执行《经营管理合同》第12条第8款的要求，即按时将房屋出租合同及物业管理费用收支账目报表送A公司备案，使A公司对乙方经营情况无法及时了解和监控。

(3) B公司没有执行《经营管理合同》第13条第1款的规定，即按时将物业出租费标准和物业费标准的确定和调整向A公司备案。

(4) 根据《经营管理合同》第12条第3款至第6款的规定，A公司有权检查××大厦项目经营的财务资料，但是在A公司组织的这次审计过程中，B公司始终拒绝审计组对财务资料的核实检查，从而使得审计组不能确认乙方所提供大厦项目决算情况的真实、可靠性。根据《经营管理合同》第12条第13款规定，乙方收取租户所付款项后不得挪作他用，由于B公司在这次审计过程中始终拒绝审计组对××大厦项目经营财务资料的检查，故审计组不能确证乙方是否将其收取的租户所付款项挪作他用。

3. A公司在《经营管理合同》执行过程中的风险

(1) 由于B公司一直没有执行《经营管理合同》第6条第3款的规定，即确定担保单位，并由担保方出具担保函，而且《经营管理合同》中没有规定B公司向A公司提前交付整体租赁的押金，相反，《经营管理合同》约定B公司采用后付款方式进行结算，考虑到B公司注册资金仅有150万，A公司存在收不回承包基数的风险。

(2) 《经营管理合同》约定，B公司每年给A公司上交1000万的承包基数，超出基数的租金收入部分双方平分。但是，第13条第1款又规定，B公司可根据市场供求及经营水平自行确定和调整物业出租费及物业费标准，即B公司独自决定房屋租金和物业管理费的价格，审计组在这次审计中发现B公司与客户谈判、签约所确定的是租金和物业费的总价

格，其有可能通过压低租金价格、提高物业费价格的形式来转移A公司应得的利益。审计组通过对××大厦周边相关市场环境的调查，发现B公司收取A公司的物业费以及租户物业费价格明显偏高，而收取租户的租金价格明显偏低，且对物业管理费没有按照《物业服务收费明码标价规定》的要求进行明码标价。另外，A公司也不能有效防止B公司与租户之间的关联交易和私下交易，所以A公司在执行该合同条款时，客观上可能存在因乙方的舞弊而带来的风险。

(3) 《经营管理合同》第8条规定，B公司有权对外签署超出委托经营管理期限以外的租赁协议、物业管理公约及其他相关合约，如果A公司被动地接受B公司与客户签订的超出委托管理期限的租赁合同，A公司就无法控制B公司以低价出租房屋，所以A公司执行该条款，客观上同样可能存在因乙方的舞弊行为而带来的风险。

(4) 《经营管理合同》第10条规定，5年委托经营管理期限(××××年××月××日至××××年××月××日)到期后，B公司在完成合约规定上缴租赁费的前提下，双方按照本合同自动顺延委托经营管理期5年。其中保底租赁基数由双方协商后确定，但上限不超过1000万。该条款没有考虑物价变动因素和市场环境变化因素对房屋租金的影响，所以如果A公司执行该条款，物价上升和市场风险将完全由A公司承受。

4. B公司对外租赁合同签订、管理中的问题

在审计过程中，B公司应审计组的要求提供了其与租户签订的租赁合同复印件32份、合同正本31份、物业管理公约书32份。审计组在对合同及公约书的检查过程中发现：租赁合同没有正式装订成册，签订的租赁合同只是简单地订在一起，不能保证租赁合同安全、完整地保存；同类合同不连号，部分合同没有编号，所以无法核实B公司所提供的合同是否完整；部分合同签字、盖章不全，要么缺客户盖章，要么缺B公司盖章；部分合同没有签约日期，无法保证合同的有效性；合同没有贴印花税。

由此可见，B公司在A公司备案的合同不是正本，而且缺少合同应有的附件。另外，物业管理公约书没有在A公司备案。

5. A公司在××大厦项目管理中的问题

公司部门之间由于信息没有及时沟通，一方面使得A公司对B公司的监控弱化，另一方面对A公司造成一定损失，例如，根据合同约定，A公司有权免费使用大厦的会议室，但实际上A公司为此支付了较高的会议室使用相关费用。

(三) 审计建议

(1) 完善《经营管理合同》，降低公司风险。鉴于A公司与B公司××××年××月××日所签《××大厦物业经营管理合同》本身存在许多问题，审计室建议A公司与B公司共同补充完善该合同，以便双方在以后的合作中减少争议，共同把××大厦经营好。

(2) 确定职责部门，加强对合同履行情况的监督。鉴于B公司在履行《经营管理合同》过程中存在诸多问题，建议A公司确定一个专门负责××大厦项目经营的对口监管部门，由房产办担当比较合适，以便使督促B公司履行《经营管理合同》的工作日常化，从而避免或降低A公司在该项目上面临的相应风险。

(3) 在补充协议中明确A公司权利，保障A公司利益。审计室建议A公司尽快要求B

公司确定担保方，提供担保函，如果对方不能尽快确定担保方，A 公司可考虑改变整体租赁租金支付方式，即要求 B 公司提前支付租金基数，必要时收取押金。

鉴于 A 公司与 B 公司采用整体租赁、自主经营、自负盈亏、超额分成的承包方式，A 公司不能干预 B 公司的经营自主权，但为了确保 A 公司享有超额分成利益，建议双方签订补充协议，对 B 公司物业管理费价格(最高)和对外租赁价格(最低)进行严格限制，要求 B 公司按照《物业服务收费明码标价规定》对其物业管理费明码标价，从而保障 A 公司利益。

建议对超出委托经营管理期限的对外租赁合同由 A 公司与租户签订，以避免乙方通过关联交易或私下交易侵占 A 公司利益。

(4) 要求 B 公司认真履行合同法及相关法规，严格合同管理，并按时将合同正本及其他合同中要求的资料提交给 A 公司备案。

(5) 统一对外结算。一是要求 B 公司对 A 公司的各项收费进行明码标价；二是办公室等部门及有关人员不得随意签字支付给 B 公司未经审核的费用。

(四) 综合分析与评价

由于该合同涉及的房屋租赁不属于 A 公司的主要经营范围，在承包商的选择、合同的签订、合同执行的监督等方面，A 公司明显经验不足，导致所签订的合同很不完善。另外，在大厦经营管理中，A 公司所面临的风险也较高。审计组在该项审计业务中，主要任务是对合同的执行情况进行审计，但审计组并不局限于合同内容本身，而是扩展到合同签订、执行的全过程，采用比较灵活的审计方法，及时发现了合同本身存在的、合同执行过程中的问题，揭示了合同条款隐含的风险，为公司减小了损失，降低了××大厦的经营风险。

二、案例分析与探讨

1. 企业多元化经营环境下，非主营业务收入可能成为企业最主要的现金流，但是当企业还没来得及为此建立完善的内控制度和风险管理体系时，就会出现许多问题。该案例中的关键问题就是本企业意识到自身不善于此类经营管理并以外包、外聘、外租等形式规避非专业的局限性，但是接踵而来的问题是，如何对专业公司进行监管？监管的关键点有哪些？

2. 该案例中，承包经营的 B 公司不提供财务账本，仅提供租赁合同等原始资料，使得审计范围受到限制，A 公司的审计组应如何判断租赁业务的完整性(即 B 公司提供了所有的租赁合同等原始资料)？

3. 对于合同执行中的问题，你能估计造成这些问题的原因吗？

4. 执行合同的问题与执行合同的风险有什么区别？

5. 担保函的目的是什么？什么情况下需要担保函？

6. 审计人员应特别注意合同条款是否合理，是否让本公司承担了过多的风险。矛盾条款、复杂条款中隐藏的陷阱可能较多。该案例中的这类问题有哪些？

7. B 公司对外租赁合同的签订、管理中的问题分别意味着什么(审计人员应怀疑什么)？

8. 对于 B 公司可能漏报已出租房的情况，审计人员应如何实施检查？

第六节　委托加工合同审计案例

一、A 公司委托加工合同审计案例

(一) 基本情况

2004 年 4 月，A 公司内审人员对生产部外委加工制作配管合同进行审计，承揽单位甲厂于 2004 年 4 月承揽加工制作配管，其合同价款为 296 208.04 元，其价格构成是按焊接工艺的工时计算的。

(二) 审计中发现的问题

内审人员通过实地审计发现，配管外委加工制作程序是承揽单位只是派焊接工人到“管线分厂”执行焊接配管工序。用工方式是属于出劳务，而不是承揽单位独立完成配管制作及安装。因此，执行按焊接工艺的工时计费并结算的办法是不合理的，而应改为劳务费结算。经过实地审计，甲厂有 11 名工人到管线分厂执行焊接配管工序，按照公司劳务费结算规定，该合同按劳务费结算应为 80 945.45 元，这样为公司减少损失 215 262.59 元。

(三) 审计建议

内审人员提出为了规范配管外委结算价格，降低公司成本，建议公司价格主管部门规范配管外委结算价格。价格主管部门于 2004 年 5 月将配管结算办法修改为按劳务费年度总包干，规定承揽单位甲厂 2004 年按劳务费年度总包干为 34 万元。承揽单位于 2004 年先后结算 3 次，分别是 2004 年 4 月 2 日结算 80 945 元，2004 年 6 月 24 日结算 210 681 元，2004 年 11 月 12 日结算 123 201 元，年累计结算额为 414 827 元。经过审计，年累计结算额超出年预结算额 74 827 元。内审人员将其超出部分扣除，为公司减少损失。

(四) 审计分析及评价

对外委托加工是工业企业比较常见的生产方式，外委加工合同审计也是工业企业内审部门的日常工作之一。A 公司内审部门主要针对外委加工合同执行情况进行审计，而没有对合同签订程序和条款进行审计，其合同审计不是很完善，不能做到防患于未然。鉴于企业内审人员一般不多，内审部门对于这类合同的审计就需要讲究策略，多采用抽查和事前审计的办法。

二、案例分析与探讨

1. 对于委托加工合同，签订前审计的要点有哪些？
2. 你认为该案例中原合同的签订有否存在猫腻？
3. 该案例中更改了原先合同中的结算条款，为什么没有引起合同纠纷？

第六章　物资采购审计

物资采购审计是对物资采购全过程实施的监督和评价，其目的是促使组织尽可能以较低的成本和较高的效率采购到质量较好的物资。可以说，物资采购审计充分体现了防弊、兴利和增值共存的现代内部审计理念。

第一节　物资采购审计概述

一、物资采购审计的含义

物资采购审计是指内部审计机构及人员依据有关法律、法规、政策及相关标准，按照一定的程序和方法，对物资采购各部门和环节的经营活动和内部控制等所进行的独立监督和评价活动。上述物资采购审计定义中的“物资"是指组织在产品生产、基本建设和专项工程中所使用的原材料、辅助材料、燃料、动力、工具、配件和设备等。

二、物资采购审计的目的

物资采购审计的目的是改善物资采购质量，降低物资采购费用，维护组织的合法权益，促进组织价值的增加及目标的实现。

物资采购审计是财务审计和管理审计的融合。在物资采购审计过程中，内部审计师既要对物资采购的合法性和合规性进行审计，以达到纠错防弊的目的，又要对物资采购的效率性、经济性进行审查，以达到使组织尽可能以较低的成本取得质量较好的物资的目的，促进物资采购活动效率和质量的提高。

三、物资采购审计的模式

物资采购审计的模式主要有以下两种：

(1) 项目管理式审计模式：是有重点、有目的地将某物资采购部门、环节或物资品种纳入年度审计计划，形成特定审计项目，并实施相应审计程序的审计模式。

(2) 过程参与式审计模式：是由专职内部审计师参与监督物资采购的全过程或者部分重要过程，实现物资采购审计的日常化。

项目管理式审计模式的独立性较强，能综合、全面地监督和评价组织的采购活动，但审计程序较为复杂，对内部审计师的要求较高，一般来说，适用于大、中型规模的组织。过程参与式审计模式的灵活性较强，强调的是事前和事中审计，使用此模式可能会使被审计单位或被审计事项具有更大的改进空间，因而更能体现内部审计的增值目的。内部审计师在过程参与式审计中应该保持必要的独立性，必须始终以监督者的角色参与物资采购活动。

四、确定物资采购审计项目应考虑的因素

物资采购审计项目的确定应考虑的因素有以下几方面：

(1) 重要性。应当优先选择采购数量较大、采购次数频繁、采购价格较高、采购价格变化频繁、质量问题突出、长期积压或短缺的物资，或者群众反映普遍、领导关注较多、内部控制薄弱和出现错弊概率较高的部门、环节作为审计对象。

(2) 物资采购方案、内部控制的重大变化。内部审计师应根据外部环境和内部条件的变化，适时审查新的物资采购方案和内部控制的适当性、合法性和有效性。

(3) 改进空间。根据成本效益原则，内部审计师应将工作改进空间较大、在增值性方面有潜力的物资采购部门、环节或物资类别确定为审计项目。

(4) 审计资源。内部审计机构在确定物资采购审计项目时，应当考虑内部审计师的数量和素质、可以利用的审计时间以及审计所需的资金、设备等方面的资源。

(5) 风险因素。风险因素可能来自组织内部或外部。组织规模、经济业务性质、账户余额大小、出现错弊概率、物价变动幅度、技术变化速度、管理人员素质和能力、业务量大小等都是潜在的风险因素。一般而言，内部审计部门对风险大的项目应优先作出审计安排。

五、物资采购审计实施前的准备工作

内部审计机构根据年度审计计划安排或组织内最高管理层的指令，确定物资采购审计项目和审计时间之后，应及时抽调内部审计师组成审计组，着手做好审计的准备工作。内部审计师应通过收集相关资料、咨询技术专家、进行分析性复核、现场观察和询问、研究背景资料等方式，初步评价重要性和审计风险，然后按照内部审计准则的要求，制定物资采购项目审计计划和审计方案，向被审计单位发出物资采购审计通知书。

获取和研究相关资料是物资采购审计项目实施前准备工作的关键环节，内部审计师务必充分重视。内部审计师需要收集并研究的资料主要包括：

(1) 物资采购目标和计划；

(2) 前期物资采购审计工作底稿；

(3) 组织资料，如组织结构图和工作说明、程序手册以及重大的组织系统变化说明等；

(4) 财务会计资料；

(5) 相关制度，如采购政策、采购程序制度、授权审批制度、供货商管理制度、财产接触制度、合同签订制度、凭证管理制度和采购定价策略等；

(6) 外部信息资料，如同行业相关资料、物价水平和变化幅度、技术变化程度和供货商资料等；

(7) 相关法规。

第二节　物资采购审计内容

物资采购审计主要包括物资采购内部控制审计、物资采购计划审计、物资采购方式及供应商选择的合理性审计、物资采购价格审计、物资采购合同审计、物资质量验收情况审计、物资采购负债和货款支付情况审计、物资采购后续审计等内容。

一、物资采购内部控制审计

物资采购内部控制审计，主要审查和评价控制环境、风险管理、控制活动、信息与沟通、监督五方面内容。

(1) 采购控制环境。采购控制环境包括以下内容：董事会成员的知识和经验丰富程度、独立性地位、独立董事所占比例、审计委员会的设置情况；管理者对物资采购内部控制的重视程度、采取的经营理念和管理模式；企业文化所塑造的员工基本信念、价值观念、思维和行为方式；组织结构的适当性、权责划分的明确性、奖惩的分明性、岗位设置的合理性、人员素质的适当性；组织人力资源政策的适当性等。

(2) 采购风险管理。采购风险管理包括物资采购风险识别、风险评估和风险应对策略。风险识别包括检查外部因素(竞争、技术和经济变化等)和内部因素(员工素质、组织活动性质、信息系统处理特点等)；风险评估包括估计风险的严重程度、评价风险发生的可能性；风险应对策略包括根据风险评估结果作出的回避、接受、降低或分担等风险应对措施。

(3) 采购控制活动。物资采购控制活动包括以下内容：业务授权、职责分离、质量验收控制、物资采购招标控制、凭证和记录控制、资产接触和记录使用控制、独立检查、物价信息控制。

(4) 采购信息与沟通。物资采购相关信息除了涉及财务信息外，还涉及非财务信息，如物价变动信息、市场需求信息、经济政策信息、技术信息、供应渠道变化信息、业务流程再造信息等。信息沟通方式包括政策手册、财务报告手册、备查簿、口头交流、例外情况报告和管理事例等。

(5) 采购监督。物资采购监督采取的方式包括物资采购内部控制自我评估、内部审计报告、内部控制例外情况报告、操作人员反馈以及供应商投诉等。

内部审计师可通过发放物资采购内部控制调查表等方式，对物资采购内部控制的 5 个要素进行调查、了解和测试，以评价组织采购内部控制设置的健全性和有效性，并形成审计工作底稿，以通过审计促进组织改善内部控制，防范采购风险，同时为下一步深入、全面审查采购活动奠定基础。

二、物资采购计划审计

物资采购计划审计是对采购计划中所列物资品种、价格、数量、质量等的真实性、合理性和有效性进行的审计。内部审计师在审计采购计划时应关注采购计划程序失控、采购计划依据不当、采购计划分解不到位、采购计划执行不彻底、采购计划与其他计划不协调等风险领域。采购计划审计要点包括以下几方面：

(1) 采购计划编制依据的可靠性。内部审计师应审查采购计划的编制是否依据经过批准的物资采购申请单；采购计划是否与生产计划、销售计划、建设项目进度计划、物资库存控制计划和资金供应计划等衔接；采购计划是否符合组织的存货政策、采购政策和资金管理政策。

(2) 采购计划审批程序的合规性。内部审计师应审查物资使用部门是否根据本期生产计划和物资消耗定额确定物资实际需要量，据此填制物资采购申请单；审查物资管理部门是否每月根据物资实际库存和储备需要填制物资储备定额补库计划表，提交补库申请单；审查各部门负责人是否按职责分割和授权范围对提交的采购申请单进行分类初审、对口把关；审查计划部门有无会同物资管理部门核实物资库存；审查最终下达的月份物资采购计划有无报经组织分管领导审批。

内部审计师应通过采购计划编制依据的可靠性和采购计划审批程序的合规性审计来评价、分析物资采购品种、数量的真实性和合理性。

(3) 采购计划价格的合理性。采购计划价格是采购物资实际价格的重要控制标准。内部审计师对计划价格的审计依据是：对于重复购置的物资，以上次成交价为依据，如价格已发生变化，应以最新市场公允价为标准；对于新购物资，应掌握市场公允价并以之为标准。审计物资采购计划价格时，应将新购物资作为审计的重点。

三、物资采购方式及供应商选择的合理性审计

物资采购方式有定点采购和非定点采购，具体方式包括市场/电子商务采购、招标采购、委托加工、互惠购买、融资租赁等，下面将市场/电子商务采购、招标采购及定点供货商选择的审计要点作简要介绍：

1. 市场/电子商务采购审计

内部审计师应该重点审查以下内容：采购时是否有货比三家的记录；是否进行了比质比价；是否考虑了价款支付、售后服务以及供货商的信誉等因素；大额采购的最终确定是否经集体决策。

2. 招标采购审计

内部审计师应该重点审查以下内容：

(1) 招标过程中有无违反规定程序、私自与供货商串通、泄露招标信息。

(2) 招标文书是否完整、严密，有关条款是否得到切实遵守。

(3) 招标方式的选择是否合理。审查内容具体包括：公开招标的招标信息发布是否全面、准确，发布范围是否具有广泛性；采取邀请招标方式时，是否有三个以上有良好信誉、

资质和财务状况的投标人参加；采用议标方式时，所采购的是否为急需物资，是否确实没有供方投标。

(4) 标底价格是否合理。

补充资料 6-1

招标方式及公开招标程序

《中华人民共和国招标投标法》第十条指出招标分为公开招标和邀请招标。公开招标是指招标人(企业或委托代理机构)以招标公告的方式邀请不特定的供应商(统称投标人)投标的采购方式。邀请招标是指招标人以招标邀请书的方式邀请三个以上特定的供应商前来投标的采购方式。实务中招标还有竞争性谈判、议标等方式。竞争性谈判是指直接邀请三家以上的供应商就采购事宜进行谈判的采购方式。议标也被称为非竞争性招标或指定性招标，由业主邀请一家(最多不超过两家)知名的单位直接协商、谈判，这实际上是一种合同谈判形式。严格地说，竞争性谈判和议标不属于招标。

公开招标的一般程序为：

(1) 招标人采用公开招标方式，应当通过报刊、信息网络或者其他媒介发布招标公告。招标公告应载明招标人的名称和地址、招标项目的性质、数量、实施地点以及获取招标文件的办法等事项。

(2) 招标人根据招标项目的特点和需要编制招标文件。招标文件应当包括招标项目的所有实质性要求和条件以及拟订合同的主要条款。招标文件不得标明特定的供应商以及含有倾向或者排斥潜在投标人的内容。自招标文件发出之日至投标人提交投标文件截止之日，一般不得少于20日。

(3) 招标人不得向他人透露已获得招标文件的潜在投标人的名称、人数以及与招标投标有关的其他情况。招标人设有标底的，标底必须保密。

(4) 投标人应当按照招标文件的要求编制投标文件，在截止时间前，将投标文件送达投标地点。招标人收到投标文件后，应当签收保存，不得开启。投标人在截止时间前，可以补充、修改或者撤回已交的投标文件并书面通知招标人。

(5) 开标应当按照招标文件规定的时间、地点和程序，由招标人以公开方式进行。招标人应当宣读所有投标文件的有关内容并存档。

(6) 评标由评标委员会负责。评标委员会成员为 5 人以上，其中技术、经济等方面的专家不得少于成员总数的2/3。评标委员会完成评标后，应提供书面报告，向招标人推荐合格的中标候选人。

(7) 中标人确定后，招标人应当向中标人发出中标通知书，并同时将中标结果通知所有未中标的投标人。在中标通知书发出之日起30日内，招标人应按照招标文件和中标人的投标文件与中标人订立书面合同。若投标人不足三人或投标人的报价均超过标底，可予以废标。

3. 定点供货商选择审计

内部审计师应该重点审查选择的合理性，包括供货商的选择评价程序是否规范；有无明确的供货商选择目录和评价标准；有无建立供货商评价小组，其组成人员是否合理；有

无完整、真实的供货商资料；是否经集体决策进行供货商选择；有无过度依赖特定供货商，是否设立了备选供货商团队；有无建立供货商档案，并定期组织对供货商复查，及时修正供货商档案。

四、物资采购价格审计

物资采购价格审计包括采购申报价格审计和实际采购价格审计。

1. 采购申报价格审计

采购申报价格审计是对采购价格申报内容的完整性、价格的合理性和申报程序的规范性等方面进行审计。内部审计师应关注的风险领域主要有：价格标准失控、价格信息系统无效和低效、采购效率降低、价格审查形式化、价格组成内容单一化和串通作弊等。具体审计内容包括以下几个方面。

1) 价格申报单填制的完整性

采购部门应在比质比价的基础上，初步确定物资采购意向，填制《采购物资价格申报单》，送交价格信息部门进行核定。内部审计师应审查《采购物资价格申报单》是否包括物资品名、规格、型号、数量、单价、金额、使用部门、技术要求、供货单位、货比三家情况等栏目。

2) 采购申报价的合理性

(1) 应审查采购部门是否根据不同的物资采购方式确定申报价；市场选购是否货比三家，采取了分别询价、集中询价、市场调查或信息媒体调查等价格确定办法；定点采购是否在合格供应商目录范围内进行比质比价，并通过询价和调查确定申报价；对于招标采购，除了对招标过程的公正性、公开性、公平性以及标底价的合理性进行审查外，也要将中标价与市场公允价比较，分析下降幅度的合理性。

(2) 应审查采购申报价的构成是否齐全，采购部门是否进行了综合比价。物资采购价格包括采购物资的买价、运杂费、保险费、途中损耗、入库前整理挑选费用、大宗材料的市内运输费、采购资金利息和其他相关费用。其中买价和运费是物资采购价格的主要影响因素。

(3) 应审查采购部门是否进行了比质比价，有无随意压价而忽视物资质量的现象。

(4) 应审查采购申报价格是否超过采购计划价格。

3) 申报价格核定程序的规范性

审查价格信息部门是否根据确定的价格标准，在测算评估、对比分析的基础上，确定采购部门报价和相关费用的合理性和公允性，并提出核定意见。采购部门应参照核定意见，在核定的价格控制标准范围内进行采购。

2. 实际采购价格审计

(1) 应审查实际采购价格是否与采购申报价格、合同价一致，如有变动是否合理，是否经核准。

(2) 应审查最后确定采购价的程序是否符合规定，是否经集体决策。

(3) 应审查运费的组成和数额是否合理。

补充资料 6-2

收集和确定采购比价审计标准的方法

一、市场询价法

市场询价法包括：市场调查；交叉询价，即向两个供应商询价并压价；集中询价，如对办公用品集中采购；因特网询价、向中介询价、向其他单位询价。

二、综合比价法

$$物资价格总和 = 物资进价 + 运费 + 损耗 + 资金利息 + \cdots$$

注意：对于质量不符合标准的物资应一票否决；对于质量有优劣，但不影响正常使用的物资，按不同等级质量换算成系数，例如：1.05, 1.1, 1.15；0.95, 0.9, 0.85。

三、提供证据法

提供证据法是指要求供货方提供外购发票或加工图纸、自制费用等资料，以验证报价是否合理。

四、限价法

限价法是指根据物品的近期成交价，并考虑市场变动因素，确定最高限价。

五、专家协助法

专家协助法是指依靠专家出具的意见进行比价，适用于对专业物资/设备的比价。

六、测算法

1. 成本计算法

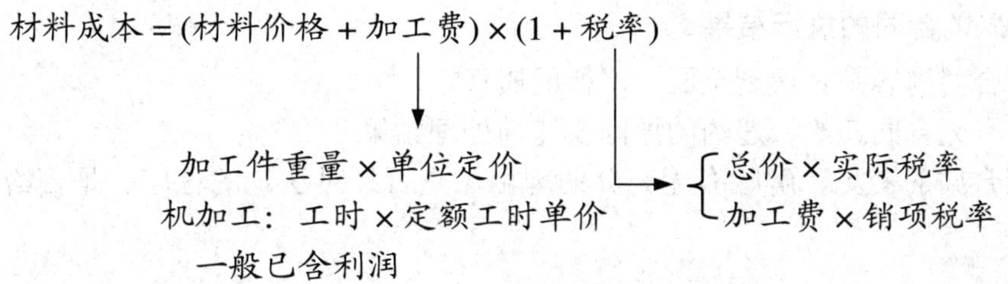

2. 系数法

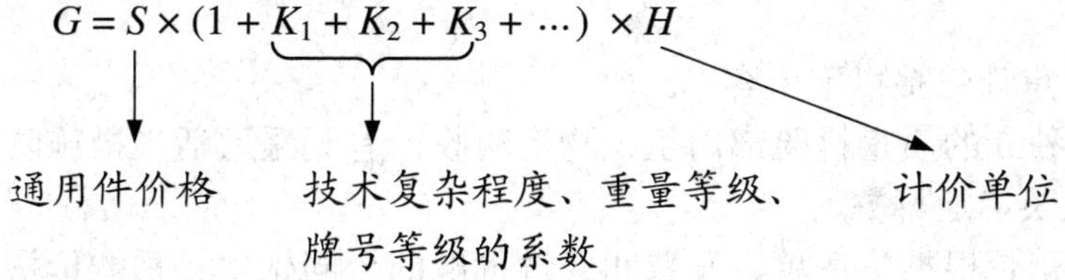

3. 元素法

元素法用于含有特殊合金元素的合金钢件价格的确定。

公式同系数法

$$G = S \times (1 + K_1 + K_2 + K_3 + K_4 + \cdots) \times H$$

其中：$K_4 = n \times (\sum WJ + N)$；$n$ 为转换系数，且 $n = 1 + 0.8 \times (K_1 + K_2)$；$W$ 为合金元素百分含量；N 为合金元素个数加价率；J(合金元素加价率) = 合金元素平均价格 ÷ (合金品位 × 元

素收得率×铸件工艺出品率×基准价格)，参考《合金铸件元素加价表》。

4. 化整为零法

对一些特殊物资，总价难确定，但大多数零件却能通过询价得到，这种情况下可采用化整为零法。

五、物资采购合同审计

物资采购合同审计是对采购合同的合法性、完整性和有效性等进行的审计。内部审计师应关注的风险领域包括：盲目签订采购合同风险、合同无效风险、合同条款不利风险、合同违约风险和合同档案管理混乱风险等。

1. 审查采购合同签订的合法性和合规性

(1) 审查供货商是否具有签约资格。

(2) 审查合同的签订程序是否合规。物资采购合同签订需经市场调查、业务洽谈、合同起草、合同评审、领导审批等过程。

2. 审查采购合同条款的完备性和合同内容的合法性

(1) 审查合同条款是否完整。采购合同应包括合同标的、数量和质量、价格和结算方式、运输方式、履约期限和地点、违约责任等基本内容。

(2) 审查签约双方的权利和义务是否明确、对等。

(3) 审查确定有无利用合同从事非法行为的可能性。

(4) 审查合同条款是否为组织争取到最大的利益，如选择合理的货款支付方式等。

3. 审查采购合同的执行结果

(1) 审查合同内容是否得到全面、严格的履行。

(2) 审查有无合同违约、违约的原因及违约处理结果。

(3) 审查合同的变更、解除有无充分的理由，是否经过法定的程序，是否给组织造成不应该的损失。

六、物资质量验收情况审计

物资质量验收情况审计包括以下内容：

(1) 审查是否设置独立的质量检验部门组织物资验收，有无采取适当措施防止采购人员、质检人员与保管人员串通舞弊。

(2) 审查物资验收是否根据货运单、发票和经过批准的合同副本、采购价格申报单、采购计划等进行。

(3) 审查超过采购合同的进货数量和提前到货的采购是否经过适当的批准。

(4) 审查物资验收是否严格，是否存在由于验收不严造成以次充好、以劣充优、不合格物资入库等问题；对于短缺物资和不合格物资，验收人员是否查明原因并及时处理，对供货商提供不合格物资的问题是否反馈有关部门作考核供货商信誉所用。

(5) 审查物资验收是否签署按顺序编号的验收报告。

七、物资采购负债和货款支付情况审计

在物资采购负债和货款支付情况审计中，内部审计师应注意以下几方面：应付凭单部门是否在将采购合同、入库单、验收单、发票等进行核对，确保其无误的基础上填制应付凭单；财务部门是否在进一步审核的基础上，据以确认负债和支付货款；支付货款是否符合资金结算制度的要求，是否在会计人员审核的基础上，经授权人审批；财务部门是否按约定的付款方式付给指定的收款人；对于已付款的情况，财务部门是否在发票上加盖“付讫”戳记。

八、物资采购后续审计

物资采购后续审计是内部审计师在提交了物资采购审计报告后，针对报告中的审计发现和审计建议所进行的跟踪审计，目的是确定被审计单位对于审计报告中所揭示的问题和偏差的纠正改进情况以及产生的实际效果。

物资采购后续审计应关注的风险领域包括：物资超储积压或储备不足风险、物资使用质量低劣风险、物资价格失控风险、资信低的供货商定点供货风险和审计建议无效风险等。

内部审计师在执行后续审计时，应当取得被审计单位的反馈意见并对其进行合理分析，重点关注被审计单位不反馈和反馈不充分的事项、被审计单位有异议或误解的事项、反馈中说明不采取纠正措施的事项。

对于重大事项，内部审计师应当通过现场访问、直接观察、实地测试等方式进行检查评价。

第三节　物资采购审计案例

一、××集团公司审计部对康斯达鞋业有限公司2005年度物资采购专项审计案例

(一) 项目背景

康斯达鞋业有限公司(以下简称康斯达公司)是××集团公司下属全资子公司，注册资本1000万元人民币，主要产品为康斯达牌男女皮鞋。公司现有员工317人，其中行政人员59人，设生产、销售、开发、财务、综合等5个部门，公司拥有5条生产流水线。2005年度，公司报表显示：全年完成产值5167.59万元，销售收入8560.98万元，利润10.11万元，利润率0.12%。据集团财务部提供的情况，2005年以来，该公司屡屡向集团要求资金支援，资金周转显然十分紧张。为此，集团公司董事会要求集团审计部对该公司进行审计。经过审前调查，内部审计师发现该公司在物资采购方面存在较大问题。该公司的物资采购分为

成品鞋采购和原材料采购，原材料与成品年末库存达3051万元，大量物资积压，导致资金周转失灵。为了提高审计效率，尽快完成集团领导交给的审计任务，内部审计师遂决定对康斯达公司2005年度物资采购进行专项审计，必要时对有关事项作追溯或延伸。

(二) 审计重点

审计重点就是内部审计师为了达到预期的审计目标而需要实施审计的重要事项。在本次审计中，审计目标已经十分明确，就是要查清物资积压状况及原因，并提出改进建议。因此，内部审计师在项目审计计划中将下列内容确定为审计重点：

(1) 物资采购的内部控制制度是否健全有效，如物资采购的各不相容职务是否分离，大宗物资采购是否进行招投标等。

(2) 物资采购计划制订及执行情况。内部审计师应审查物资采购计划的制订是否与公司的生产计划、销售计划及物资价格波动情况相衔接，物资采购是否严格按批准后的物资采购计划执行。

(3) 物资价格确定的合理性和物资供应商确定的合理性。内部审计师应特别关注采用非投标方式的采购业务。

(4) 物资质量的控制情况。内部审计师应对积压的主要物资进行实地监盘，检查是否由于质量控制不严造成不合格的劣质物资入库。

(三) 审计实施过程

审计组于2006年2月25日向康斯达公司送达了如下审计通知书。

关于审计康斯达鞋业有限公司2005年度物资采购的通知

×审通〔2006〕8号

康斯达鞋业有限公司：

根据集团公司董事会指示和我部2006年度审计计划，决定派出审计组，自2006年3月1日起，对你公司2005年度物资采购进行专项审计，必要时将追溯其他年度或延伸审计有关单位。请予积极配合，提供有关资料和必要的工作条件，并对所提供资料的真实性、完整性作出书面承诺。

审计组长：×××

成员：×××　×××

附件：承诺书

××集团公司审计部(印章)　　签发人：×××

2006年2月25日

审计组于2006年3月1日进点，3月30日审计实施阶段结束(部分外调事项4月15日结束)。其主要事项的审计查证过程如下。

1. 物资采购内部控制制度审计过程

(1) 通过调查表法了解康斯达公司物资采购制度的健全性。内部审计师根据中国内部审计协会发布的《内部审计实务指南第2号——物资采购审计》中有关物资采购内部控制规范，结合集团的有关规定和康斯达公司的实际情况，设计了《康斯达公司物资采购内部控制制度调查表》，对控制的各个关键点设置了问题(如在选择供货商的控制环节，设置了“是否有明确的供货商评价选择的程序”“有无明确的供货商选择目录和评价标准”“有无建立供货商评价小组”“有无完整、真实的供货商资料”“是否经集体决策进行供货商优选并形成供货商名单”“是否定期对供货商的资信情况进行复查”等问题)，要求康斯达公司管理层如实回答调查表中的问题，并提供相应文件资料予以证明。

通过收集调查表上康斯达公司选择“否”的回答及查阅相关文件资料，内部审计师初步确定该公司存在部分重要的不相容职务没有分离、未建立供货商目录、大部分物资未通过招标方式采购等问题。

(2) 通过抽查已完成的采购业务，评价康斯达公司选择“是”的内部控制关键点是否真正发挥了有效的作用。例如，对康斯达公司回答“是”的“有无建立供货商评价小组”和“是否经集体决策进行供货商优选并形成供货商名单”的问题，内部审计师调阅了选择确定供货商的会议记录、采购申请单、价格申报单等资料，发现会议记录资料不全，部分采购业务供货商的确定过程无记录，而有记录的确定供货商会议，其参会人员一般仅3人(总经理、分管副总经理、采购部门负责人)，内部审计师据此认为康斯达公司的采购权力过于集中。再如，对康斯达公司回答“是”的“货款支付是否由财务人员办理”的问题，内部审计师通过审核部分已完成采购业务的合同、发票、付款记录、入库验收单等，发现有采购人员携带大额现金或空白支票直接支付货款的现象，询问采购人员及财务人员，对方解释那是非定点采购，由于采购人员与供货商彼此之间互不信任，故需要采购人员直接办理货款两清手续。

(3) 通过抽查已完成的采购业务，评价康斯达公司采购方式的合规性。内部审计师通过抽查，发现根据公司规定应该采用招标方式采购的物资实际上却没有执行公开招标。

通过以上采购内部控制制度审计，内部审计师得出了初步审计结论：康斯达公司的物资采购控制制度存在重大缺陷，如重要的不相容职务未分离、采购权力过于集中，这可能会产生对价格、质量把关不严甚至出现舞弊等问题，采购风险较大。内部审计师据此确定了下一步要扩大实质性测试范围，突出对供货商选择、物资价格确定、物资质量把关等事项的审计。

2. 物资采购计划审计过程

(1) 了解采购计划的编制流程。根据集团规定，编制物资采购计划的合理流程是：生产车间根据本期生产计划和材料消耗定额确定本期材料用量，填制《物资领用申请单》；物资管理部门根据《物资领用申请单》和物资实际库存及物资储备定额填制《物资补库申请单》；综合部的物资处根据《物资领用申请单》和《物资补库申请单》，并结合生产计划、销售计划及物资市场价格波动情况编制物资采购计划报公司分管领导审批，并根据物资采购计划下达《物资请购单》。

(2) 抽查部分原材料采购计划。内部审计师根据审计方案确定的抽查范围，对2005年第二季度和第三季度采购计划进行了抽查。内部审计师审阅了物资采购计划的编制依据如生产计划、销售计划和物资消耗定额等，发现第二季度采购计划的编制依据缺少车间领料申请计划；第三季度采购计划中多安排黑色软牛面皮3630 SF(平方英尺，下同)。同期黑色软牛面皮合计用量3752 SF(根据男女黑色软牛皮鞋生产计划2050双，每双鞋的牛皮消耗定

额 1.83 SF 计算)，加物资库存定额 500 SF，减 6 月底库存余额 780 SF，计算得出第三季度需要采购黑色软牛面皮 3472 SF，而黑色软牛面皮计划采购量为 7100 SF。

(3) 检查成品鞋采购计划。为了评估成品鞋采购计划及其执行的合理性，内部审计师将采购计划与生产能力进行比较分析：成品鞋原计划采购 15 万双，实际采购 22 万双；公司 5 条流水线的年生产能力最低为 60 万双成品鞋，2005 年累计生产 52 万双成品鞋，开工率仅 87%。经咨询技术人员得知，外购成品鞋主要是为了弥补自身生产能力的不足，并非是由于公司生产技术上的困难。显然，成品鞋采购计划未与生产计划衔接，导致一方面开工不足，一方面大量外购。

3. 物资价格审计过程

在对物资采购价格的审计中，内部审计师将重点放在采用非投标方式的采购业务上。

(1) 采用审核法对确定价格时形成的资料文件进行审查，以了解价格是否经货比三家、比质比价后确定，是否由公司相关部门通过合理的程序确定，是否存在个别人随意决策的问题。通过审查《价格申报单》及有关会议记录等，内部审计师发现该公司价格确定程序不符合内部控制制度要求，采购部门填制《价格申报单》后，未经价格部门审核，直接交分管副总经理(采购量较大的报送总经理)审批；在《价格申报单》及有关会议记录等资料中也查找不到货比三家、比质比价等询价记录。

(2) 通过调查(如走访市场，查询网络、报纸杂志等)，掌握材料的市场价，然后与实际采购价格进行分析比较。

(3) 利用复算法对成品鞋的采购价格重新计算，即以成本加合理利润重新组价，然后与公司实际采购价格进行比较，分析其是否合理。如该公司 2005 年 3 月向 A 鞋业有限公司购进货号为 H8606 的成品鞋 2000 双，采购单价 88.5 元/双，内部审计师根据公司同期生产的 H8606 优质皮鞋的计价标准复算组价，得出每双成品鞋的合理采购价 = 材料成本 59.5 元 + 人工费 8 元 + 能源等消耗费 1 元 + 设备折旧费 0.5 元 + 管理费用 1.5 元 + 利润 8 元 + 税金 1.6 元 = 80.1 元，实际采购价比合理采购价高出 8.4 元。

(4) 内部审计师将发现的原材料和产品鞋采购价格偏高的问题一一编制了工作底稿，并分别进行了汇总，见表 6-2、表 6-3。

4. 物资供应商选择合理性的审计过程

经统计，康斯达公司物资供应商共 60 家(其中皮料供应商 22 家、底材和辅助材料供应商 28 家、成品鞋供应商 10 家)，全年采购业务繁多，受审计资源限制，不能对每笔采购业务都实施审计，内部审计师决定运用分析性复核法寻找异常的采购业务，然后深入剖析。内部审计师通过对全年发生采购业务的物资品种的年初结余、本年采购数量、年末结余进行对比分析，结果发现两种物资的采购呈异常现象：① 米白色全粒牛面皮年初结余 3600 SF，本年采购数量 20 000 SF，年末结余 19 800 SF；② 米黄色弹力布年初结余 8000 市尺，本年采购数量 35 000 市尺，年末结余 36800 市尺。分析以上数据，内部审计师认为有以下疑点：① 本年购进的米白色全粒牛面皮实际耗用量 200 SF，仅占本年采购数量的 1%；② 米黄色弹力布上年结余至本年底仍未用完，本年却购进 35 000 市尺，致使库存膨胀。

通过查阅材料明细账及相关会计凭证，内部审计师很快就查明该两项原材料均于 2005 年 4 月 21 日向 E 市某鞋料有限公司购入，其中米白色全粒牛面皮采购单价 35.5 元，金额 710 000 元；米黄色弹力布采购单价 5.2 元/市尺，金额 182 000 元；上述货款已全部付清。内部审计师审核发票、入库验收单、付款单据等内容及审批手续，发现以上内容均完备无误。内部审计师进一步审核该项采购业务的合同、物资请购单、价格申报单等资料，发现采购合同的签订时间为 2005 年 3 月 17 日，而物资请购单及价格申报单的填制时间均为 2005 年 3 月 21 日，迟于合同签订时间，显然不合常理。内部审计师又核对了采购计划，发现白色全粒牛面皮计划采购量仅为 1200 SF，米黄色弹力布无采购计划。

带着疑问，内部审计师首先询问了采购部门负责人。该负责人解释说，该项采购业务是总经理孙某某于 2005 年 3 月中旬到 E 市开“华东地区服装鞋帽商品交易会”期间签约的，物资请购单和价格申报单是孙某某回来后指示有关部门补办的。接着，内部审计师又询问了孙某某，孙某某回答 E 市某鞋料有限公司是 E 市百货集团公司的子企业，在会议期间，他认识了该公司经理曾某，曾某答应向集团公司推销康斯达公司产品，作为交换，康斯达公司才订购了 E 市某鞋料有限公司的商品。但是，内部审计师在公司营销部门了解到，E 市百货集团公司至今没有销售康斯达公司的任何产品。

这时，另外一组负责监盘原材料库存的内部审计师反馈了一个信息：康斯达公司向 E 市某鞋料有限公司购进的米黄色弹力布存在褪色的质量问题。内部审计师又通过走访市场、查阅互联网信息等方式调查两项原材料的当时市场公允价，调查结果显示：米白色全粒牛面皮当时市场价为 32 元/SF，比采购价低 3.5 元/SF；米黄色弹力布当时市场价为 4.05 元/市尺，比采购价低 1.15 元/市尺，而且，米黄色弹力布目前价格已下滑至 3.5 元/市尺左右。

根据以上审计结果，内部审计师认为此项采购业务的背后可能存在舞弊行为。为了进一步证实疑点，内部审计师决定与 E 市某鞋料有限公司接触。首先，内部审计师佯装采购人员与该公司电话联系，该公司对两项材料的报价基本与内部审计师的市场调查结果一致，其推销人员还暗示他们的经营手段非常灵活，要求面谈。接着，内部审计师又赴 E 市试图实地查阅该公司与康斯达公司的货款结算情况。但是，当内部审计师亮明身份后，该公司的财务人员及有关人员相继以各种理由回避。限于内部审计的职权，内部审计师无功而返，整个查证过程也只能就此结束。

审计结束后，内部审计师向集团董事会、监事会作了专题汇报，集团领导经研究后决定，将审计发现的线索移送公安部门进一步查处。

5. 采购物资质量控制情况的审计过程

内部审计师在开展采购物资质量控制情况的审计中主要做了以下工作：首先，结合物资采购内部控制制度审计，对采购物资的验收、入库、出库及退库等业务流程进行观察，并抽查有关业务单据如验收记录、入库单、退库单等，查看公司对采购物资质量把关是否严格；其次，分析材料或成品退库原因，查看是否由于材料质量问题引起退库；最后，对库存半年以上的材料物资进行监盘，查清呆滞、质次物资的实际库存情况。通过以上方法，内部审计师查明了公司设未立专职质检人员、质量把关不严、大量不合格物资积压等问题，详见表 6-4、表 6-5。

(四) 审计结果

审计组在完成了审计证据的获取、整理、归纳及底稿的编制工作后，于 4 月 18 日出具审计报告征求意见稿，并取得康斯达公司的反馈意见。审计组认真审核了康斯达公司的意见，并与公司管理层及有关部门进行了必要的沟通，最后出具了以下正式的审计报告。

关于康斯达鞋业有限公司 2005 年度物资采购的专项审计报告

集团公司董事会：

根据集团公司董事会的指示，我部派出审计组自 2006 年 3 月 1 日至 3 月 30 日对康斯达鞋业有限公司 2005 年度物资采购进行了专项审计(部分外调事项至 4 月 15 日结束)，现将审计情况报告如下。

一、审计目的和审计依据

为了查清康斯达鞋业有限公司物资积压状况及原因，并就完善物资采购控制、改进物资采购工作提出建议，我们依据中国内部审计协会发布的《内部审计实务指南第 2 号——物资采购审计》的规定实施了审计。

二、审计结论

通过审计，我们认为康斯达公司物资采购内部控制制度基本失效，物资采购决策随意性很大，计划管理差，质量把关不严，由此造成物资积压严重，潜在损失较大。

三、审计查明问题

(一) 物资采购内部控制制度方面

(1) 部分物资采购内部控制薄弱，重要的不相容职务没有分离，如制订物资采购计划与执行物资采购由相同部门——综合部的物资处承担；物资质量验收与入库验收均由仓库保管员执行；部分采购业务直接由采购人员携带大额现金或空白支票付款，未执行付款应由财务人员执行的制度。

(2) 物资采购大多没有采取招标方式。2005 年，招标采购物资的金额为 368.0 万元，仅占采购总额(7680.9 万元)的 4.8%。

(二) 物资采购计划方面

(1) 未根据计划采购物资(无计划和超计划采购)(见表 6-1)。

表 6-1　采购计划与实际采购情况的对比(单位：平方英尺)

<table>
<tr><th rowspan="2">物资名称</th><th rowspan="2">采购计划</th><th colspan="2">实际采购</th><th rowspan="2">年末库存</th><th rowspan="2">备注</th></tr>
<tr><th>时间</th><th>数量</th></tr>
<tr><td>米白色全粒牛面皮</td><td>1200</td><td>2005.3.17</td><td>20 000</td><td>19 800</td><td>季节性用料</td></tr>
<tr><td rowspan="2">棕色荔枝纹牛面皮</td><td rowspan="2">2600</td><td>2005.3.16</td><td>1500</td><td rowspan="2">4130</td><td rowspan="2"></td></tr>
<tr><td>2005.8.29</td><td>2000</td></tr>
<tr><td>米黄色树皮纹牛面皮</td><td>0</td><td>2005.3.1</td><td>1100</td><td>1520</td><td>不常用</td></tr>
<tr><td rowspan="2">黑色软牛面皮</td><td rowspan="2">51 000</td><td>2005.2.26</td><td>35 000</td><td rowspan="2">46 600</td><td rowspan="2"></td></tr>
<tr><td>2005.4.1</td><td>50 000</td></tr>
<tr><td>二层猪里皮</td><td>0</td><td>2005.5.9</td><td>2800</td><td>2940</td><td></td></tr>
<tr><td rowspan="2">肉色头层猪里皮</td><td rowspan="2">61 000</td><td>2005.7.4</td><td>31 000</td><td rowspan="2">35 900</td><td rowspan="2"></td></tr>
<tr><td>2005.11.23</td><td>40 000</td></tr>
<tr><td>米黄色弹力布</td><td>0</td><td>2005.3.17</td><td>35 000</td><td>36 800</td><td>市场价格下滑</td></tr>
</table>

(2) 采购计划制订无依据或不合理。2005 年第三季度采购计划中黑色软牛面皮计划采购 7100 SF，但同期男女黑色软牛皮鞋生产计划为 2050 双，以每双消耗定额 1.83 SF 计算，合计用量 3752 SF，加物资库存定额 500 SF，减 6 月底库存余额 780 SF，第三季度黑色软牛面皮合理计划采购量应为 3472 SF；2005 年第二季度采购计划的编制依据缺少车间领料申请计划。

(3) 成品鞋采购与生产计划比例失衡。2005 年，成品鞋计划采购 15 万双，实际采购成品鞋 22 万双，生产成品鞋 52 万双。而该公司 5 条流水线的年生产能力最低为 60 万双，开工率为 87%。一方面开工不足，一方面大量外购，导致产品单位固定成本大幅度提高。

(三) 物资采购价格方面

(1) 部分原材料采购价格偏高(见表 6-2)。

表 6-2　部分原材料采购价格与同期市场价格的对比

供应商	材料名称	采购价格	同期市场价格
A 鞋底厂	男鞋底	4.5 元/双	3.6 元/双
B 鞋底厂	女鞋底	4.3 元/双	3.5 元/双
C 制革公司	黑色软牛面皮	28 元/SF	25.2 元/SF
E 鞋料公司	米白色全粒牛面皮	35.5 元/SF	32 元/SF
E 鞋料公司	米黄色弹力布	5.2 元/市尺	4.05 元/市尺

(2) 部分成品鞋采购价格偏高(见表 6-3)

表 6-3　部分成品鞋采购价格与测算组价的对比

供应商	材料名称	采购价格(元)	测算组价(元)
A 鞋业有限公司	H8606	88.5	80.1
B 鞋业有限公司	H8607	92.9	83.9
C 鞋业有限公司	H8609	95.1	86.3
D 鞋业有限公司	Y1101	110.2	92.7
E 鞋业有限公司	Y1102	113.5	94.8

(四) 物资供应商选择方面

目前，康斯达公司物资供应商达 60 家(其中皮料供应商 22 家、底材和辅助材料供应商 28 家、成品鞋供应商 10 家)，由于缺乏稳定的供应商队伍，导致质量良莠不齐，难以控制；同时经常需要采购人员携带大额现金采购，采购风险较大。在供应商选择上，没有建立起一套供应商遴选、评价、考核制度，公司相关部门参与程度较低，确定供应商不仅缺乏透明性，而且随意性较大。

(五) 采购物资质量方面

(1) 因原材料质量差或采购的成品鞋质量问题引起退货后的积压库存金额为 251.1 万元(见表 6-4)。

表 6-4　成品鞋退货后的积压库存

货号	数量(双)	单价(元)	金额(万元)	说　明
H8606	5600	88.5	49.6	牛皮质量差引起脱皮脱层，××大厦有限公司退货
H8607	7000	92.9	65.0	
W7708	4500	120	54.0	移膜皮掉漆脱层，××百货公司等退货
W7709	6600	125	82.5	
合计	—	—	251.1	—

(2) 因质量问题，生产车间退料后引起的积压库存金额为 121.1 万元(见表 6-5)。

表 6-5　生产车间退料后的积压库存

材料名称	数量	单价(元)	金额(万元)	说明
米白色全粒牛面皮	19 800 SF	35.5	70.3	纹路不对
黑色软牛面皮	7000 SF	25.0	17.5	脱皮
男鞋底	18 000 双	4.5	8.1	断裂
肉色头层猪里皮	9000 SF	6.8	6.1	脱层
米黄色弹力布	36 800 市尺	5.2	19.1	褪色
合计	—	—	121.1	—

(六) 在 E 市某鞋料有限公司采购业务中存在的问题

2005 年 4 月 21 日，康斯达公司向 E 市某鞋料有限公司一次性购入米白色全粒牛面皮 20 000 SF，单价 35.5 元/SF，金额 710 000 元；购入米黄色弹力布 35 000 市尺，单价 5.2 元/市尺，金额 182 000 元，总价款 892 000 元。在上述采购业务中存在如下问题：

(1) 未按规定程序确定供货商。该笔采购业务系总经理孙某某在外出会议期间确定，公司相关部门未参与审查与谈判。

(2) 未按计划采购。其中米白色全粒牛面皮采购计划仅 1200 SF，米黄色弹力布无采购计划。

(3) 采购价格高于同期市场价。经调查，米白色全粒牛面皮的同期市场价为 32 元/SF，米黄色弹力布的同期市场价为 4.05 元/市尺。

(4) 米黄色弹力布存在褪色的质量问题。

四、审计建议

(1) 集团管理层应对该公司进行彻底的整顿，对于已造成物资积压并已酿成损失的情况，要分别严肃追究有关人员的责任。

(2) 康斯达公司应尽快建立健全物资采购的内部控制制度，履行物资采购的计划、执行、质量验收、付款等重要环节职务的人员必须严格分离，以加强内部控制的互相牵制作用；公司管理层要带头执行有关管理制度，以营造良好的管理氛围。

(3) 康斯达公司应建立物资供应商的遴选和信用评估制度，优化供应资源，确定相对稳定的物资供应渠道，保证采购质量。

(4) 康斯达公司应严格物资采购的计划管理，计划要按规定程序编制，并与生产、销售计划相一致。物资采购要按审批后的计划执行，防止采购的随意性。

(5) 康斯达公司对大宗的物资采购要坚持招投标，坚持物资采购的比质比价，价格和供应商的确定要有采购部门、财务部门、质量部门、价格部门等多部门参与，使之透明化。

(6) 康斯达公司应减少成品鞋采购数量，增加生产。对积压的物资要进行清理，对已造成的损失要按规定审批后予以核销。

附件：康斯达鞋业有限公司对审计报告的反馈意见

××集团公司审计部(印章)　　签发人：×××

2006 年 4 月 30 日

(五) 后续审计

2006 年 4 月 30 日，审计部出具了审计报告。对于审计结果，集团管理层和康斯达公司都十分重视。2006 年 5 月 21 日，集团管理层免去了孙某某的康斯达公司总经理职务，调整了该公司管理层。新上任的康斯达公司管理层按照审计意见积极整改，落实审计建议，并于 2006 年 10 月 31 日向集团审计部提交了《关于整改审计查出问题、落实审计建议的报告》。根据年度审计计划，集团审计部于 2006 年 11 月 15 日派出审计组对康斯达公司进行了物资采购后续审计，审计工作于 11 月 24 日顺利结束。

1) 分析康斯达公司提交的整改报告，确定后续审计步骤

审计组根据整改报告，将康斯达公司对审计查明的问题和审计建议的整改落实情况分为三类：

(1) 已经整改落实：主要是采购不相容职务的分离、建立供货商的评价确定程序、计划的编制和控制等。

(2) 部分整改落实：主要是供货商的目录未完全建立，大宗物资采购未完全招标等。

(3) 未整改落实：主要是积压的物资还没有清理。

根据以上分析分类，内部审计师分别确定了审计步骤：对已整改落实的事项，采取直接观察、实地测试等方式检查评价问题和偏差是否确实得到纠正和改进，并评价产生的实际效果；对尚未得到纠正和落实的事项，要分析原因，并提出针对性的意见。

2) 审计实施

(1) 内部审计师通过直接观察康斯达公司的机构和人员设置，并审核公司新订立的采购流程规定，确认其对不相容职务未分离的问题已进行纠正，将原综合部中的计划职能独立出来，增设计划部，质检和采购职能仍保留在综合部，在计划部增加了价格审核职能，并配置了专职人员，修订的采购流程规定将计划、采购、价格、质量、保管、付款等职务作了明确分工，使其既保持了各自的独立性，又能相互配合。

(2) 对于采购计划的编制和控制问题的落实，内部审计师抽查了部分采购计划编制的依据和部分采购业务的执行情况，确认采购计划编制无依据的问题已经纠正，采购计划和生产计划等相衔接，采购计划的控制作用已经基本发挥。

(3) 对于供货商的选择确定问题的纠正落实情况，内部审计师通过检查供货商评价小组名单和有关会议记录等，认为公司已建立起包括计划、价格、采购、质检、财务等相关部门集体参与的决策机制。但是，供货商的目录建立尚不完备，特别是还没有备选供货商

队伍。公司对此的解释是：供货商的目录建立和备选供货商队伍的建设需要一个对供货商信誉进行考察的过程，公司正在逐渐完善这方面的工作。内部审计师认为公司的解释可以接受。

(4) 内部审计统计 2006 年 6 月至 10 月已招标的物资采购量，其占当期全部采购量的比例为 45%，较 2005 年度有很大幅度的提高，而且在采购物资价格指数平均上涨 2.31 个百分点情况下，中标价比 2005 年的采购价平均下降 12.68%。对于尚未招标的大宗物资，公司解释：一是采购时间紧，来不及组织招标；二是一部分物资已在合格的供货商目录内通过货比三家定点采购。通过抽查一些未招标的大宗物资采购业务的《物资请购单》、《价格申报单》、供货商评价小组的会议记录等，内部审计师认为第二种解释是合理的，而第一种解释有不合理之处，说明采购的计划性不强，应该进一步改进。

(5) 内部审计师确定公司在 2006 年 6 月至 10 月未外购成品鞋。

(6) 对于积压的物资还没有清理的问题，公司的解释是新管理层因为刚上任，将主要精力放在生产经营和健全控制制度方面，暂时顾不上清理。内部审计师表示理解。

3) 提出后续审计报告

内部审计师在后续审计报告中肯定了被审计单位的整改和落实工作，认为审计建议落实以后已经发挥了一定的效益；同时，针对供货商目录建立、物资招标、积压物资清理等被审计单位未落实或未完全落实的问题，又提出了一系列审计建议。

审计组长还将上述 3 个没有及时纠正的问题分别记入被审计单位档案和《审计工作备忘录》，作为下次审计关注的重点。

二、案例分析与探讨

1. 对调查表中回答为“是”的与“否”的，审计人员应分别如何作下一步处理？
2. 合理的计划采购量应如何计算？
3. 外购成品与自行生产的选择应如何决策？
4. 该案例中，在供应商选择合理性的审计中，内审人员采用分析程序寻找异常的采购业务，哪些途径可用于判断可能存在异常采购？
5. 当内审人员发现异常采购时，采用的审计流程是怎样的？
6. 该案例中，对物资质量控制情况审计时，用了哪三种方法以达到有效审计？
7. 该案例中的审计报告格式是审计结论放在审计发现之前，你认为这样做的优劣分别是什么？
8. 后续审计中，对已经整改的问题、部分整改的问题、未落实的问题，应分别如何应对？
9. 该案例中的审计报告对质量控制问题没有提出专门建议，你能否提出一些审计建议？

第七章　建设项目审计

随着我国经济的快速增长，建设项目越来越多、金额越来越大。对建设项目进行审计也逐步纳入到内部审计工作中。对建设项目进行审计是现代内部审计的重要组成部分，也是实现内部审计增值目标的重要途径。

第一节　建设项目审计概述

一、建设项目审计的概念

建设项目审计是指组织内部审计机构和人员对建设项目实施全过程的真实性、合法性、效益性所进行的独立监督和评价活动。

由于建设项目一般具有耗时长、投资大、技术含量高的特点，且项目建成后的质量对组织的经营或管理影响很大，因此，对建设项目进行全过程、全方位的审计具有重要的意义。

建设项目审计体现了内部审计的防弊、兴利、增值的作用。建设项目内部审计的目的是为了促进建设项目实现“质量、速度、效益”三项目标。质量目标是指工程实体质量和工作质量达到要求；速度目标是指工程进度和工作效率达到要求；效益目标是指工程成本及项目效益达到要求。内部审计师对建设项目的内部审计不仅要对项目设计、可行性分析、招投标、采购、建设、验收、财务管理等进行监督，防止错误与舞弊的发生，更重要的是通过过程审计和监督，及时提出改进建议，促进建设项目工程效益和效率目标的实现，从而进一步实现增加组织价值的目的。

二、建设项目审计的特点

建设项目审计的特点有以下几方面：

(1) 审计范围广泛，时间跨度大。建设项目审计的内容包括对建设项目的投资立项、设计(勘察)管理、招投标管理、合同管理、设备和材料采购、工程管理、工程造价、竣工验收、财务管理、后评价等过程的审查和评价。固定资产投资项目建设周期长，一般需要分阶段审计，有的还要全程跟踪审计。

(2) 审计方法多样化。建设项目审计除了运用财务审计中的一般方法外，还要运用现场核查法、设计图与竣工图循环审查法、对比审计法、关键线路跟踪审计法、技术经济分析法、网上比价审计法等，必要时还需要有关技术部门协助或利用外部专家服务。

(3) 财务审计与管理审计相融合。建设项目审计要将风险管理、内部控制、效益的审查和评价贯穿于建设项目各个环节，并与项目法人制、招标投标制、合同制、监理制执行情况的检查相结合。

三、建设项目审计模式

建设项目审计有以下两种模式：

(1) 事后竣工结算审计：是指建设项目竣工后对建设项目进行全面审计的审计模式。

(2) 全程跟踪审计：是指内部审计师在项目的建设过程中及时对各阶段或各期间的事项进行审计，及时纠正存在问题，提出审计意见的审计模式。

两种审计模式存在以下差异：

(1) 审计时间和次数不同。事后竣工结算审计一般是在建设项目竣工后一次性对建设项目进行全面的审计。全程跟踪审计则是根据建设项目的实际进展情况随时进行审计，次数是不固定的，审计时间选择上强调适时、动态。

(2) 审计方式不同。事后竣工结算审计一般采取报送审计方式，是在项目完工后的集中审计，如有需要才去项目现场观察、测量。全程跟踪审计往往采取就地审计方式，并视项目进展情况分别进行审计。

(3) 审计内容不同。事后竣工结算审计主要针对提供的竣工结算资料进行审查，重点审核项目的造价。全程跟踪审计则对项目管理的各个环节的内部控制、风险管理情况进行全面审计。

(4) 审计风险和作用不同。项目建设是一项周期长、投资大、内容复杂的工作，而且许多构件和分体项目只能在施工过程中或刚刚完工的时候对其技术、质量指标进行检查和测评。事后审计看不到项目建设过程，无法检查隐蔽工程，仅依据书面资料进行审计，增大审计风险。对审计过程中发现的有些问题，事后审计只能评价但无法纠正。例如，实际支出超过该预算部分(已经构成建设项目实体)，不会因为审计人员的披露与评价重新变成货币资金。全程跟踪审计把审计子系统融入项目建设这个大系统，成为这个大系统的有机组成部分。在这个大系统中，审计不仅能很好地发挥自身的功能，而且审计与项目建设系统各方面(包括设计、施工、监理、资金管理)对接，产生新的更优的整体功能。全程跟踪审计体现前馈控制与后馈控制有机结合的特征和优势。全程跟踪审计虽不能在所有问题发生之前进行反馈，但由于是在问题刚刚发生之时便进行了反馈，因而大大缩短反馈时间，能将问题消灭在萌芽状态，并对以后的建设进程起到预警、预防作用。

从理论上讲，跟踪审计是体现系统性和科学性的更优的审计模式，但内部审计机构选择哪种审计模式则要根据自身的实际情况进行分析。当内部审计机构拥有足以承担建设项目跟踪审计任务的审计资源时，应当选择跟踪审计模式；如果内部审计机构人员的数量或内部审计师现有的知识、技能和经验无法承担建设项目跟踪审计业务，则应选择事后竣工结算审计，否则会承担更大的审计风险。

四、建设项目审计应遵循的原则和方法

建设项目审计应遵循以下原则和方法：

(1) 技术经济审查、项目管理过程审查与财务审计相结合。

(2) 事前审计、事中审计、事后审计相结合。

(3) 内部审计部门与项目各专业管理部门密切协调、合作参与。

(4) 根据不同的审计对象、审计所需的证据和项目审计各环节的审计目标选择不同的方法，以保证审计工作质量和审计资源的有效配置。

第二节　建设项目审计内容

一、投资立项审计

1. 投资立项审计的含义

投资立项审计是指内部审计师对已立项建设项目的决策程序和可行性研究报告的真实性、完整性和科学性进行的审查与评价。

在投资立项审计中，内部审计师应主要依据主管部门发布的《投资项目可行性研究指南》及组织决策过程的有关资料进行审查。

2. 投资立项审计的内容

投资立项审计的内容包括以下几方面：

(1) 可行性研究前期工作审计：即检查项目是否具备经批准的项目建议书，项目调查报告是否经过充分论证。

(2) 可行性研究报告真实性审计：即检查可行性研究报告是否具备行业主管部门发布的《投资项目可行性研究指南》规定的内容；检查可行性研究报告中是否说明建设项目的目的，是否说明建设项目在工艺技术可行性、经济合理性及决定项目规模、原材料供应、市场销售条件、技术装备水平、成本收益等方面的经济目标，是否说明建设地点及当地的自然条件和社会条件、环保约束条件，并进行选址比较，是否说明投资项目何时开始投资、何时建成投产、何时收回投资；是否说明项目建设的资金筹措方式等。

(3) 可行性研究报告内容完整性审计：即检查可行性研究报告是否具备行业主管部门发布的《投资项目可行性研究指南》规定的内容，是否有漏项。

(4) 可行性研究报告科学性审计：即检查参与可行性研究机构资质及论证的专家的专业结构和资格；检查投资方案、投资规模、生产规模、布局选址、技术、设备、环保等方面的资料来源；检查原材料、燃料、动力供应和交通及公用配套设施是否满足项目要求；检查是否在多方案比较选择的基础上进行决策；检查拟建项目与类似已建成项目的有关技术经济指标和投资预算的对比情况；检查工程设计是否符合国家环境保护法律法规的有关政策，需要配套的环境治理项目是否编制并与建设项目同步进行等。

(5) 可行性研究报告投资估算和资金筹措审计：即检查投资估算和资金筹措的安排是否合理；检查投资估算是否准确，所选模型是否恰当。

(6) 可行性研究报告财务评价审计：即检查项目投资、投产后的成本和利润、借款的偿还能力、投资回收期等的计算方法是否科学适当；检查计算结果是否正确、所用指标是否合理。

(7) 决策程序审计：即检查决策程序的民主化、科学化，评价决策方案是否经过分析、选择、实施、控制等过程；检查决策是否符合国家宏观政策及组织的发展战略，是否以提高组织核心竞争能力为宗旨；检查对推荐方案是否进行了总体描述和优缺点描述；检查有无主要争论与分歧意见的说明；重点检查内容有无违反决策程序及决策失误的情况等。

3．投资立项审计的方法

投资立项审计的主要方法包括审阅法、对比分析法等。对比分析法是通过相关资料和技术经济指标的对比(拟建项目与国内同类项目对比)来确定差异，发现问题的方法。

二、设计(勘察)管理审计

1．设计(勘察)管理审计的含义与目标

设计(勘察)管理审计是指内部审计师对项目建设过程中设计、勘察环节各项管理工作质量及绩效进行的审查和评价。

设计(勘察)管理审计的目标主要是：审查和评价设计(勘察)环节的内部控制及风险管理的适当性、合法性和有效性；审查和评价设计(勘察)资料依据的充分性和可靠性；审查和评价委托设计(勘察)、初步设计、施工图设计等各项管理活动的真实性、合法性和效益性。

2．设计(勘察)管理审计应获取的资料

内部审计师进行设计(勘察)管理审计，应获取以下一些资料：委托设计(勘察)管理制度；经批准的可行性研究报告及估算；设计所需的气象资料、水文资料、地质资料、技术方案、建设条件批准文件、设计界面划分文件、能源介质管网资料、环保资料、概预算编制原则、计价依据等基础资料；勘察和设计招标资料；勘察和设计合同；初步设计审查及批准制度；初步设计审查会议纪要等相关文件；组织管理部门与勘察、设计商往来函件；经批准的初步设计文件及概算；修正概算审批制度；施工图设计管理制度；施工图交底和会审会议纪要；经会审的施工图设计文件及施工图预算；设计变更管理制度及变更文件；设计资料管理制度等。

3．设计(勘察)管理审计的内容

1) 委托设计(勘察)管理的审计

内部审计师应检查被审计单位是否建立、健全委托设计(勘察)的内部控制制度，查看其执行是否有效；检查委托设计(勘察)的范围是否符合已报经批准的可行性研究报告；检查是否采用招投标方式来选择设计(勘察)商及有关单位的资质是否合法合规；招投标程序是否合法、公开，其结果是否真实、公正，有无因选择设计(勘察)商失误而导致的委托风险；检查组织管理部门是否及时组织技术交流，其所提供的基础资料是否准确、及时；检

查设计(勘察)合同的内容是否合法、合规，其中是否明确规定双方权利和义务以及针对设计(勘察)商的激励条款；检查设计(勘察)合同的履行情况，索赔和反索赔是否符合合同的有关规定。

2) 初步设计管理的审计

内部审计师应检查被审计单位是否建立、健全初步设计审查和批准的内部控制制度，查看其执行是否有效；检查是否及时对国内外初步设计进行协调；检查初步设计完成的时间及其对建设进度的影响；检查是否及时对初步设计进行审查，并进行多种方案的比较和选择；检查报经批准的初步设计方案和概算是否符合经批准的可行性研究报告及估算；检查初步设计方案及概算的修改情况；检查初步设计深度是否符合规定，有无因设计深度不足而造成投资失控的风险；检查概算及修正概算的编制依据是否有效、内容是否完整、数据是否准确；检查修正概算审批制度的执行是否有效；检查是否采取限额设计、方案优化等控制工程造价的措施，限额设计是否与类似工程进行比较和优化论证，是否采用价值工程等分析方法；检查初步设计文件是否规范、完整。

3) 施工图设计管理的审计

内部审计师应检查是否建立、健全施工图设计的内部控制制度，查看其执行是否有效；检查施工图设计完成的时间及其对建设进度的影响，有无因设计图纸拖延交付而导致的进度风险；检查施工图设计深度是否符合规定，有无因设计深度不足而造成投资失控的风险；检查施工图交底、施工图会审的情况以及施工图会审后的修改情况；检查施工图设计的内容及施工图预算是否符合经批准的初步设计方案、概算及标准；检查施工图预算的编制依据是否有效、内容是否完整、数据是否准确；检查施工图设计文件是否规范、完整；检查设计商提供的现场服务是否全面、及时，是否存在影响工程进度和质量的风险。

4) 设计变更管理的审计

内部审计师应检查是否建立、健全设计变更的内部控制制度，有无针对因过失而造成设计变更的责任追究制度以及该制度的执行是否有效；检查是否采取提高工作效率、加强设计接口部位的管理与协调的措施；检查是否及时签发与审批设计变更通知单，是否存在影响建设进度的风险；检查设计变更的内容是否符合经批准的初步设计方案；检查设计变更对工程造价和建设进度的影响，是否存在工程量只增不减从而提高工程造价的风险；检查设计变更的文件是否规范、完整。

5) 设计资料管理的审计

内部审计师应检查是否建立、健全设计资料的内部控制制度，查看其执行是否有效；检查施工图、竣工图和其他设计资料的归档是否规范、完整。

4．设计(勘察)管理审计的方法

设计(勘察)管理审计主要采用分析性复核、复算、文字描述、现场核查等方法。

三、招投标审计

1．招投标审计的含义和目标

招投标审计是指内部审计师对建设项目的勘察、设计、施工等各方面的招标和工程承

发包的质量及绩效进行的审查和评价。

招投标审计的目标主要包括：审查和评价招投标环节的内部控制及风险管理的适当性、合法性和有效性；审查招投标资料依据的充分性和可靠性；审查招投标程序及其结果的真实性、合法性和公正性以及工程发包的合法性和有效性等。

2．招投标审计应获取的资料

内部审计师进行招投标审计，应获取以下一些资料：招标管理制度、招标文件、招标答疑文件、标底文件、投标保函、投标人资质证明文件、投标文件、投标澄清文件、开标记录、开标鉴证文件、评标记录、定标记录、中标通知书、专项合同等。

3．招投标审计的内容

1) 招投标前准备工作的审计

内部审计师应检查是否建立、健全招投标的内部控制制度，查看其执行是否有效；检查招标项目是否具备相关法规和制度中规定的必要条件；检查是否存在人为肢解工程项目、规避招投标等违规操作风险；检查招投标的程序和方式是否符合有关法规和制度的规定，采用邀请招投标方式时，是否有三个以上投标人参加投标；检查标段的划分是否适当，是否符合专业要求和施工界面衔接需要，是否存在标段划分过细，增加工程成本和管理成本的问题；检查是否公开发布招标公告、招标公告中的信息是否全面、准确；检查是否存在因有意违反招投标程序的时间规定而导致的串标风险。

2) 招投标文件及标底文件的审计

内部审计师应检查招标文件的内容是否合法、合规，是否全面、准确地表述招标项目的实际状况；检查招标文件是否全面、准确地表述招标人的实质性要求；检查采取工程量清单报价方式招标时，其标底是否按《建设工程工程量清单计价规范》的规定填制；检查施工现场的实际状况是否符合招标文件的规定；检查投标保函的额度和送达时间是否符合招标文件的规定；检查投标文件的送达时间是否符合招标文件的规定，法人代表签章是否齐全，是否存在将废标作为有效标的问题。

3) 开标、评标、定标的审计

内部审计师应检查是否建立、健全违规行为处罚制度，是否按制度对违规行为进行处罚；检查开标的程序是否符合相关法规的规定；检查评标标准是否公正，是否存在对某一投标人有利而对其他投标人不利的条款；检查是否对投标策略进行评估，是否考虑投标人在类似项目及其他项目上的投标报价水平；检查各投标人的投标文件，对低于标底的报价的合理性进行评价；检查中标人承诺采用的新材料、新技术、新工艺是否先进，是否有利于保证质量、加快速度和降低投资水平；检查对于投标价低于标底的标书是否进行答辩和澄清，以及答辩和澄清的内容是否真实、合理；检查定标的程序及结果是否符合规定；检查中标价是否异常接近标底，是否有可能发生泄露标底的情况；检查与中标人签订的合同是否有悖于招标文件的实质性内容。

4．招投标审计的方法

招投标审计主要采用观察、询问、分析性复核、文字描述、现场核查等方法。

四、合同管理审计

(一) 合同管理审计的含义和目标

合同管理审计是指内部审计师对项目建设过程中各专项合同内容及各项管理工作质量及绩效进行的审查和评价。

合同管理审计的目标主要包括：审查和评价合同管理环节的内部控制及风险管理的适当性、合法性和有效性；审查和评价合同管理资料依据的充分性和可靠性；审查和评价合同的签订、履行、变更、终止的真实性、合法性以及合同对整个项目投资的效益性。

内部审计师对合同管理进行审计，应主要依据合同当事人的法人资质资料、合同管理的内部控制、专项合同书和专项合同的各项支撑材料等。

(二) 合同管理审计的内容

1. 合同管理制度审计

内部审计师应检查组织是否设置专门的合同管理机构以及专职或兼职合同管理人员是否具备合同管理资格；检查组织是否建立了适当的合同管理制度；检查合同管理机构是否建立健全应对重大设计变更、不可抗力、政策变动等的风险管理体系。

2. 专项合同通用内容的审计

内部审计师应检查合同当事人的法人资质、合同内容是否符合相关法律和法规的要求；检查合同双方是否具有从资金、技术及管理等方面履行合同的能力；检查合同的内容是否与招标文件的要求相符合；检查合同条款是否全面、合理，有无遗漏关键性内容，有无不合理的限制性条件，法律手续是否完备；检查合同是否明确规定双方的权利和义务；检查合同是否存在由于损害国家、集体或第三者利益等导致合同无效的风险；检查合同是否有过错方承担缔约过失责任的规定；检查合同是否有按优先解释顺序执行合同的规定。

3. 各类专项合同的审计

1) 勘察设计合同的审计

勘察设计合同审计应检查合同是否明确规定建设项目的名称、规模、投资额、建设地点，具体包括：检查合同是否明确规定勘察设计的基础资料、设计文件及其提供期限；检查合同是否明确规定勘察设计的工作范围、进度、质量和勘察设计文件份数；检查勘察设计费的计费依据、收费标准及支付方式是否符合有关规定；检查合同是否明确规定双方的权利和义务；检查合同是否明确规定协作条款和违约责任条款。

2) 施工合同的审计

施工合同审计应检查合同是否明确规定工程范围，工程范围是否包括工程地址、建筑物数量、结构、建筑面积、工程批准文号等；检查合同是否明确规定工期，以及总工期及各单项工程的工期能否保证项目工期目标的实现；检查合同的工程质量标准是否符合有关规定；检查合同工程造价计算原则、计费标准及其确定办法是否合理；检查合同

是否明确规定设备和材料供应的责任及其质量标准、检验方法；检查所规定的付款和结算方式是否合适；检查隐蔽工程的工程量的确认程序及有关内部控制是否健全，有无防范风险的措施；检查中间验收的内部控制是否健全，交工验收是否以有关规定、施工图纸、施工说明和施工技术文件为依据；检查质量保证期是否符合有关建设工程质量管理的规定，是否有履约保函；检查合同所规定的双方权利和义务是否对等，有无明确的协作条款和违约责任；检查采用工程量清单计价的合同是否符合《建设工程工程量清单计价规范》的有关规定。

3) 委托监理合同的审计

委托监理合同审计应检查监理公司的监理资质与建设项目的建设规模是否相符；检查合同是否明确所监理的建设项目的名称、规模、投资额、建设地点；检查监理的业务范围和责任是否明确；检查所提供的工程资料及时间要求是否明确；检查监理报酬的计算方法和支付方式是否符合有关规定；检查合同有无规定对违约责任的追究条款。

4) 合同变更的审计

合同变更审计应检查合同变更的原因，以及是否存在合同变更的相关内部控制制度；检查合同变更程序执行的有效性及索赔处理的真实性、合理性；检查合同变更的原因以及变更对成本、工期及其他合同条款的影响的处理是否合理；检查合同变更后的文件处理工作有无影响合同继续生效的漏洞。

5) 合同履行的审计

合同履行审计应检查合同的履行是否全面、真实；检查合同履行中的差异及产生差异的原因；检查有无违约行为及其处理结果是否符合有关规定。

6) 终止合同的审计

终止合同审计应检查终止合同的报告和验收情况；检查最终合同费用及其支付情况；检查索赔与反索赔的合规性和合理性；检查合同资料的归档和保管，包括合同签订、履行分析、跟踪监督以及合同变更、索赔等一系列资料的收集和保管是否完整。

(三) 合同管理审计的方法

合同管理审计主要采用审阅、核对、重点追踪审计等方法。

五、设备和材料采购审计

(一) 设备和材料采购审计的含义和目标

设备和材料采购审计是指对项目建设过程中设备和材料采购环节各项管理工作质量及绩效进行的审查和评价。

设备和材料采购审计的目标主要包括：审查和评价采购环节的内部控制及风险管理的适当性、合法性和有效性；审查和评价采购资料依据的充分性与可靠性；审查和评价采购环节各项经营管理活动的真实性、合法性和有效性等。

内部审计师对设备和材料采购进行审计，应依据以下一些资料：采购计划、采购计划批准书；采购招投标文件、中标通知书、专项合同书；采购、收发和保管等方面的内部控制制度；相关会计凭证和会计账簿等。

（二）设备和材料采购审计的内容

1．设备和材料采购环节的审计

1) 设备和材料采购计划的审计

设备和材料采购计划审计应检查建设单位采购计划所订购的各种设备、材料是否符合已报经批准的设计文件和基本建设计划；检查所拟定的采购地点是否合理；检查采购程序是否规范；检查采购的批准权与采购权等不相容职务分离及相关内部控制制度是否健全、有效。

2) 设备和材料采购合同的审计

设备和材料采购合同审计应检查采购是否按照公平竞争、择优择廉的原则来确定供应方；检查设备和材料的规格、品种、质量、数量、单价、包装方式、结算方式、运输方式、交货地点、期限、总价和违约责任等条款规定是否齐全；检查对新型设备、新材料的采购是否进行实地考察、资质审查、价格合理性分析及专利权真实性审查；检查采购合同与财务结算、计划、设计、施工、工程造价等各个环节衔接部位的管理情况，查看是否存在因脱节而造成的资产流失问题。

3) 设备和材料验收、入库、保管及维护制度的审计

设备和材料验收、入库、保管及维护制度审计应检查购进设备和材料是否按合同签订的质量进行验收，是否有健全的验收、入库、保管和维护制度，检查验收记录的真实性、完整性和有效性；检查验收合格的设备和材料是否全部入库，有无少收、漏收、错收以及涂改凭证等问题；检查设备和材料的存放、保管工作是否规范，安全保卫工作是否得力，保管及维护措施是否有效。

4) 各项采购费用及会计核算的审计

各项采购费用及会计核算审计应检查货款的支付是否按照合同的有关条款执行；检查代理采购中代理费用的计算和提取方法是否合理；检查有无任意提高采购费用和开支标准的问题；检查会计核算资料是否真实可靠；检查会计科目设置是否合规及其是否满足管理需要；检查采购成本计算是否准确、合理。

2．设备和材料领用的审计

内部审计师应检查设备和材料领用的内部控制制度是否健全，领用手续是否完备；检查设备和材料的质量、数量、规格型号是否正确，有无擅自挪用、以次充好等问题。

3．其他相关业务的审计

(1) 设备和材料出售的审计：即检查建设项目剩余或不适用的设备和材料以及废料的销售情况。

(2) 盘盈盘亏的审计：即检查盘点制度及其执行情况、盈亏状况以及对盘点结果的处理措施。

(三) 设备和材料采购审计的方法

设备和材料采购审计主要采用审阅、网上比价审计、跟踪审计、分析性复核、现场观察、实地清查等方法。

跟踪审计方法指选择某些具有代表性的项目，或者重大、风险较高的项目，跟踪从业务发生到最后财务报告的整个流转、加工的过程，以便理解业务核心，发现风险点和关键控制点，检查业务处理是否合法、合理的审计方法。

六、工程管理审计

1．工程管理审计的含义和目标

工程管理审计是指内部审计师对建设项目实施过程中的工作进度、施工质量、工程监理和投资控制所进行的审查和评价。

工程管理审计的目标主要包括：审查和评价建设项目工程管理环节内部控制及风险管理的适当性、合法性和有效性；审查和评价工程管理资料依据的充分性和可靠性；审查和评价建设项目工程进度、质量和投资控制的真实性、合法性和有效性等。

内部审计师在工程管理审计过程中，应主要依据施工图纸、与工程相关的专项合同、材料签证单、土建工程联系单、网络图、业主指令、设计变更通知单和相关会议纪要等资料。

2．工程管理审计的内容

1) 工程进度控制的审计

内部审计师应检查施工许可证、建设及临时占用许可证的办理是否及时，是否影响工程按时开工；检查现场的原建筑物拆除、场地平整、文物保护、相邻建筑物保护、降水措施及道路疏通是否影响工程的正常开工；检查是否对因设计变更、材料和设备等因素影响施工进度的情况采取控制措施；检查进度计划(网络计划)的制定、批准和执行情况，网络动态管理的批准是否及时、适当，网络计划是否能保证工程总进度；检查是否建立对进度拖延的原因分析和处理程序，对进度拖延的责任划分是否明确、合理(是否符合合同约定)，处理措施是否适当；检查有无因不当管理造成的返工、窝工情况；检查对索赔的确认是否依据网络图排除了对非关键线路延迟时间的索赔。

2) 工程质量控制的审计

内部审计师应检查有无工程质量保证体系；检查是否组织设计交底和图纸会审工作，对会审所提出的问题是否严格进行落实；检查是否按规范组织了隐蔽工程的验收，对不合格项的处理是否适当；检查是否对进入现场的成品、半成品进行验收，对不合格品的控制是否有效，对不合格工程和工程质量事故的原因是否进行分析，其责任划分是否明确、适当，是否进行返工或加固修补；检查工程资料是否与工程同步，资料的管理是否规范；检查评定的优良品、合格品是否符合施工验收规范，有无不实情况；检查中标人的往来账目或通过核实现场施工人员的身份，分析、判断中标人是否存在转包、分包及再分包的行为；检查工程监理执行情况是否受项目法人委托对施工承包合同的执行、工程质量、进度、费

用等方面进行监督与管理，是否按照有关法律、法规、规章、技术规范设计文件的要求进行工程监理。

3) 工程投资控制的审计

内部审计师应检查是否建立健全设计变更管理程序、工程计量程序、资金计划及支付程序、索赔管理程序和合同管理程序，查看其执行是否有效；检查支付预付备料款、进度款是否符合施工合同的规定，金额是否准确，手续是否齐全；检查设计变更对投资的影响；检查是否建立现场签证和隐蔽工程管理制度，查看其执行是否有效。

3．工程管理审计的方法

工程管理审计主要采用关键线路跟踪审计、技术经济分析、质量鉴定、现场核定等方法。

关键线路跟踪审计是对工程控制中采用的关键线路法的执行进行跟踪审核的方法。关键线路法(CPM)是一种计划管理方法，它通过分析项目过程中哪个活动序列进度安排的总时差最少来预测项目工期。它用网络图表示各项工作之间的相互关系，找出控制工期的关键路线，在一定工期、成本、资源条件下获得最佳的计划安排，以达到缩短工期、提高工效、降低成本的目的。CPM 中工序时间是确定的，这种方法多用于建筑施工和大修工程的计划安排。

技术经济分析是指通过技术比较、经济分析和效果评价，寻求技术与经济的最佳结合，确定技术先进与经济合理的最优经济状态的系列方法的统称。它把定性研究和定量研究结合起来，并采用各种数学公式、数学模型进行分析评价，包括费用效益分析法、方案比较法、预测法、价值工程法、综合评价法等。

七、工程造价审计

1．工程造价审计的含义和目标

工程造价审计是指内部审计师对建设项目全部成本的真实性、合法性进行的审查和评价。

工程造价审计的目标主要包括：检查工程价格结算与实际完成的投资额的真实性、合法性；检查是否存在虚列工程、套取资金、弄虚作假、高估冒算的行为等。

内部审计师对工程造价进行审计，应依据的主要资料包括：经工程造价管理部门(或咨询部门)审核过的概算(含修正概算)和预算、有关设计图纸和设备清单、工程招投标文件、合同文本、工程价款支付文件、工程变更文件、工程索赔文件等。

2．工程造价审计的内容

1) 设计概算的审计

内部审计师应检查工程造价管理部门向设计单位提供的计价依据的合规性；检查建设项目管理部门组织的初步设计及概算审查情况，包括概算文件、概算的项目与初步设计方案的一致性、项目总概算与单项工程综合概算的费用构成的正确性；检查概算编制依据的合法性等；检查概算具体内容，包括设计单位向工程造价管理部门提供的总概算表、综合概算表、单位工程概算表和有关初步设计图纸的完整性，组织概算会审的情况，重点检查

总概算中各项综合指标和单项指标的合理性及其与同类工程技术经济指标的可比性。

2) 施工图预算的审计

内部审计师应检查施工图预算的量、价、费计算是否正确，计算依据是否合理。施工图预算审计包括直接费用审计、间接费用审计、计划利润和税金审计等内容。

(1) 直接费用审计包括工程量计算、单价套用的正确性等方面的审查和评价。在工程量计算审计中，对于采用工程量清单报价的情况，内部审计师要检查其符合性；在设计变更，发生新增工程量时，内部审计师应检查工程造价管理部门与工程管理部门的确认情况。

在单价套用审计中，内部审计师应检查是否套用规定的预算定额，有无高套和重套现象；检查定额换算的合法性和准确性；检查新技术、新材料、新工艺出现后的材料和设备价格的调整情况，检查市场价的采用情况。

其他直接费用审计包括检查预算定额、取费基数、费率计取的正确性。

(2) 间接费用审计包括检查各项取费基数、取费标准的计取套用的正确性。

(3) 计划利润和税金审计包括检查计划利润、税金计取的合理性。

3) 合同价的审计

内部审计师应检查合同价的合法性与合理性，包括固定总价合同的审计、可调合同价的审计、成本加酬金合同的审计；检查合同价的开口范围是否合适，若实际发生开口部分，应检查其真实性和计取的正确性。

4) 工程量清单计价的审计

内部审计师应检查实行工程量清单计价工程的合规性；检查招标过程中，由招标人或其委托的中介机构编制的工程实体消耗和措施消耗的工程量清单的准确性、完整性；检查工程量清单计价是否符合国家工程量清单计价规范要求的“四统一”，即统一项目编码、统一项目名称、统一计量单位和统一工程量计算规则；检查由投标人编制的工程量清单报价文件是否响应招标文件；检查标底的编制是否符合国家工程量清单计价规范。

5) 工程结算的审计

内部审计师应检查与合同价不同的部分，查看其工程量、单价、取费标准是否与现场、施工图和合同相符；检查工程量清单项目中的清单费用与清单外费用是否合理；检查前期、中期、后期结算的方式是否能合理地控制工程造价。

3. 工程造价审计的方法

工程造价审计主要采用重点审计、现场检查、对比审计等方法。

重点审计法是指选择建设项目中工程量大、单价高，对造价有较大影响的单位工程、分部工程进行重点审查的方法。该方法主要用于审查材料用量、单价是否正确，工资单价、机械台班是否合理。

现场检查法是指对施工现场进行直接考察的方法，以观察现场工作人员及管理活动，检查工程量、工程进度，以及所用材料质量是否与设计相符。

对比审计法是指根据实际情况选择具有可比性的相关指标(如同类工程技术经济指标等)进行比较，查看其计价是否正确、合理。

八、竣工验收审计

1. 竣工验收审计的含义

竣工验收审计是指内部审计师对已完工建设项目的验收情况、试运行情况及合同履行情况进行的检查和评价活动。竣工验收审计应依据以下一些资料：经批准的可行性研究报告、竣工图、施工图设计及变更洽谈记录；国家颁发的各种标准和现行的施工验收规范；有关管理部门审批、修改、调整的文件；施工合同；技术资料和技术设备说明书；竣工决算财务资料；现场签证资料；隐蔽工程记录；设计变更通知单；会议纪要；工程档案结算资料清单等资料。

2. 竣工验收审计的内容

1) 验收审计

内部审计师应检查竣工验收小组的人员组成、专业结构和分工；检查建设项目验收过程是否符合现行规范，包括环境验收规范、防火验收规范等；对于委托工程监理的建设项目，应检查监理机构对工程质量进行监理的有关资料；检查承包商是否按照规定提供齐全有效的施工技术资料；检查对隐蔽工程和特殊环节的验收是否按规定作了严格的检验；检查建设项目验收的手续和资料是否齐全有效；检查保修费用是否按合同和有关规定合理确定和控制；检查验收过程有无弄虚作假行为。

2) 试运行情况的审计

内部审计师应检查建设项目完工后所进行的试运行情况，对运行中暴露出的问题是否采取了补救措施；检查试生产产品收入是否冲减了建设成本。

3) 合同履行结果的审计

内部审计师应检查业主、承包商因对方未履行合同条款或建设期间发生意外而产生的索赔与反索赔问题，核查其是否合法、合理，是否存在串通作弊现象，赔偿的法律依据是否充分。

3. 竣工验收审计的方法

竣工验收审计主要采用现场检查、设计图与竣工图循环审查等方法。

设计图与竣工图循环审查法是指通过分析设计图与竣工图之间的差异来分析评价相关变更、签证等的真实性与合理性的方法。

九、财务管理审计

财务管理审计是指内部审计师对建设项目资金筹措、资金使用、账务处理的真实性、合规性进行的监督和评价。内部审计师对财务管理进行审计，应依据的主要资料包括：筹资论证材料及审批文件；财务预算资料；相关会计凭证、账簿、报表；设计概算、竣工决算资料；资产交付资料等。

1. 财务管理审计的内容

1) 建设资金筹措的审计

内部审计师应检查筹资备选方案论证的充分性，决策方案选择的可靠性、合理性及审

批程序的合法性、合规性；检查筹资方式的合法性、合理性、效益性；检查筹资数额的合理性，分析对所筹资金的偿还能力；评价筹资环节的内部控制。

2) 资金支付及账务处理的审计

(1) 检查、评价建设项目会计核算制度的健全性、有效性及其执行情况。

(2) 检查建设项目税收优惠政策是否充分运用。

(3) 检查“工程物资”科目。

检查“工程物资”科目，主要包括：检查“专用材料”“专用设备”明细科目中的材料和设备是否与设计文件相符，有无盲目采购的情况；检查“预付大型设备款”明细科目所预付的款项是否按照合同支付，有无违规多付的情况；检查据以付款的原始凭证是否按规定进行了审批，是否合法、齐全；检查支付物资结算款时是否按合同规定扣除了质量保证期间的保证金；检查工程完工后剩余工程物资的盘盈、盘亏、报废、毁损等是否作出了正确的账务处理。

(4) 检查“在建工程”科目。

① 内部审计师应检查“在建工程——建筑安装工程”科目累计发生额的真实性，主要包括：检查是否存在设计概算以外的其他工程项目的支出；是否将生产领用的备件、材料列入建设成本；据以付款的原始凭证是否按规定进行了审批，是否合法、齐全；是否按合同规定支付预付工程款、备料款、进度款；支付工程结算款时，是否按合同规定扣除了预付工程款、备料款和质量保证期间的保证金。

② 内部审计师应检查“在建工程——在安装设备”科目累计发生额的真实性，主要包括：检查是否将设计概算以外的其他工程或生产领用的仪器、仪表等列入本科目；是否在本科目中列入不需要安装的设备、为生产而准备的工具器具、购入的无形资产及其他不属于本科目工程支出的费用。

③ 内部审计师应检查“在建工程——其他支出”科目累计发生额的真实性、合法性、合理性，主要包括：检查工程管理费、征地费、可行性研究费、临时设施费、公证费、监理费等各项费用支出是否存在扩大开支范围、提高开支标准以及将建设资金用于集资或提供赞助而列入其他支出的问题；是否存在以试生产为由，有意拖延不办固定资产交付手续，从而增大负荷联合试车费用的问题；是否存在截留负荷联合试车期间产生的收入，不将其冲减试车费用的问题；试生产产品出售价格是否合理；是否存在将应由生产承担的递延费用列入本科目的问题；投资借款利息资本化计算是否正确，有无将应由生产承担的财务费用列入本科目的问题；本科目累计发生额摊销标准与摊销比例是否适当、正确；是否设置了“在建工程其他支出备查簿”，登记按照建设项目概算内容购置的不需要安装的设备、现成房屋、无形资产以及发生的递延费用等，登记内容是否完整、准确，有无弄虚作假、随意扩大开支范围及舞弊迹象。

3) 竣工决算的审计

内部审计师应检查所编制的竣工决算是否符合建设项目实施程序，有无将未经审批立项、可行性研究、初步设计等环节而自行建设的项目编制竣工工程决算的问题；检查竣工决算编制方法的可靠性，有无造成交付使用的固定资产价值不实的问题；检查有无将不具备竣工决算编制条件的建设项目提前或强行编制竣工决算的情况；检查“竣工工程概况表”

中的各项投资支出，并分别与设计概算数相比较，分析节约或超支情况；检查“交付使用资产明细表”，将各项资产的实际支出与设计概算数进行比较，以确定各项资产的节约或超支数额；分析投资支出偏离设计概算的主要原因；检查建设项目结余资金及剩余设备材料等物资的真实性和处置情况，包括检查建设项目“工程物资盘存表”，核实库存设备、专用材料账实是否相符；检查建设项目现金结余的真实性；检查应收、应付款项的真实性，关注是否按合同规定预留了承包商在工程质量保证期间的保证金。

2．财务管理审计的方法

财务管理审计主要采用调查、分析性复核、抽查等方法。

十、后评价审计

后评价审计是指内部审计师对建设项目经过试运行后，有关经济指标和技术指标是否达到预期目标的审查和评价。其目标是对后评价工作的全面性、可靠性和有效性进行审查。

内部审计师在后评价审计中，应依据的主要资料包括：后评价人员的简历、学历、专业、职务、技术职称等基本情况表；建设项目概算、竣工资料；后评价所采用的经济技术指标；相关的统计、会计报表；后评价所采用的方法；后评价的结论性资料。

后评价审计的内容包括：检查后评价组成人员的专业结构、技术素质和业务水平的合理性；检查所评估的经济技术指标的全面性和适当性；检查产品主要指标完成情况的真实性、效益性；检查建设项目法人履行经济责任后评价的真实性；检查所使用后评价方法的适当性和先进性；检查后评价结果的全面性、可靠性和有效性。

后评价审计的方法主要有文字描述法、对比分析法、现场核查法等。

第三节　建设项目投资立项审计案例

一、某公司审计部对××建设项目投资决策审计案例

(一) 背景材料

某公司准备建设一条生产线，公司经理决定由生产部门编制投资方案。生产部门提出了甲、乙两种投资方案，并建议选择甲方案。

甲方案：现金投资 1000 万元，预计使用 4 年，采用平均年限法计提折旧，预计净残值为零。每年销售收入为 800 万元，每年付现成本为 400 万元。

乙方案：投资 1200 万元，预计使用 5 年，采用平均年限法计提折旧，预计净残值 100 万元，每年的销售收入为 1000 万元，付现成本第一年为 500 万元，以后每年增加 50 万元。第一年初支付营运资金 100 万元，第 5 年末可全额收回。

所得税税率 30%，贴现率 10%。投资方案采用净现值法与内含报酬率法进行效益分析。

(二) 审计实施情况

(1) 内部审计师收集与投资方案相关的资料，特别关注国家的政策导向、市场走向。

(2) 内部审计师审核相关资料，特别仔细审核与决策相关的基础数据是否准确。内部审计师到市场了解该投资项目主要设备的价格，向生产部门了解产品的生产成本及变动趋势，向销售部门了解产品的销售情况及市场预测，向财务部门了解所得税税率和贴现率。内部审计师在审计中发现，该投资符合国家产业政策调整的要求，但未来市场走向不明确。方案中所估计的销售收入是指按照最大生产能力所生产的产品以预期的价格全部销售所取得的收入。经与公司营销部沟通，并对历史数据和同类、类似产品的销售数据进行分析，内部审计师认为该数据偏高。于是，内部审计师与生产、销售等部门一起论证后确定，甲方案中的预计销售收入定为 700 万元，乙方案中的预计销售收入定为 950 万元，付现成本第一年为 450 万元，以后每年增加 80 万元。

(3) 内部审计师审核决策模型是否科学，是否和决策事项相关。经审核，方案中所采取的净现值法、内含报酬率法与决策相关，可以采用该模型。

(4) 内部审计部门对专业性较强或内部审计师无法作出准确判断的领域利用外部专家服务。该生产线的改造需要购入大量的设备，公司可以采取多种设备选择方案。考虑内部审计师对此专业领域相对陌生，公司决定聘请某咨询公司对设备所需要的投资额进行复核。咨询公司出具了咨询报告，报告认可了投资方案中的投资额。

(5) 内部审计师根据调查所得的数据，重新计算该方案的净现值和内含报酬率，形成审计结论。

按照调整后的数据(见表 7-1、表 7-2)进行计算。

表 7-1　营业现金流量计算表　　(单位：万元)

项　目	甲方案				乙方案				
	1 年	2 年	3 年	4 年	1 年	2 年	3 年	4 年	5 年
现金流入	700	700	700	700	950	950	950	950	950
现金流出	400	400	400	400	450	530	610	690	770
折旧	250	250	250	250	240	240	240	240	240
税前利润	50	50	50	50	260	180	100	20	-60
所得税	15	15	15	15	78	54	30	6	0
税后利润	35	35	35	35	182	126	70	14	-60
营业现金流量	235	235	235	235	422	366	310	254	180

表 7-2　现金流量计算表　　(单位：万元)

项　目	甲方案					乙方案					
	0 年	1 年	2 年	3 年	4 年	0 年	1 年	2 年	3 年	4 年	5 年
生产投资	-1000	—	—	—	—	-1200	—	—	—	—	—
垫支资金	—	—	—	—	—	-100	—	—	—	—	—
营业现金流量	—	285	285	285	285	—	422	366	310	254	180
设备残值	—	—	—	—	—	—	—	—	—	—	100
收回垫支	—	—	—	—	—	—	—	—	—	—	100
现金流量	-1000	285	285	285	285	-1300	422	366	310	254	380

计算结果如下：

采用净现值法：

甲方案：现金净流量 = 285 × 3.170(年金现值系数) − 1000 = − 96.550(万元)

乙方案：现金净流量 = 422 × 0.909(复利现值系数) + 366 × 0.826(复利现值系数)

+ 310 × 0.751 (复利现值系数) + 254 × 0.683(复利现值系数)

+ 380 × 0.621(复利现值系数) − 1300

= 28.186(万元)

采用内含报酬率法：

甲方案：年金现值系数 = 1000 ÷ 285 = 3.509，与 3.509 相邻的年金现值系数为 3.546 和 3.465，相应的贴现率分别为 5%和 6%，用内插法计算出甲方案的内含报酬率为 5.45%。

乙方案：通过测试，该方案的内含报酬率在 10%～12%之间。用内插法计算出该方案的内含报酬率为 10.67%。

通过两个方案比较，内部审计师认为甲方案不可行。

(三) 审计结果

关于××建设项目投资决策的期中审计报告

××公司董事会：

根据我部××年度审计计划，我们依据中国内部审计准则的规定对生产部门编制的××建设项目投资方案进行了审计。审计目的是审核该投资方案是否可行。

我们在审计过程中发现，该投资虽然符合国家产业政策调整的要求，但未来市场走向不明确。方案中所估计的销售收入是指按照最大生产能力所生产的产品全部销售完成所取得的收入。经与公司营销部沟通，并对历史数据和同类、类似产品的销售数据进行分析，我们认为该数据偏高。内部审计师与生产部门、销售部门共同商定甲方案中的预计销售收入为 700 万元，乙方案中的预计销售收入为 950 万元，付现成本第一年为 450 万元，以后每年增加 80 万元。

生产部门提出了甲、乙两种投资方案，并建议选择甲方案。我们采用净值法计算时，甲方案的现金净流量为−96.550 万元，乙方案的现金净流量为 28.186 万元；采用内含报酬率法计算时，甲方案的内含报酬率为 5.45%，低于预定的贴现率(10%)，乙方案的内含报酬率为 10.67%，高于预定的贴现率(10%)。因此，我们认为甲方案不可行，建议采用乙投资方案。

请董事会及时将决策结果通知我们，便于我们对该建设项目进行跟踪审计。

附件：关于××建设项目投资方案的效益分析

××公司审计部(印章)　　　　签发人：×××

××××年××月××日

二、案例分析与探讨

1. 从该案例中分析，对投资决策进行审计时，总体思路应遵循从宏观到微观，从整体到局部的思路，首先应考虑是否在做对的事情，目标设定是否正确，再考虑怎样做才能快

速有效地达到既定目的。因此，该案例中，审计人员首先收集了与投资方案相关的资料，关注国家的政策导向、市场走向，向市场部、生产部、销售部了解，得出该投资符合国家产业政策调整的要求，但未来市场走向不明确的结论。

2. 投资决策流程是审计中要考虑的因素之一，投资决策程序不同，可能导致投资决策方案不同。在本案例中，投资方案由生产部门编制，因此，内部审计人员担心投资决策可能局限于从生产能力的角度考虑，而对市场消化能力则考虑不周。果然，内部审计人员在核对产品销售数据和其他市场数据后，发现原投资决策对销售收入的估计过于乐观。

在其他案例中，投资决策流程越民主，投资决策方案可能越客观和公允，容易被更多人接受；投资决策过程越集权，投资决策方案往往越主观和极端。但是，对于未来不确定性较强的行业，创造力和独到见解力可能更为重要，因此集权的决策未必是差的决策，因为如果必须通过民主决策流程的话，这种预见性强、独到新颖的方案可能不会通过批准。

3. 内部审计行业需要的专业知识和能力是广泛的，投资决策中难免遇到专业性强、难以判断、难以理解的事项，因此，有必要合理安排专家诊断和解决疑难问题。有效的内部审计工作应能充分利用专家工作，使审计工作事半功倍。

4. 投资决策不是简单的事情，内部审计人员可能不容易直接对决策方案下判断，此时，应更关注决策流程的合理性、基础数据的可靠性、决策模型的科学性。

5. 本案例中，审计报告还可修改完善。内部审计人员认为甲方案不可行，建议采用乙投资方案，但对于导致原方案判断结果出错的原因，内部审计人员没有明确指出来，这样就不利于管理层对生产部门编制投资方案的行为进行评估。如果采用两种以上方法和思路进行判断，在计算途径不同，结果不一致的情况下，最终如何作出选择，内部审计人员应该对此进行充分分析和解释，否则不利于管理层进行进一步的判断。

第四节　建设项目招投标审计案例

一、某集团公司审计部对商务楼工程项目招投标审计案例

（一）背景材料

(1) 某大型国有集团公司决定建造一座商务楼，部分用于公司办公，部分出租给其他单位做写字楼。商务楼建筑面积 12 190 m^2，五层框架结构，机钻孔桩基础。已做好“三通一平”工作。公司成立了商务楼工程建设指挥部，由公司副总经理任总指挥，公司基建处处长任副总指挥。

(2) 某集团公司商务楼工程建设指挥部 200×年 2 月 13 日编制了《招标公告》，分别在公司门户网站发布和总部宣传窗张贴，将集团公司商务楼土建及水电安装工程面向社会招标。凡建筑施工资质为一级、项目经理资质为一级的公司均可带相关的证明材料报名参加投标，报名时间为 200×年 2 月 15 日至 2 月 18 日。

(3) 工程建设指挥部起草了商务楼招标文件并向通过资质审查的报名单位发放招标文件。商务楼招标文件包括以下主要内容：一是综合说明，包括工程概况、项目建设依据、

有关单位和机构、合格的投标人、招标范围、质量要求及罚则、工期要求及罚则、本次工程招标的依据、投标的报价要求及计算方式等；二是评标标准和方法，包括评标原则、评标组织、评标方法和内容；三是开标、审标、询标、决标；四是投标文件的内容、编制、效力；五是投标保证金、履约保证金；六是授予合同与招标结束；七是发放招标文件、答疑、开标、评标、定标的日期安排；八是主要合同条款。招标文件还附有《暂定材料表》。

(4) 各公司报名情况及资质审查情况。截至 2 月 18 日，共有 12 家建筑公司向工程建设指挥部提交了招标公告所要求的材料。这些建筑公司分别是 A 公司、B 公司、C 公司、D 公司、E 公司、F 公司、G 公司、H 公司、I 公司、J 公司、K 公司、L 公司。指挥部将从 12 家公司里面选择 6 家参加投标。

2 月 20 日，工程建设指挥部召开会议，对报名的公司进行资格审查。12 家建筑公司报名时所提供的书面资料汇总如表 7-3 所示。

表 7-3 已报名公司提供的书面资料汇总

项 目	A	B	C	D	E	F	G	H	I	J	K	L
成立时间	2001	1991	1995	1986	1987	1995	1990	1989	1999	1998	1982	1987
注册资本	6000 万元	5000 万元	4500 万元	2000 万元	4000 万元	8000 万元	1 亿元	5000 万元	5000 万元	3000 万元	3000 万元	4500 万元
企业施工资质	公路一级， 基础一级， 土建二级	市政一级， 基础一级， 土建一级	基础一级， 土建一级	土建二级	土建一级	公路一级， 基础一级， 土建一级	市政一级， 基础一级， 土建一级	土建一级	土建二级	土建一级	基础一级， 土建一级	土建一级
近三年鲁班奖获奖次数	0	1	1	0	1	2	2	0	0	0	0	0
近三年省级工程获奖次数	2	1	2	1	1	2	2	1	0	0	3	0
是否通过质量体系认证	否	是	是	否	是	是	是	否	否	是	是	否
项目经理资质	一级	一级	一级	二级	一级	一级	一级	二级	一级	二级	一级	一级

参加会议人员：工程建设总指挥、副总指挥、财务处负责人、工作人员沈阳军。

会议讨论：完全符合招标公告要求资质的公司有 B 公司、C 公司、E 公司、F 公司、G 公司、K 公司、L 公司。但将 A 公司与 K 公司相比，K 公司的注册资本最低，只有 3000 万元，A 公司的注册资本有 6000 万；将 A 公司与 L 公司相比，A 公司近 3 年获省级工程奖 2 次，而 L 公司却没有获奖，所以从业绩角度考虑，A 公司比 L 公司实力强。虽然 A 公司只具有土建二级施工资质，但可承担单项合同额不超过公司注册资本金 5 倍的 28 层及以

下、单跨度36米及以下的房屋建筑工程的施工。商务楼建筑面积12 190 m^2，是五层框架结构，也在上述可承包的工程范围之内。

会议决定：选择A公司、B公司、C公司、E公司、F公司、G公司参加投标。沈阳军负责给各参加投标的公司发放投标通知书。

(二) 审计实施情况和审计结果

根据招投标工作的各个阶段，审计部采取分阶段跟踪审计的方法，分别对招标公告、招标文件和报名单位的资质进行了审计。审计实施的时间分别是发布招标公告前、发布招标文件前和发出招标通知书之前。

1. 招标公告审计

1) 审计实施情况

(1) 内部审计师检查招标公告是否符合招标投标法、建筑法和相关的行政法规、部门规章、其他规范性文件，以及集团公司关于建设项目招投标的规定。经查，本招标公告只准备在公司门户网站上发布和公司总部的宣传窗上张贴，不符合国家规定，不利于信息公开。《中华人民共和国招标投标法》第十六条规定："招标人采用公开招标方式的，应当发布招标公告。依法必须进行招标的项目的招标公告，应当通过国家指定的报刊、信息网络或者其他媒介发布。"

(2) 内部审计师审阅集团公司关于本工程的相关决定，如投资额、招投标的范围、工程质量要求、投标单位的资质要求、工期、招标方式等。经查，上述决定符合集团公司的规定。

(3) 内部审计师审核招标公告具体内容。经查，公告内容是齐全的，但公告发布时间与开始报名时间是同一天，不利于信息公开。

2) 审计结果

关于商务楼工程项目招标公告的期中审计报告

某集团公司商务楼工程建设指挥部：

根据我部200×年度审计计划，我们依据中国内部审计准则的规定，对贵部提交的某集团公司商务楼招标公告进行了审计。审计目的是评价招标公告是否遵循招投标的相关法律法规和政策。

通过审计，我们认为，贵部提交的工程招标公告只准备在公司门户网站上发布并在公司总部的宣传窗上张贴，与招标投标法的规定不符。招标投标法第十六条规定："招标人采用公开招标方式的，应当发布招标公告。依法必须进行招标的项目的招标公告，应当通过国家指定的报刊、信息网络或者其他媒介发布。"此外，招标公告拟发布时间与开始报名时间是同一天，不利于信息公开，不利于潜在的投标人来参加投标。

为此，我们要求贵部修改招标公告，规定公告发布的一周内各潜在投标人均可报名。招标公告应在省级或市级媒介上发布，同时在公司的门户网站上发布招标公告或在公司总部的宣传窗上张贴招标公告。

请贵部将审计意见的执行情况在××月××日之前书面函告我部。

某集团公司审计部(印章)　　　　签发人：×××

200×年××月××日

2. 招标文件审计

1) 审计实施情况

(1) 内部审计师初步审核招标文件文本，并就有关条款询问商务楼工程建设指挥部工作人员。

(2) 内部审计师检查招标文件是否与招标投标法、建筑法和建设项目招投标相关的行政法规、部门规章、其他规范性文件以及集团公司关于建设项目招投标的规定相符合。《中华人民共和国建筑法》第二十四条规定："提倡对建筑工程实行总承包，禁止将建筑工程肢解发包。"《建设工程质量管理条例》第七条规定："建设单位应当将工程发包给具有相应资质等级的单位，建设单位不得将建设工程肢解发包。"本次工程招标划分成五个标段是人为将工程肢解发包，与国家的有关规定不符，同时也是为了故意降低招标规模，规避招标监督。招标投标法第二十四条规定："招标人应当确定投标人编制投标文件所需要的合理时间；但是，依法必须进行招标的项目，自招标文件开始发出之日起至投标人提交投标文件截止之日止，最短不得少于二十日。"发放招标文件时间距投标人提交投标文件的截止时间只有5天，与招标投标法第二十四条规定不符。

(3) 内部审计师通过对商务楼工程的设计图纸及其说明进行审查，认为设计图纸符合工程建设有关方面的使用要求。

(4) 内部审计师根据施工图纸计算商务楼工程的投资额、建筑面积、施工工期等主要指标，并与招标文件中的数据核对，认为招标文件中的相关数据计算准确。

(5) 内部审计师到实地观察后认为，施工场地已达到招标文件中的要求，可以正常施工。

(6) 内部审计师通过上网查询、市场调查等方式查阅当地建筑材料价格，将暂定表中材料价格与市场价格进行比较，没有发现重大偏离。

(7) 内部审计师通过审查招标文件的内容、文字发现，招标文件存在以下主要问题：具体评标标准没有对外公开；没有拟签订合同的主要条款，虽然在招标文件中注明以《建设工程施工合同(示范文本)》(GF—1999—0201)为准，但涉及条款的具体内容，如工程款的支付和工程的变更、验收、仲裁等内容不明确，在执行合同过程中容易引起争议；工程价款调整的计算方法没有在招标文件中予以说明；招标文件对工程变更时是否要按投标时同口径优惠等没有说明；缺少什么条件下为废标的条款；缺少什么条件下为无效投标的条款。

2) 审计结果

关于商务楼工程项目招标文件的期中审计报告

某集团公司商务楼工程建设指挥部：

根据我部 200×年度审计计划，我们依据中国内部审计准则的规定，对贵部提交的某集团公司商务楼工程项目招标文件进行了审计。审计目的是评价招标文件是否合法合规，内容是否全面完整。

通过审计，我们认为，该招标文件存在以下问题：

一、招标文件将工程划分成5个标段招标，与建筑法第二十四条规定和《建设工程质量管理条例》第七条规定不符，是人为将工程肢解发包。

二、招标文件内容不全面，缺少以下条款：具体的评标标准；拟签订合同的主要条款；工程价款的调整方法；工程变更时是否需要按投标时同口径优惠；废标和无效投标的条款。

三、发放招标文件时间与投标人提交投标文件的截止时间只有 5 天，与招标投标法第二十四条规定不符。招标投标法第二十四条规定："招标人应当确定投标人编制投标文件所需要的合理时间；但是，依法必须进行招标的项目，自招标文件开始发出之日起至投标人提交投标文件截止之日止，最短不得少于二十日。"

为此，我们提出以下审计意见：

一、将工程的 5 个标段合并成一个标段，实行工程总承包。

二、招标文件增加以下内容：拟签订合同的主要条款；工程价款的调整方法；明确工程变更时是否需要按投标时同口径优惠；废标和无效投标的条款。

三、具体的评标标准及细则应当随招标文件对外发布。

四、延长提交投标文件的截止时间，截止时间至少延迟到 3 月 31 日。

请贵部按照上述要求修改招标文件，将整改结果在××月××日之前函告我部，同时附上修改后的招标文件。

某集团公司审计部(印章)　　　　　　　　签发人：×××

200×年××月××日

3. 报名单位资质审计

1) 审计实施情况

(1) 内部审计师审核各投标报名单位的书面证明文件，着重审查资质证明文件是否符合招标公告提出的各项要求，是否假冒资质证明文件，资质证明文件的正本与复印件是否一致。经查，内部审计师发现 A 公司的资质为房屋建筑工程施工总承包二级，与招标公告中要求不符，不能作为投标单位。

(2) 内部审计师审核工程建设指挥部关于各投标报名单位资质审查的会议记录及决定。

(3) 内部审计师对各投标报名单位进行实地考察，具体考察以下几方面：查询各投标报名单位的工资册、社保缴费记录等，了解拟在施工现场所设项目管理机构的项目负责人、技术负责人、项目核算负责人、质量管理人员、安全管理人员是否是投标报名单位的员工；实地观察各投标报名单位的基本情况，进一步了解各投标人的证明文件是否属实。审计发现，B 公司、F 公司的项目经理在其所在公司工资册没有名字、没有社保缴费记录。内部审计师又向 B 公司、F 公司的人事部门了解近期人事调动情况，得知这两位项目经理均不是刚刚从外单位调进来的。结果证明，B 公司、F 公司的项目经理不是上述两家公司的工作人员。

(4) 内部审计师到建设主管部门、招投标管理部门、监察局等政府职能部门查询各投标报名单位的情况，着重了解各投标报名单位是否有重大违纪违规问题。内部审计师了解到 B 公司、C 公司有行贿记录，B 公司有两次因串标被行政处罚的记录。内部审计师向相关部门索取了 B 公司行贿和串标、C 公司行贿的证明文件(复印件)。

(5) 内部审计师走访各投标报名单位在曾经的施工建设项目中的业主等，着重了解各投标人的管理水平、经济实力、与业主的配合程度、信誉等。内部审计师了解到 F 公司因

施工质量存在问题，至今仍在与某业主单位打官司。

2) 审计结果

关于商务楼工程项目各报名单位资质的期中审计报告

某集团公司商务楼工程建设指挥部:

根据我部 200×年度审计计划，我们依据中国内部审计准则的规定，对商务楼工程项目各报名单位资质情况进行审计。审计目的是评价工程建设指挥部选择参加投标的建筑公司是否恰当。

通过审计，我们发现以下问题:

一、A 公司的资质为房屋建筑工程施工总承包二级，与招标公告中要求不符，不能作为投标单位。

二、B 公司、F 公司的项目经理不是该两家公司的工作人员。《房屋建筑和市政基础设施工程施工分包管理办法》第十五条规定:“禁止转让、出借公司资质证书或者以其他方式允许他人以本公司名义承揽工程。分包工程发包人没有将其承包的工程进行分包，在施工现场所设项目管理机构的项目负责人、技术负责人、项目核算负责人、质量管理人员、安全管理人员不是工程承包人本单位人员的，视同允许他人以本公司名义承揽工程。”建筑法第二十六条规定:“承包建筑工程的单位应当持有依法取得的资质证书，并在其资质等级许可的业务范围内承揽工程。禁止建筑施工公司超越本公司资质等级许可的业务范围或者以任何形式用其他建筑施工公司的名义承揽工程。禁止建筑施工公司以任何形式允许其他单位或者个人使用本公司的资质证书、营业执照，以本公司的名义承揽工程。”B 公司、F 公司的行为实质上违反了上述规定。

三、经调查，B 公司、C 公司有行贿记录，B 公司有两次因串标被行政处罚的记录。F 公司的信誉不佳，因施工质量存在问题，至今仍在与某业主单位打官司。

根据上述存在的问题，我们提出以下审计意见:

贵部应当取消 A 公司、B 公司、C 公司、F 公司的投标资格。由于取消上述 4 家建筑公司的投标资格后，本次参加投标的单位数不符合招标投标法的规定。我们要求贵部重新发布招标公告，重新确定投标单位。

请贵部将整改结果在××月××日之前书面函告我部。

某集团公司审计部(印章)　　签发人：×××

200×年××月××日

二、案例分析与探讨

1. 招标公告审计中，核心是招标公告是否足够公开、公正、公平。招标公开程度取决于招标公告通过什么渠道公布，公布时间长短；招标公告是否公正、公平在于是否设置了不必要的限制性条件，是否符合国家有关规定和本单位规定。

2. 编制招标文件实际上是在标底文件的基础上撰写的。标底文件的合理性与设计图的合理性、工程量计算的正确性、基础数据及单价取值的合理性、设计图概算方法的合理性

有关。招标文件中的核心数据，也是之后定标并签订合同的依据。招标文件中关于这些核心数据的规定是否合法、合理、正确，是否有必要，内部审计人员必须高度关注，否则，可能带来人为限制入围门槛使得公开招标名存实亡，或是将来合同纠纷不断的一系列问题。

请总结，一般招标文件应包含哪些要素？内部审计对招标文件进行审核的工作步骤有哪些？

3. 请思考，总包和分包的优点和缺点各是什么？为何法规提倡对建筑工程实行总承包，禁止将建筑工程肢解发包？

进一步思考，应如何判断是否存在“人为肢解工程”的情形？

4. 对报名单位资质的审计包括书面资料审核、实地考察和外围资料调查。后两者是否要执行，往往根据此项内部审计任务要求而定，因为后两者所需花费的审计成本是比较高的，而且在实际工作中未必能顺利取证。

5. 在本案例中，内部审计人员发现了书面资质证明文件与招标公告要求不符的A公司仍然被允许参与投标，这种明目张胆的违规事项必须有人对此负责，因此，内部审计人员审核了关于报名单位资质审查会议的资料，以便界定责任。通过对会议记录及决定的审核，内部审计人员能发现会议是否按照既定流程进行集体决策，是否存在一人独断专行的问题，也可能发现某人与某投标单位存在的关系。

6. 本案例中，根据12家公司报名时所提供的书面资料，如果你是当事人，你如何对这12家公司进行排序？请阐述你的理由。

7. 建设工程项目跟踪审计中，招投标审计是非常重要的环节。招投标决定了接受施工任务的单位，而施工单位是否诚信，是否专业，管理是否规范，又直接决定了工程的质量好坏以及能否按时完成。施工单位是建设工程项目跟踪审计需要密切接触的单位。

结合整体案例，你认为对招投标进行全程跟踪审计在哪几个时间点切入比较合适？

第五节　建设项目合同管理审计案例

一、某集团公司审计部对商务楼工程施工合同审计案例

(一) 背景材料

(1) 招标文件内容与本章第四节招投标审计案例相同。工程指挥部将商务楼工程确定为一个标段，实行总承包。E公司投标文件的主要内容为：施工工期300天，商务报价1150万元，优惠率11%；项目经理到位率90%，工程质量等级优良；优良工程增加费为12.345 2万元。评标领导小组决定由E公司中标，并同意作如下变更：因E公司的投标文件有个别项目漏项，同意增加工程总价30万元；因E公司没有考虑到台风因素对施工工期的影响，同意延长工期15天。

(2) 200×年4月15日，工程建设指挥部与E公司就该合同的条款达成一致意见，订立了商务楼工程施工合同，将土建、桩基、消防、水、电及暖通安装工程全部承包给E公司。

(二) 审计实施情况

(1) 内部审计师仔细审阅招标文件、招标答疑文件、标底文件、投标保函、投标资质证明文件、投标文件、投标澄清文件、开标记录、开标鉴证文件、评标记录、定标记录、中标通知书、合同初稿以及其他相关文件，将各种文件和记录进行了核对。

(2) 内部审计师复算工程的数量、建筑面积、合同价格、施工工期等关键数据。经查，合同中工程总价1180万元与投标文件中的1150万元不符；合同中施工工期315天与投标文件中的300天不符；招标文件中要求工程质量等级为优良且施工单位已计取优良工程增加费，而合同中约定为合格。《中华人民共和国招标投标法》第四十六条规定："招标人和中标人应当自中标通知书发出之日起三十日内，按照招标文件和中标人的投标文件订立书面合同。招标人和中标人不得再行订立背离合同实质性内容的其他协议。"因此，对上述这些实质性条款，双方不得调整。

(3) 内部审计师审查施工合同的合法性、合规性和合理性；审查合同条款的真实性和完整性。经审计，以下主要内容不全：

① 该合同没有工程变更后如何进行造价调整的条款，不利于建设过程中工程项目局部变更后造价的调整。

② 工程进度款支付比例过高。财政部、建设部制定的《建设工程价款结算暂行办法》(财建〔2004〕369号)第十三条第三款规定："根据确定的工程计量结果，承包人向发包人提出支付工程进度款申请，14天内，发包人应按不低于工程价款的60%，不高于工程价款的90%向承包人支付工程进度款。按约定时间发包人应扣回的预付款，与工程进度款同期结算抵扣。"合同约定工程进度款支付比例为98%，与财政部、建设部上述规定不符。

③ 罚则条款不全。该合同没有项目经理达不到投标文件中承诺的到位率的罚则条款，没有工期罚则条款，没有达不到约定的工程质量等级的罚则条款，没有违法分包或非法转包的罚则条款。

④ 个别条款不够公平。合同约定："当施工材料比上年同期上涨10%时，即视为不可抗力，甲方应承担50%材料上涨损失。"材料上涨不应当属于不可抗力，本条款显失公平，增加甲方的风险。

⑤ 发包人驻现场工程师职责不明确。

⑥ 合同第二十一条"仲裁不成时，可直接向E公司总部所在地中级人民法院起诉"，与法律规定不符并且不利于甲方风险管理。

⑦ 缺少有关建设项目审计的条款。

(三) 审计结果

关于商务楼工程施工合同的期中审计报告

某集团公司商务楼工程建设指挥部：

根据我部200×年度审计计划，我们依据中国内部审计准则的规定，对商务楼工程的施工合同进行审计。审计目的是评价施工合同是否合法、内容是否完整。

一、审计发现的主要问题

(1) 合同部分内容与招投标文件不一致。合同中工程总价1180万元比投标文件中的1150万元多出30万元；合同中施工工期315天比投标文件中的300天多出15天；招标文

件中要求工程质量等级为优良且要求投标单位计取优良工程增加费，合同中约定工程质量等级为合格。招标投标法第四十六条规定：“招标人和中标人应当自中标通知书发出之日起三十日内，按照招标文件和中标人的投标文件订立书面合同。招标人和中标人不得再行订立背离合同实质性内容的其他协议。”上述情况与招标投标法第四十六条规定不符。

(2) 合同条款不完整或内容不齐全。合同中没有工程变更后如何进行造价调整的条款；没有项目经理达不到投标文件中承诺的到位率的罚则条款；没有工期罚则条款；没有达不到约定的工程质量等级的罚则条款；没有违法分包或非法转包的罚则条款；缺少工程审计的相关条款；发包人驻现场工程师职责不明确。

(3) 合同中有些条款给甲方增加风险。合同约定工程进度款支付比例为 98%，与《建设工程价款结算暂行办法》(财建〔2004〕369 号)规定不符。该办法规定，发包人应按不低于工程价款的 60%，不高于工程价款的 90%向承包人支付工程进度款。合同约定：“当施工材料比上年同期上涨 10%时，即视为不可抗力，甲方应承担 50%材料上涨损失。”材料上涨不应当属于不可抗力，本条款显失公平，增加甲方的风险。合同第二十一条“仲裁不成时，可直接向 E 公司总部所在地中级人民法院起诉”，与法律规定不符，并且不利于发包方的风险管理。

二、审计建议

(1) 对工程总价、质量等级、施工工期等核心内容不得调整，必须与投标文件、招标文件要求相一致。

(2) 完善合同条款。增加工程变更后如何进行造价调整的条款；增加项目经理达不到投标文件中承诺的到位率的罚则条款；增加工期罚则条款；增加工程质量达不到约定的等级的罚则条款；增加违法分包或非法转包的罚则条款；进一步明确发包人驻现场工程师职责。

(3) 取消有关材料上涨“视为不可抗力”的条款。

(4) 修改合同条款。按照财政部、建设部《建设工程价款结算暂行办法》(财建〔2004〕369 号)的规定，降低工程进度款的支付比例。将“仲裁不成时，可直接向 E 公司总部所在地中级人民法院起诉”改为“双方如有争议并协商不成时，应向工程所在地的法院起诉”。

请贵部根据上述审计意见修改合同文本，并将修改后的合同文本于××月××日之前书面函告我部。

某集团公司审计部(印章)　　签发人：×××

200×年××月××日

二、案例分析与探讨

1. 建设项目合同管理审计首先应审核合同的主要条款是否与招投标文件一致，否则招投标环节就失去了意义；其次，应审核合同条款是否符合法律规定；最后，应审核合同签订是否在遵循法规的基础上维护了本单位的利益。内部审计的立场始终是为本单位服务，但一定要在合法合规的底线上，如果本单位违法违规，内部审计应该指出来，并采取措施防止进一步的风险和损失。

2. 在合同签订中，罚则条款为何如此重要呢？这是因为要让一件事情能够不折不扣地被执行，那么一定要建立奖惩机制。罚则条款能防止被约束方的不道德行为、防止其消极对待合同事项，如果触犯了罚则条款，则被约束方必须为此付出高昂的代价。为了确保罚则条款的实际效力，罚则条款不能走形式，更不能缺乏操作性。对于本单位最为关心的事项，为了保证其切实按合同落实，就应考虑为此专门设立罚则条款。

请思考，可以在建设项目合同中设立哪些罚则条款？

3. 为防止将来出现合同纠纷，规避不利情形带来的损失，合同条款在签订时应具备预见性。罚则条款、有关不可抗力的条款、有关诉讼、仲裁的条款都是对重要的未来事项进行约定的形式。合理的有预见性的合同条款是双方单位进行有效风险管理的途径。建设项目合同管理审计是内部审计发挥在风险管理中的作用的具体体现。

第六节 建设项目工程管理审计案例

一、某集团公司审计部对商务楼工程项目管理审计案例

(一) 背景材料

某集团公司商务楼工程的甲方代表是工程建设指挥部，施工单位是E公司，监理公司是W公司。该工程的施工阶段发生以下情况。

(1) 工程建设指挥部组织了一次施工用的材料招标采购，采取了邀请招标方式。主要的材料有200×400瓷砖、半隐框玻璃幕墙、外墙涂料、塑钢推拉窗、花岗岩。指挥部对每种材料均指定了具体的品牌、规格、型号，确定供应商的单位和供应价格，施工单位负责接收材料及付款。施工单位参与了材料招标采购的全过程。

① 200×400瓷砖、花岗岩。对于这两种材料，工程建设指挥部选择3家材料供应商进行投标。在投标之前，有一家供应商决定不参加投标，实际只有两家供应商参加。甲公司、乙公司的报价如表7-4所示。

表7-4 甲公司、乙公司对瓷砖、花岗岩的报价

品种、规格	数量(m^2)	甲公司(元/m^2)	乙公司(元/m^2)
黑金砂普通板2.5 cm	300	600	595
白麻普通板1.8 cm	400	155	165
603普通板	2500	70	75
玄武黑	100	95	95
桃花红	200	50	49
200×400瓷砖	500	60	65

经比较，工程建设指挥部决定选择甲公司为材料供应商，并通知了施工单位E公司。E公司提出甲公司是外地公司，其材料质量难以保证、供应时间不及时，会影响工期和工程质量，不同意选择甲公司，要求选择乙公司。指挥部同意了施工单位E公司的意见，正

式确定乙公司为瓷砖和花岗岩的供应商。

上述材料的市场平均供应价如表 7-5 所示。

表 7-5　瓷砖、花岗岩的市场平均供应价

品种、规格	数量(m^2)	市场平均供应价(元/m^2)
黑金砂普通板 2.5 cm	300	550
白麻普通板 1.8 ㎝	400	135
603 普通板	2500	60
玄武黑	100	95
桃花红	200	40
200×400 瓷砖	500	45

工程建设指挥部出具的材料签证价如表 7-6 所示。

表 7-6　瓷砖、花岗岩的材料签证价

品种、规格	数量(m^2)	材料签证价(主材价格)(元/m^2)
黑金砂普通板 2.5 cm	300	595
白麻普通板 1.8 ㎝	400	160
603 普通板	2500	70
玄武黑	100	95
桃花红	200	49
200×400 瓷砖	500	65

施工单位 E 公司要求乙公司支付花岗岩、瓷砖总造价 10%的管理费，否则，今后办理工程结算时，材料款不予支付。乙公司同意了施工单位 E 公司的要求。

② 半隐框玻璃幕墙、塑钢推拉窗。指挥部工作人员参照工程造价信息中心的价格，分别与 3 家长期在某集团公司施工的公司进行谈判。工程建设指挥部出具的半隐框玻璃幕墙、塑钢(实德型材)推拉窗每平方米的签证价(计取管理费后的综合单价)分别为 550 元、145 元，按市场平均供应价为基础并计取相应管理费后的单价分别为 510 元和 145 元。施工单位 E 公司要求半隐框玻璃幕墙、塑钢推拉窗的供应商支付管理费 5 万元，否则不予进场施工、不予支付工程款。供应商只好同意上述要求。

③ 外墙涂料。工程建设指挥部选择了 3 种品牌，共有 8 家供应商参加投标。招标文件中要求各投标单位的报价形式为每平方米的价格，报价包括材料费、运输保管费、人工费等完成外墙涂料施工的全部费用。经过评标，工程建设指挥部确定了 G 种品牌及其单价，每平方米 85 元。工程建设指挥部出具的签证单是：××品牌的外墙涂料，单价是 85 元/m^2。

(2) 施工合同履行期间出现特殊情况及监理工程师处理意见如下：

① 施工合同总价 1150 万元人民币，合同工期 18 个月，履行过程中，出现下列情况：

a. 由于建设单位提出对原有设计文件进行修改，使施工单位全场性停工待图 45 天(日历日，下同)。

b. 在基础施工中碰到地下的文物，使整个工程停工 12 天。

c. 该办公楼 10 号桩基础施工完毕后，建设单位发现桩位偏移。经检查，造成桩位偏移的原因是桩位施工图尺寸与总平面图尺寸不一致，处理方案为补桩。经计算，整改期间，机械、人员窝工损失 4 万元，补桩增加工程费用 1 万元，工期延误 10 天。

d. 在楼面施工时，由于遇到当地罕见的连续暴雨天气，导致施工单位停工 3 天，造成各种损失费用 3 万元。

e. 主体工程施工中，由于施工机械出现故障，使进度计划中关键线路上的部分工作停工 18 天。

f. 施工单位在投标时确定的垂直运输机械为卷扬机，实际施工过程中，施工单位为加快施工进度，自行采用塔吊施工。在安装塔吊时，施工单位停工 5 天，增加塔吊进出场及塔吊基础费用 8 万元。

② 监理工程师处理意见。施工完毕后，施工单位向监理工程师提出工期和费用索赔，监理工程师针对上述情况，分别作出以下处理：

a. 对于因建设单位修改设计文件使施工单位全场停工待图 45 天，同意延长工期 45 天，同时补偿施工单位现场管理费 1150 万元 ÷ 18 月 × 1.5 月 × 1.2%(现场管理费率) = 1.15 万元，公司管理费 1150 万元 ÷ 18 月 × 1.5 月 × 7%(公司管理费率) = 6.71 万元，合计 7.86 万元。

b. 对于基础施工过程中碰到地下文物使整个工程停工 12 天，同意工期延长 12 天。

c. 对于综合办公楼 10 号桩因桩位施工图与总平面图不一致造成桩位偏移，处理方案为补桩，同意工期延长 10 天，补偿机械、人工窝工损失和补桩增加工程费用共 5 万元。

d. 对于楼面施工时遇到罕见的连续暴雨天气，导致停工 3 天，施工单位要求补偿各种损失 3 万元，同意工期延长 3 天，但不补偿费用。

e. 对于因机械故障造成主体工程施工部分停工 18 天，不同意延长工期。

f. 对于施工单位为加快施工进度，自行将垂直运输机械——卷扬机改为塔吊施工，而增加安装工期和费用(8 万元)，不同意延长工期及补偿费用。

综上所述，监理工程师同意延长工期：45 + 12 + 10 + 3 = 70(天)，补偿费用：7.86 + 5 = 12.86(万元)。

(3) 某集团公司商务楼土建工程联系单如表 7-7～7-9 所示。

表 7-7　土建工程联系单

200×年 6 月 10 日　　　　编号：15 号

<table>
<tr><td colspan="7">主送单位：E 公司</td></tr>
<tr><td colspan="7">工程内容：将橡胶地板改为体育馆专用木地板</td></tr>
<tr><td colspan="7">1. 将投标时图纸中要求施工的橡胶地板改为体育馆专用木地板。
2. 原投标时的橡胶地板的造价(计取管理费后的综合单价为 100 元/m²，面积为 1500 m²)全部退出。
3. 体育专用木地板的施工工艺及所用的材料见所附图纸(本案例中省略)。
4. 体育馆专用木地板的综合单价为 350 元/m²，面积为 1500 m²。</td></tr>
<tr><td rowspan="3">施工单位
(盖章)</td><td rowspan="2">经办人员</td><td rowspan="2">复核</td><td rowspan="2">审定</td><td rowspan="3">会签</td><td>建设单位
(盖章)</td><td>×××</td></tr>
<tr><td>设计单位
(盖章)</td><td>×××</td></tr>
<tr><td>×××</td><td>×××</td><td>×××</td><td>监理单位
(盖章)</td><td>×××</td></tr>
</table>

注：投标单位对于该项目是以低于成本价进行投标。

表 7-8　土建工程联系单

200×年 6 月 18 日　　　　编号：20 号

<table>
<tr><td colspan="7">主送单位：E 公司</td></tr>
<tr><td colspan="7">工程内容：不锈钢楼梯栏杆改为铁制栏杆</td></tr>
<tr><td colspan="7">将原图纸中标明的不锈钢楼梯栏杆改为铁制栏杆。工程量由原来的 1000 m 变更为 1200 m，具体变更部分见所附图纸(本案例中省略)。</td></tr>
<tr><td rowspan="3">施工单位
(盖章)</td><td rowspan="2">经办人员</td><td rowspan="2">复核</td><td rowspan="2">审定</td><td rowspan="3">会签</td><td>建设单位
(盖章)</td><td>×××</td></tr>
<tr><td>设计单位
(盖章)</td><td>×××</td></tr>
<tr><td>×××</td><td>×××</td><td>×××</td><td>监理单位
(盖章)</td><td>×××</td></tr>
</table>

表 7-9　土建工程联系单

200×年 6 月 20 日　　　　编号：23 号

<table>
<tr><td colspan="7">主送单位：某集团公司商务楼工程建设指挥部</td></tr>
<tr><td colspan="7">工程内容：要求增加每平方米工程单价</td></tr>
<tr><td colspan="7">近期由于钢材、水泥、电力等主要施工材料价格上涨等不可抗力因素，造成施工成本不断上涨，要求每平方米工程造价增加 50 元，面积 12 190 m²。
同意施工单位的意见。在办理工程竣工结算时，一次性予以补偿。
总指挥：×××(签字)
200×年 7 月 25 日</td></tr>
<tr><td rowspan="3">施工单位
(盖章)</td><td rowspan="2">经办人员</td><td rowspan="2">复核</td><td rowspan="2">审定</td><td rowspan="3">会签</td><td>建设单位
(盖章)</td><td>×××</td></tr>
<tr><td>设计单位
(盖章)</td><td>×××</td></tr>
<tr><td>×××</td><td>×××</td><td>×××</td><td>监理单位
(盖章)</td><td>×××</td></tr>
</table>

(4) E 公司擅自将玻璃顶网架分包给专业队伍施工。该工程玻璃顶网架安装属于专业施工，而 E 公司不具备这方面施工资质，将其包给专业施工队伍××网架厂，玻璃顶网架的单价为 450 元/m²，该单价为材料、安装和管理费等全部价格。其分包没有经过某集团公司商务楼工程建设指挥部同意。

(5) 经过某集团公司商务楼工程建设指挥部同意，将全部消防、水、电及暖通安装工程转包给某水电安装工程公司，该水电安装工程公司具有二级施工资质，与 E 公司办理结算时按二类工程计取管理费(计取不同类别的管理费差额为 2.9%)。

(6) 根据施工图纸的要求，其楼地面的混凝土等级为 C20，面积 6000 m²。在施工过程中，质检站进行检验时，发现混凝土等级为 C15。监理工程师要求施工单位全部返工。E 公司和监理工程师商量，由于是楼地面混凝土，无论是用 C20 还是用 C15 都不会造成工程质量事故，其实楼地面用 C15 已经足够了，监理工程师同意继续使用原 C15 混凝土，不

再整改。

(7) E 公司使用了由监理工程师推荐的配电箱。该配电箱的供应商是监理工程师的同学。

(二) 审计实施情况

根据工程施工阶段审计的特点，可以采取报送审计或由内部审计机构主动审计两种方式，在审计实务中往往是两种方式并存。本案例中的事项 1、2 是由工程建设指挥部一次性报送审计，事项 3、4、5、6、7 是审计部在跟踪审计中发现的问题，因此，分别出具两份期中审计报告。

1. 事项 1 的审计

(1) 内部审计师审阅设计文件和设计图纸，实地察看所采购的 200×400 瓷砖、半隐框玻璃幕墙、外墙涂料、塑钢推拉窗、花岗岩等材料。经查，这些材料品质、规格均达到设计要求。

(2) 内部审计师审阅招标文件、招标答疑文件、标底文件、投标保函、投标人资质证明文件、投标文件、投标澄清文件、开标记录、开标鉴证文件、评标记录、定标记录、中标通知书、采购合同等，检查采购是否合法，程序是否规范。经查，花岗岩及瓷砖的有效投标人不足三家，与招标投标法的规定不符。招标投标法第三十六条规定："在招标采购中，出现符合专业条件的供应商或者对招标文件作实质响应的供应商不足三家的情形时，应予废标。"

(3) 内部审计师选取各种采购材料的样品进行市场调研、网上查询，查阅建筑材料信息价，了解材料的质量、价格及其价格组成并与签证的材料及其价格进行比较。审计发现，花岗岩、瓷砖、半隐框玻璃幕墙的签证价超过市场平均价；施工单位违反规定要求花岗岩、瓷砖、半隐框玻璃幕墙、塑钢推拉窗的供应商支付管理费，从而变相提高了材料价格。外墙涂料签证单价 85 元/平方米，没有说明是综合单价还是材料单价。

2. 事项 2 的审计

(1) 经审阅施工合同的相关条款，比较前后两份设计文件的偏差，询问有关当事人，并对监理工程师计算的应补偿施工单位的现场管理费和公司管理费进行了复算，内部审计师认为，由于建设单位对原有设计文件进行修改，造成施工单位全场停工，可能造成人工调动、生产率下降及机械设备闲置等情况，工期索赔理由成立，应同意工期延长 45 天。但监理工程师的计算方法不对，现场管理费及公司管理费的计算不能以合同总价为基数计算，而应以直接费作为基数，内部审计师根据招标文件、合同及有关规定，确定现场管理费及公司管理费为 4.1 万元。其中，现场管理费：599.5 万元(直接费) ÷ 18 月 × 1.5 月 × 1.2%(现场管理费率) = 0.6 万元；公司管理费：599.5 万元(直接费) ÷ 18 月 × 1.5 月 × 7%(公司管理费率) = 3.5 万元。

(2) 内部审计师审阅发现地下文物的相关记录和施工合同的相关条款，经复核确认延长工期的计算方法及结果。

(3) 内部审计师经比较桩位施工图与总平面图，审定桩位偏移的原因，认为业主应承担相应的责任，施工单位索赔的理由成立，桩位偏移的处理方案恰当。经复核，延长工期天数和索赔金额计算正确。

(4) 经审阅施工合同中对不可抗力的具体约定，复核延长工期的计算方法及结果，内

部审计师认为监理工程师处理正确。

(5) 内部审计师经检查施工记录，分析施工机械出现故障的原因，复核延长工期的计算方法及结果，认为监理工程师处理正确。

(6) 经审阅施工合同和施工记录，分析施工单位更改施工机械的原因，内部审计师认为施工单位擅自将垂直运输机械——卷扬机改为塔吊施工的索赔的理由不能成立，不予延长工期及补偿费用。

3. 事项 3 的审计

(1) 在审查工程变更原因及变更方案时，由于涉及体育专用地板，内部审计师决定利用外部专家服务。

有关部门的专家认为橡胶地板已能满足设计上的功能需要，可以不用更换成专用木地板。内部审计师通过进一步审计，了解到投标时施工单位为增加竞争力，加大中标概率，故意报低价，然后通过设计变更方式把低价的橡胶地板从总价中扣除，把高价的体育专用地板加入总价，从而获取较高的利润。

内部审计师认为将不锈钢楼梯栏杆改为铁制栏杆能满足设计上的功能需要，且可降低工程造价，故同意设计变更。

(2) 经查，工程建设指挥已经建立相应的工程变更管理制度，工程变更程序符合规定。

(3) 内部审计师审阅施工合同中关于不可抗力和造价调整的约定，调查施工期间钢材、水泥等主要材料及施工用电的价格变化，并测算其对工程造价的影响。按合同约定，钢材、水泥、电力等价格上涨不属于不可抗力，由此导致的施工成本上升应由施工单位自行承担，指挥部不需给予施工单位经济补偿。

4. 事项 4、事项 5 的审计

(1) 经检查玻璃顶网架和消防、水、电及暖通安装工程的施工记录，监理单位的监理记录以及指挥部的工作记录和会议纪要，内部审计师发现，玻璃顶网架和消防、水、电及暖通安装工程的施工记录、监理记录中的施工单位不是总包单位，而分别是××网架厂、某水电安装工程公司。内部审计师怀疑这两项工程可能被违规分包或转包，执行下面的审计程序，予以进一步审查。

(2) 内部审计师向指挥部和监理单位询问有关玻璃顶网架和消防、水、电及暖通安装工程的具体施工单位及施工质量，证实了总包单位 E 公司已经将玻璃顶网架和消防、水、电及暖通安装工程转包给上述两个公司。内部审计师将询问结果作了记录并要求相关人员签字。

(3) 内部审计师要求总包单位提供分包及转包的工程合同，要求指挥部提供是否同意分包或转包的书面证明文件，并审查工程合同和书面证明文件。总包单位和分包单位都说没有签订书面合同。指挥部提供了总包单位要求业主同意将玻璃顶网架和消防、水、电及暖通安装工程分包的报告，以及其同意总包单位分包后上述安装工程的会议记录原件及复印件。

(4) 内部审计师检查 E 公司、××网架厂、某水电安装工程公司的资质证书，发现水电安装工程公司只具有二级施工资质，与施工单位必须具备一级施工资质的招标要求不符。

(5) 内部审计师检查工程款项支付情况，查明指挥部已通过银行直接将工程款支付给××网架厂和某水电安装工程公司。

(6) 内部审计师根据图纸、招投标文件、施工合同、信息价等资料，对玻璃顶网架签证价和面积进行复算。经复算，该签证价和面积正确。

5. 事项6、事项7的审计

(1) 内部审计师要求施工单位和指挥部提供质检站关于楼地面混凝土等级的检测报告原件，施工单位以原件已遗失为理由只提供了一份复印件，指挥部提供了一份原件。内部审计师将两份报告进行比较，发现施工单位提供的检测报告是假的。内部审计师和指挥部人员一起找施工单位，施工单位才承认是自己故意造假，蒙骗内部审计师。

(2) 内部审计师审阅施工图纸中关于楼地面的混凝土等级的设计要求，并与检测报告的结果核对。设计明确要求楼地面的混凝土等级为 C20，质检站的检测报告将抽检混凝土等级定为 C15。

(3) 内部审计师审阅施工记录、监理记录，发现施工单位没有返工。于是，内部审计师向施工单位和监理单位了解不返工的原因。施工单位称，由于是楼地面的混凝土，无论是用 C20 还是用 C15 都不会造成工程质量事故，楼地面用 C15 已经足够了，经监理工程师同意，继续使用 C15 混凝土。内部审计师单独询问监理工程师，监理工程师承认确有此事。内部审计师再向工程指挥部了解，指挥部工作人员对此事不清楚。

(4) 在内部审计师调查施工单位私自降低楼地面混凝土等级事项时，有建筑工人向内部审计师反映配电箱质量不好，配电箱的供应商是监理工程师张某某的同学。内部审计师分别向施工单位、指挥部工作人员、监理人员询问配电箱的采购情况，审阅配电箱的采购记录、验收记录、付款记录，现场察看配电箱的安装、质量情况。经查，工人反映的情况属实，配电箱质量没有达到设计的要求，配电箱的供应商是监理工程师张某某的同学。指挥部对此事不清楚。

(5) 内部审计师审阅监理合同，确定监理单位违约应承担的责任。根据监理合同约定，监理公司应承担违约责任，从监理费中扣除 5000 元。

(三) 审计结果

完成了必要的审计程序之后，某集团公司审计部先后出具了下列两份期中审计报告。

关于商务楼工程管理的期中审计报告(编号：×××1)

某集团公司商务楼工程建设指挥部：

根据我部 200×年度审计计划，我们依据中国内部审计准则的规定，对指挥部报送的材料采购和施工单位 E 公司的索赔情况进行审计。审计目的是审查和评价材料采购及索赔的内部控制及风险管理的适当性、合法性和有效性。

通过审计，我们发现以下主要问题：

一、参加花岗岩及瓷砖投标的有效投标人不足 3 家，与招标投标法的规定不符。花岗岩、瓷砖、半隐框玻璃幕墙的签证价超过市场平均价。施工单位 E 公司违反规定要求花岗岩、瓷砖、半隐框玻璃幕墙、塑钢推拉窗的供应商支付管理费，存在材料供应质量下降的隐患。外墙涂料签证单价 85 元/m^2 没有说明是综合单价还是材料单价，在以后办理工程结算时双方可能会有分歧，不利于工程造价控制。

二、由于指挥部对设计文件进行修改，造成施工单位 E 公司全场停工，施工单位 E 公

司的索赔理由成立，但索赔金额计算不正确，实际应支付的索赔金额为 4.1 万元。

根据上述存在的问题，我们提出以下审计意见：

重新组织花岗岩、瓷砖、半隐框玻璃幕墙、塑钢推拉窗的采购招标。在签证单中明确外墙涂料签证单价详细构成。由于指挥部修改设计文件造成施工单位 E 公司全场停工，应支付的索赔金额为 4.1 万元。

整改结果请在××月××日之前书面函告我部。

某集团公司审计部(印章)　　签发人：×××

200×年××月××日

关于商务楼工程管理的期中审计报告(编号：×××2)

某集团公司商务楼工程建设指挥部：

根据我部 200×年度审计计划，我们依据中国内部审计准则的规定，对工程的管理情况进行审计。审计目的是审查和评价工程管理的内部控制及风险管理的适当性、合法性和有效性。

通过审计，我们发现以下主要问题：

一、200×年 6 月 10 日签发的 15 号联系单，经征求专家的意见，橡胶地板已能满足设计上的功能需要，且更换成专用木地板将增加工程造价 37.5 万元。

二、200×年 6 月 18 日签发的 20 号联系单，将不锈钢楼梯栏杆改为铁制栏杆，但联系单上没有铁制栏杆的签证单价。

三、200×年 7 月 20 日签发的 23 号联系单，同意补助给施工单位 E 公司材料价格上涨损失 60.95 万元。根据合同约定，施工材料价格上涨导致施工成本上升应由施工单位 E 公司自行承担。贵部给施工单位 E 公司进行经济补偿的行为违反合同规定。

四、根据合同规定，本工程不得分包，施工单位 E 公司违反合同约定将玻璃顶网架工程分包给××网架厂。施工单位 E 公司违反合同约定和建筑法规定将全部消防、水、电及暖通安装工程转包给某水电安装工程公司。该水电安装工程公司施工资质为二级，与招标时有关施工单位必须是一级施工资质的要求不符。贵部同意施工单位 E 公司将消防、水、电及暖通安装工程转包给不具备相应施工资质的某水电安装工程公司，这种行为将给工程质量带来严重的安全隐患。

五、施工单位 E 公司将楼地面的混凝土等级由 C20 降为 C15，监理工程师没有要求施工单位 E 公司全部返工，给工程质量带来严重的安全隐患。监理工程师在履行监督职责过程中，违反合同约定推销配电箱，且配电箱达不到设计要求，存在严重的安全隐患。

六、贵部对施工单位私自降低楼地面的混凝土等级和安装不合格的配电箱事情一无所知，属于监管不力。

根据上述存在的问题，提出以下审计意见：

一、修改 200×年 6 月 10 日签发的 15 号联系单内容，继续维持原图纸中的橡胶地板设计，不予更改成专用木地板。200×年 6 月 18 日签发的 20 号联系单，补充签证铁制栏杆的单价。撤销 200×年 7 月 20 日签发的 23 号联系单，不能因材料价格上涨补助给施工单位E公司材料价格上涨损失。

二、贵部要根据合同规定，督促施工单位E公司取消与××网架厂的施工合同，督促施工单位E公司取消与某水电安装工程公司的施工合同。由于施工单位E公司不具备玻璃顶网架施工资质，贵部应和施工单位E公司重新签订补充协议，修改合同条款，将原38.1条款“本工程不得分包”改为“经甲方同意，本工程可以分包给具有施工资质的单位施工，但乙方应当向甲方支付违约金，具体金额由双方协商。”贵部应通过公开招标方式选择玻璃顶网架的施工单位。

三、贵部要根据合同约定，督促施工单位E公司拆除已完成的楼地面的混凝土，重新按照图纸施工。贵部要根据合同约定，对监理工程师的违规行为进行处罚，从监理费中扣除5000元。

四、贵部应及时制定工程变更方面的管理规定，督促工作人员加强对工程的监管，防止影响工程质量的事件再次发生。

整改结果请在××月××日之前书面函告我部，我部将从××月××日开始进行后续审计。

某集团公司审计部(印章)

签发人：×××
200×年××月××日

二、案例分析与探讨

1. 事项1中，施工单位E公司对材料供应商选择发表了意见，指挥部也同意了施工单位E公司的意见。你认为，施工单位关注材料供应商的原因是什么？作为指挥部，对施工单位针对材料供应商发表的意见该怎样考虑？

2. 签证单上的价格应该是合同价还是包含了管理费用之后的综合单价？审计人员对于建设项目审计过程中遇到的单价应注意哪些方面？

3. 事项2中，请总结因不可抗力导致的停工、因施工单位的责任、因被审计单位原因导致的停工和损失，在工期和费用索赔方面应如何考虑？

4. 内部审计师如何评估监理工程师意见的客观性和公允性？企业可采取什么措施防止监理工程师与施工单位串通、合谋？

5. 土建工程联系单的作用是什么？工程部在签字批准时应注意什么？内部审计人员应如何审核联系单？

6. 玻璃顶网架安装属于专业施工，施工单位E公司不具备这方面施工资质，因此将其包给专业施工队伍××网架厂。你认为合理吗？为什么会出现这种情况？这是否反映出当初招投标环节的缺陷？工程部应该如何妥善处理这件事情带来的一系列影响？本案例中，工程部的处理是否妥当？单位的财务部在支付工程款项中的处理是否合规，如不合规，正确合理的做法是怎样的？

7. 建设工程中聘请专业中介机构进行各类专业检测的工作应如何操作？检测报告应该提交给谁？如果经过施工单位之手，可能存在什么风险？

8. 事项 7 中，工程中使用的配电箱的供应商是监理工程师张某某的同学，事项本身可能存在什么问题？案例中，内部审计师的工作程序是否合理？

第七节　建设项目工程造价审计案例

一、A 公司建筑装饰工程竣工决算造价审计案例

(一) 基本情况

A 公司是一家从事金融业务的大型国有企业，为了把企业建设成为具有国际竞争力的现代化金融企业，2002 年 3 月，A 公司投资 20 亿在未来将成为国际金融中心的××市金融区建设一座办公大厦。2004 年 10 月，大厦建成后公司委托国内著名的××××造价咨询公司对工程的基建工程进行了决算审计。2005 年 2 月，A 公司通过招标将大厦内装饰工程承包给 B 公司。2005 年 7 月，装饰工程结束，A 公司委派公司审计部对该项工程做竣工决算审计。

2005 年 7 月，A 公司审计部成立 8 人审计组，对该工程项目的决算文件进行了审计，历时 2 个月完成了该项审计任务。

(二) 审计发现问题

1. 定额使用方面的问题

(1) 按国家建设部规定，1996 年后施工完成的装饰工程项目，必须按《全国统一建筑工程基础定额》计算直接费(按定额工料含量，执行地方人工、材料与机械单价标准)，而 B 公司继续套用 1993 年版《全国统一建筑装饰工程定额》，这是不合适的。

(2) 原决算在使用定额含量标准时，有增大定额含量的倾向，另外，在测定直接费单价时，又提高了多种材料及人工的费用标准，例如：

① 花岗岩楼面应套用《全国统一建筑工程基础定额》子目。

在正常做法下，人工工日数标准：24.16 工日/100 平方米，人工费标准 35 元/日，原决算工日数量为：100 工日/100 平方米，人工费 30 元/日。

花岗岩板(665)的市场价应为 220 元/平方米(含运杂费和保管费)，而原决算列为 280 元/平米。

花岗岩下实际抹找平层 6 厘米厚，定额中是按 2 厘米厚情况下的正常做法考虑，所以应增加 4 厘米厚水泥砂浆找平层费用，这部分费用根据土建定额标准测定为 12.78 元/平方米,原决算所列为 50 元/平方米。

锯木屑单价应为 5 元/平方米，而不是 10 元/平方米；锯片单价应为 50 元/片，而不是 150 元/片；白水泥单价为 0.6 元/千克，而不是 1 元/千克；防冻粉应为 8 元/平方米，而不是 12 元/平方米。

搬运材料(从 1 楼到 18 楼)的人工不应另外计算。因为正常搬运的工日已经含在定额工日之中，机械费中含有垂直运输费，在已计算了机械费的前提下，不得单独计算搬运人工费。

② 轻钢龙骨石膏板吊顶项目。由于该吊顶为二级吊顶，所以龙骨部分与吊顶顶面部分应该分别计算单价，不能合并在一起报价，因为二者在计算直接费时面积不一致，龙骨部分用净水平投影面积，而吊顶顶面部分用展开面积。

原决算单价的测定方法正确，但有一部分材料多列，如钢板、方管、螺母、垫圈、机螺丝等。

原决算中石膏板单价22元/平方米，实际价格应为19元/平方米，许多龙骨价格也偏高，另外实际用量小于定额含量，应进行换算。

③ 其余项目的定额套用问题也基本上与上述内容相近，要么增加定额含量，要么提高材料单价、人工单价和机械台班单价。

2. 工程量计算方面的问题

许多项目出现工程量不实的问题。例如墙面乳胶漆项目，在原决算中面积为10 000平方米，实地测量面积为624平方米；再如二级吊顶部分，龙骨面积应为730平米，但原决算按面层的展开面积计算为750平方米。

3. 费用(价格)计算方面的问题

(1) 家具部分。这一部分的单价是按照市场价(即按照商店出售的价格)考虑确定的，已含相应的管理费在内，所以，不能计入直接费参加取费。

(2) 音箱、电气照明部分。该部分是由乙方委托电器商场直接送货上门安装的，据调查，商场报价(含安装费在内)共计 626 233 元，价格基本属实，但电线价格应为 8000 元(有设备清单和协议)，而不是18 000元，所以这部分定价应为616 233元。施工单位在决算时不应将这部分费用列入直接费用参加取费。按照规定，施工单位只能计取3%(地方标准)的施工配合费。

(3) 原决算直接费中的人工费、材料费、机械费均为市场价，不应再调增，所以原费用计算中人工费、机械费的增加项目应该扣除。

(4) 管理费计算错误。按照地方规定，管理费按直接费用标准计算。所以，取费基数应为直接费，不含设计费。集体施工企业管理费费率应为5%，而不是15%。

(5) 独立费。经审计发现，已经甲乙双方签证认可的独立费包括误工费、二次搬运费、夜间施工增加费等项目。项目内容属实，独立费数额正确；但独立费中的误工费属于点工费(共计5800元)，除可以计取税金外，不应计取利润等各项费用，所以应在独立费中将点工费5800元扣除，在税前计算。

(三) 审计建议

审计部建议：

(1) 公司应要求B公司严格按照国家和地方相关工程造价标准进行工程决算；

(2) 公司应该在审计确认的基础上，与B公司议定工程结算方式和金额。

二、案例分析与探讨

1. 工程取费标准取决于工程类别及国家财税政策，准确把握政策规定，严格掌握取费标准，对控制工程造价比较重要。

在工程造价审计工作中，审定取费标准的合理套用是控制工程造价的一条重要途径。

因此，内部审计师在竣工决算审核中要注意工程类别、施工单位资质级别及与之相关的取费标准，按照不同工程类别计取相关的工程费率，确保取费标准的合理性，这样才能加强工程造价管理。

2. 工程决算定额是定额子目所耗用的人工、材料和机械费用的指令性指标，具有面广、交叉的特点，一般的定额项目可直接套用，少数项目需要换算，在工程审计实例中经常存在如下情况：一是把定额中已综合考虑并包含在综合单价里的内容单独列项；二是把费率中包含的内容另外列项计算；三是利用定额单价的换算抬高单价。

因此，内部审计师在审核施工决算套用定额时应注意各专业册的适用范围及使用界限的划分，分清楚哪些费用在定额中已考虑，哪些费用在定额中没有包括，需要现场签证计取，防止低工程套高价定额子目，或已综合计价却又分成几个子目重复计费；对直接套用单价的，主要审查其是否错套、高套；对于定额换算单价的，要审查其换算是否为定额允许及换算方法是否正确。

3. 在工程审计中，工程量是工程造价计算的基础，是施工单位多计工程造价的重要环节和常用手段，是造成建设单位投资增加的一项重要因素。内部审计师应甄别不应计取的工程量并予以扣除。

施工单位为牟取更高的利润，通常会采用各种办法多计工程量。工程审计人员应从各方面入手，核准工程量，才能从根本上提高审计质量，保证工程造价的合理性。

4. 在一般的工程造价中，材料费占总造价的60%～80%，个别工程材料费所占比例更高。在工程审计工作中，准确掌握工程项目的材料价格、实际用量、对应的市场价格、材料质量等情况，对提高审计质量尤为重要。

第八节　建设项目审计综合案例

一、××钢铁集团公司新建生产线投资项目审计案例

(一) 基本情况

××钢铁集团公司(以下简称 A 公司)是一家有着 40 年历史的大型国有企业，2002 年年初，为了应对日益激烈的市场竞争和我国加入 WTO 后新的市场环境，A 公司决定以下属企业××××轧钢厂(以下简称 B 厂)作为投资方，在其基础上新建一条成品钢生产线，该生产线采用当时在世界上比较先进的工艺。A 公司建设该生产线的目标一是提高液体钢的年产量；二是提高产品质量。新产品主要是针对目前国内比较紧缺的汽车钢板市场。

2003 年年底，该生产线的基建、设备安装基本完成。A 公司决定从 2004 年年初开始由公司审计部对新生产线项目投资情况进行审计，审查该项目的立项、实施和完成目标的情况，具体包括立项程序、签订和履行合同的情况、项目实施中出现的问题、项目取得的成果、财务和产量业绩等。2004 年 1 月 10 日，A 公司审计部组成 10 人审计组，开始该项审计工作，到 2004 年 8 月 10 日审计工作结束，该项目历时 9 个月，属于审计部开展时间最长的项目。之后，审计部对该项目又进行了跟踪审计。

(二) 审计发现的问题

1. 项目立项过程中的问题

公司战略规划部在申请该项目立项时，忽略了对投资效益方面的深入考察，没有充分考虑全国钢铁市场的竞争状况及其发展趋势。审计组在查阅相关立项文书以及在询问相关人员的过程中发现，该项目的立项规划书是规划部人员根据以前的资料加工而成，在规划书中对风险估计不足，对未来市场以最乐观的态度进行预计，在一定程度上误导了管理层和其他部门人员。例如，规划部所假设的100%生产能力利用率和100%销售实现程度，这在国内钢铁市场根本不可能实现。根据2003年年底国家钢铁网的统计数据，实际的投资回报率为 7%。规划部也没有考虑未来国内钢铁市场开放后的竞争态势。另外，规划部以近几年国内汽车钢板市场每年 30%的增长率来预计项目投产后的产品市场，这也明显加大了风险。

2. 项目筹资准备中的问题

该项目预计投资 30 亿元，投资资金来源为对外借款和内部筹资，比例为 1∶1，而在项目实施后，公司财务部门仅仅筹集到 4.5 亿元，不足自筹部分的 1/3，导致实际的对外借款和自筹资金比例达到 5.6∶1，大大增加了资金成本，也加大了该项目的财务风险。

公司财务部对筹资结构设计不是很合理，按照常规，这样的大型投资项目的对外借款应该主要是长期借款，但该项目对外借款的 60%是短期借款，由于 2003 年年底国家开始限制钢铁方面的投资，公司从银行的借款变得困难，而且借款成本越来越高。

3. 项目招标过程中的问题

(1) 招标的公开性不够。该投资项目招标涉及 35 个子项目，金额高达 22 亿元，其中有 7 个项目(金额达 9.5 亿元)没有经过公开招标，其余的 28 个项目的竞标者也非常有限(2 个到 6 个)。

矿渣清除系统的招标仅收到两份投标书(仅发出了 4 份)，项目部在技术方面排除了一家投标公司后，直接指定给了 F 公司。尽管项目部解释说这是因为具有这种专门技术的公司很少，再投标会耽误时间、增加成本，但是审计组注意到该项目在连铸车间工程完工后才需要，再次招标在时间上应该完全可行，从而获得更优惠的价格。

(2) 在新生产线建设的招标中，大量的民用工程直接指定给了××××公司(以下简称 C 公司)，项目部解释说，将民用工程和工业工程都承包给 C 公司，是考虑到 C 公司的设备比较完备，把民用工程也承包给他们有利于双方的合作。但是，审计组调查发现项目部的这种说法不成立。事实上 C 公司将大部分民用工程都转包给了一家私营公司，转包的过程也不透明，并且工程完工时间也推迟了 6 个月。

(3) 在一个环形循环加热炉的投标中，有 6 家公司参与竞标，其中两家公司(D 公司和 E 公司)在技术上符合要求。项目部在进一步评估这两家公司的价格中的燃料成本因素时，没有采用招标通知书中指明的 300 吨/小时的生产能力，而是转而以 260 吨/小时作为基础计算评估两家公司的竞标价格，从而使得价格更优惠的 E 公司反而落选，造成 460 万元的损失。

项目部对此解释说，燃料成本的计算可以依据确定无疑的实际耗费，审计组认为对标书的财务评价应该依据投标者所建造的熔炉本身的设计生产能力，而不是估计的最大耗用量。

(4) 对外承包合同不完善，造成不应有的损失。C 公司承包的连铸车间工程推迟了 6 个月才完工，在工程实施过程中由于市场价格变化，增加了 120 万成本。而如果按照国际惯例，这部分在乙方推迟交工期间由于价格上涨而增加的成本不应由甲方负担。

4. 项目实施中的问题

(1) 由于项目部决策失误，连铸车间工程中价值 110 万元和热轧车间工程中价值 68 万元的维修运营配件早于需要一年多购入，造成资金滞压和财务费用的增加。类似的问题还有过早地购入生产用原材料。

(2) 连铸车间工程中，按照合同规定，初步验收合格后，甲方才需要支付 5%的合同价款，但是实际却是在仍有 20 处不合格的情况下，就对 B 厂支付了 80%的合同价款。

(3) 热轧板材工程项目建设中为建造蛇形管地基花费了 78 万元，而这并不是该投资项目所必需的。

(4) 由于承包商安装设备延期 17 天，造成产量损失 50 吨，相当于毛利润 32 万元。按照合同规定，由于乙方原因推迟完工，甲方可以获得 5%合同价款的赔偿金。本项目各项工程除环形加热炉外，全部推迟 3 到 20 个月完工，应获赔偿金 268 万元，而实际只获得 89 万元。

5. 项目完工方面的问题

由于通货膨胀、利率上浮和预算不准确等原因，项目成本已从计划的 30 亿元增长到了 38 亿元。其中主要由于自筹资金不足，也不及时，大量资金来源于高息的对外借款和短期拆借，使得利息费用从计划的 8 千万元上升到 4.6 亿元，这是引起成本超支的主要原因。

(三) 审计建议

鉴于在本次审计中发现的诸多问题，审计部建议：

(1) 建立、健全完善的重大投资管理制度，充实各部门的人力资源，明确各部门职能和责任。由于本次审计的投资项目是近 10 年内集团公司投资最大、建设时间最长的项目，建设单位既有国内建筑商，也有国际知名企业。在这项投资实施过程中，公司原有制度的落后以及人力资源的不足已经成为制约企业今后发展的主要因素。为了使项目建成后实现增加产量和提高产品质量的目标，在集团企业内尽快建立健全各项投资管理制度，完善部门管理机制。另外，由于新建生产线中许多工艺在国际上都是比较先进的，目前的生产人员明显不能适应未来生产需要，审计部建议集团公司采用培训、转岗、外聘等多种形式尽快充实人力资源，以在生产线建成后能够尽快产生效益。

(2) 对在审计中发现有舞弊迹象的问题继续深入调查。审计组在本次审计过程中，收到几封职工举报信，而且在调查中也发现许多职工对项目投资管理中的暗箱操作、盲目指挥等行为有诸多抱怨，但由于这次审计在人员配置、时间安排上没有考虑到要进行深入的舞弊审计，所以建议公司成立一个舞弊调查组，根据本次审计发现的线索，对该项投资中涉嫌舞弊的行为做一次彻查。

(3) 对违反招投标程序，给企业造成损失的责任人进行处理。该投资项目部未对连铸车间工程进行严格的招标程序，直接指定给 C 公司承建，C 公司又转包给不具备资质的一家民营企业承建，导致工期延误 6 个月，给 A 公司造成损失。审计部建议通过法律程序追究 C 公司的责任，追偿 A 公司的损失；对于不经过公司招标制度就将工程指定给 C 公司的项目部负责人给予相应的处罚，如果在进一步的调查中发现其他问题，必要时移交纪检、

法律部门处理。

(4) 成立投资合同执行监督小组，专门负责本投资合同后续执行的监督工作。该次投资是A公司多年来最为重大的投资项目，事关企业集团今后数十年的存亡。加强对投资项目合同执行的监督，一是为了保障工程质量；二是为了避免不必要的损失和浪费；三是为以后的生产和继续投资积累经验。合同执行监督组成立后可以专门负责对承包商违约责任进行追偿。

(5) 提高财务部门筹资管理能力。鉴于A公司财务部门目前人员只能执行日常记账职能，与现代企业财务管理的内在要求相距甚远，审计部建议通过猎头公司推荐或者在人才市场公开招聘具备现代企业财务管理技能、掌握现代金融知识的专门人才。

总体而言，该项投资决策是正确的，对于集团企业的发展至关重要，项目投产后将极大增强集团的竞争力，使集团产品结构更加丰富。鉴于我国汽车市场将进入稳步发展阶段，汽车钢板的生产将会是A公司新的稳定的利润增长点。另外，在这项投资整个运作过程中，公司积累了丰富的经验，为今后企业投资管理打下比较坚实的基础。

但是，这项投资带给A公司的教训也是巨大的，主要表现在计划工作不细致，对运作过程的困难和风险估计不足，导致了不必要的损失。另外，A公司对承包合同执行情况不能及时监督，由此造成了损失。

二、案例分析与探讨

1. 本案例中，项目立项过程中，规划部的许多工作做得不到位。首先，没有采集客观公正的宏观数据和行业数据。规划部至少应通过市场调研、实地考察来验证项目立项规划决策中所依赖数据的可靠性。其次，没有用动态的眼光考虑宏观数据和行业数据的变化趋势。对于大型投资，从立项到正式投产需要两三年，而这两三年中会发生许多情况，许多立项决策当时所依赖的重要数据可能都发生了变化，尤其在我国目前行业数据不够全面、准确、及时，政府政策和决策未必能快速反应的情况下，对重要数据的实地考察就显得尤为重要。

另外，如果一个项目受到本单位权威领导的推崇，则规划部在规划该项目时可能已经带有一定的倾向性，且通常会比较激进。

2. 项目筹资审计重点在于筹资风险是否在企业的可承受范围之内，因而筹资结构很重要，包括外来资金与自有资金的匹配、长短期借款与项目建成后资金流的匹配、对金融衍生产品的组合运用等。

如果实际筹资情况与筹资计划相差太远，管理层对财务部的预测能力、筹资能力、资金运转能力的评估将是负面的。由于资金是企业运行的血液，如果某个重要项目的筹资情况不乐观，项目资金需求就可能挤占日常资金需求，因此内部审计人员还要考虑其对企业日常运行的影响。

3. 对于招投标，本案例中采取公开招投标子项目的比例只有 56.82%，明显偏低，而且已采用公开招投标子项目的招投标过程也非常不规范。虽然目前我国招投标机制本身也并不很完善，存在许多漏洞，但是目前没有其他更合理的机制能予以替代。

本案例中的项目组似乎非常排斥招投标，而且在招投标中进行人为操纵，破坏招投

标自身的公开、公平、公正性。内部审计人员应该持职业怀疑态度，对项目组是否违规牟利，是否存在滥用职权、收受贿赂及回扣等方面进行延伸审计，或申请专门开展舞弊审计。

进一步思考，当审计发现不是原审计计划中的审计目标，超越了审计计划中的审计范畴时，内部审计人员有哪几种选择？分别应如何操作才符合内部审计操作流程？

4. 本案例中关于项目实施中的问题，其导火线已在前面的环节埋下。正是由于相关决策失误，招投标过程中存在猫腻，合同签订不规范等原因的存在，导致了企业工程质量的丧失、资金的损失、时间的流逝。因此，项目跟踪审计的切入点一定要找准，一定要及时开展审计，争取防患于未然。

本案例中实施的是建设项目事后审计，发现问题已经为时过晚，只有期望通过完善相关内部控制和管理制度，防止类似问题再次发生。对于投资30亿的项目，没有实施项目跟踪审计是不合适的。现代企业应该建立一个标准，对于投资额超过既定额度的项目，及早安排项目跟踪审计，把握好项目管理的主动权。

5. 本案例中，项目部将大量的民用工程直接指定给了C公司，审计人员发现C公司将大部分民用工程都转包给了一家私营公司，审计人员是怎样发现转包问题的？

6. 环形循环加热炉的投标中，项目组没有采用招标通知书中指明的300吨/小时的生产能力，而是转而以260吨/小时作为基础计算评估两家公司的竞标价格，审计组认为对标书的财务评价应该依据投标者所建造的熔炉本身的设计生产能力，而不是估计的最大耗用量，因此评标结果不公正。

你认为应该用设计生产能力还是估计的最大耗用量来评估不同价格的专用设备？请说明理由。

7. 当损失已经发生时，内部审计人员应该如何采取措施防止损失的进一步扩大，或尽可能地挽回损失？

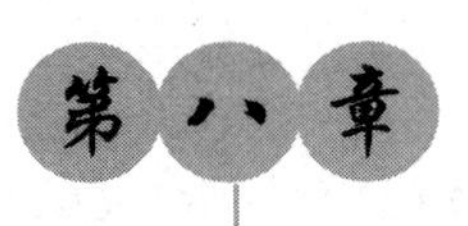

第八章 人力资源审计

第一节　人力资源审计概述

一、审计对象和审计目的

人力资源审计的对象为公司内部人力资源管理的政策、制度、执行程序、操作流程和人力资源信息的运用方面。

人力资源审计的目的是通过对企业人力资源的全面检查，促进企业真正合理地使用自身所拥有的人力资本，从而能够充分有效地调动不同层级的人力资本载体者的积极性和创造性。

二、应获取的资料

1．审计人员应获得的书面资料

(1) 现存的人力资源政策和各项制度；

(2) 组织结构图和流程图；

(3) 人力资源的预算与支出；

(4) 人事文件和记录；

(5) 部门岗位职务说明；

(6) 新雇员工名单；

(7) 离职员工名单；

(8) 离职谈话记录；

(9) 员工申诉记录(例如歧视性待遇、骚扰和人身安全)；

(10) 人力资源报表；

(11) 员工报酬与福利等的相关记录；

(12) 各种表格(例如申请表和内部表格)。

2．审计人员与相关人员的谈话内容

(1) 高层管理人员对公司的感受和他们的目标；

(2) 高层管理人员工作的强项和弱项；

(3) 员工对公司和高级管理层的感受；

(4) 管理人员与下属的关系；

(5) 主要的人力资源问题；

(6) 哪种人力资源功能发挥得好；

(7) 哪种人力资源功能需要改进。

三、审计内容

1．员工招募审计

(1) 员工填补空缺的时间和成本是多少，是否有度量。

(2) 人力资源部门如何知道需要招募新的员工。

(3) 招募活动是否得到批准。

(4) 人员流动率是否过高。

(5) 空缺职位信息是在内部公开，还是在互联网上公开。

(6) 员工在录用前是否经过测试。

(7) 人力资源部门是否与员工进行全面的面谈。

(8) 人力资源部门是否根据证明及背景调查来确定录用。

(9) 人力资源部门有无录用推荐程序。

(10) 是否有恰当的管理层批准新招募的员工入职。

(11) 人力资源部门是否使用了新雇员工文件清单(应该包括以下内容：录用信、任职申请、个人资料、保密协议、员工登记表、薪酬分析、面试评价表、证明材料、职业道德和价值观声明)来保证所有必需的文件都已取得并保存在员工档案中。

(12) 新员工的档案是否被复核以保证所有文件均已保存在档案中。

2．工资报酬审计

(1) 劳动者权益(包括薪酬待遇、福利、保险)在企业契约中是否有明确规定，是否得到实行，有无与国家相关制度相抵触的情况。

(2) 按照薪水级别排列的薪水清单中是否存在薪水级别上有重要的不公平或支付的薪水超出合理范围的情况。

(3) 薪资制度中是否有确定的薪级和浮动范围。

(4) 绩效考核和与其联系的薪金支付计划是否一致。

(5) 人力资源部门有否定期与市场薪水进行比较。

(6) 人力资源部门有否进行薪资调查，薪资调查是否为最新。

(7) 人力资源部门有无福利性的长期投资计划，有无对雇员关心的福利项目进行审查。

3．培训与开发审计

(1) 人力资源部门有无正式的培训和发展计划。

(2) 员工是否可以接受所有可以使他们的工作更有效的培训。

(3) 人力资源部门有无对培训依据、培训计划、费用预算、培训方式等方面的规定。

(4) 员工培训的各种方式是否达到预期的培训效果及效率。

4．管理审计

(1) 有无关于信息的收集、文档记录等规定。

(2) 有无制定绩效考评指标。

(3) 采取何种绩效评估系统。

(4) 是否以年度的评估来决定薪水。

(5) 是否有正式的、稳定的程序。

(6) 主管是否有效地对他们管辖内的员工进行评估。

(7) 自下而上的反馈是否有效。

(8) 实行什么样的评估方法。

5．员工离职审计

(1) 人力资源部门如何知晓员工的离/辞职。

(2) 离职信息如何传递到工薪部门。

(3) 当前的人员流动率(20%～25%或者更高的流动率意味着员工有较高的不满意度，甚至有潜在的诉讼可能)。

(4) 人力资源部门是否开展离职面谈或者离职后的面谈。

(5) 是否有程序保证所有大额借出的资产(例如笔记本电脑)在员工离职之前全部收回。

(6) 员工在离职之前是否完成了包含有特定的离职原因的调查表，如果有，这些情况是否落实。

(7) 是否有恰当的管理层批准了员工离职。

(8) 人力资源部门是否设置离职程序表以确保所有需要的文件均已完备并保存在员工档案中。

(9) 离职雇员的档案是否包括以下内容：证明已离职的表、离职文件清单、辞职信、离职调查问卷、借出资产备忘录、最终的付款单据的复印件。

6．人力规划审计

(1) 是否建立了人力规划制度。

(2) 人力规划的内容是否包括岗位职务规划、人员补充规划、教育培训规划、人力分配规划等。

7．人力资源效益审计

(1) 基层组织结构是否合理。

(2) 组织内部人员搭配是否合理，工作是否协调。

(3) 人员是否适应本岗位，是否存在人员专业知识与其工作岗位不对口造成人力资源的浪费。

8．员工保障与工作安全审计

(1) 组织是否支付了员工的各种就业保险金。

(2) 组织是否发生安全事故以及事故的处理情况如何。

(3) 生产部门是否有安全措施以及执行情况如何。

9．法务审计

(1) 过去是否有和人力资源相关的法律诉讼。

(2) 当前是否有现实或潜在的法律诉讼。

10．人力资源的效果审计

(1) 人力资源部门职员的技能和资格如何，他们是否有较强的综合能力，进入人力资源部门后是否经过专门的训练。

(2) 人力资源部门是否收集其他先进的公司人力资源管理的资料，是否做过基准比较。

四、审计报告必备要素

审计报告的必备要素有以下两方面：

(1) 描述人力资源流程，识别控制和缺陷。

(2) 提供人力资源方面已知的“最佳实务”，对应最佳实务，评价目前业务的效率和效果。

第二节　人力资源审计案例

一、案例1：A跨国公司对公司人力资源管理审计案例

(一) 基本情况

A公司是一家具有100多年历史的大型跨国公司。A公司诞生于上个世纪初的美国，最早以矿产开发和加工为主业，后来逐渐加大了对机械制造方面的投资。目前，A公司业务遍及全球40多个国家，在25个国家投资设厂或设立分公司，全球员工将近40万。在进入21世纪后，A公司发展速度明显放缓，2003年度更是出现了亏损，A公司董事会已经决定尽快进行从上至下的改革，为此，公司审计委员会临时委派审计部开展公司总部人力资源管理审计。

A公司审计部门于2004年5月决定对公司总部核心部门人力资源管理情况进行审计。审计对象包括总部的12个核心部门和6个机构，这些部门从1995年开始缩减，到2001年底，仅有400人，从1995年到2002年，A公司机构大大简化，职员总数大为减少。本次审计的目标一是确认这些核心部门的职能的发挥程度，以及相应责任的履行情况；二是发现公司人力资源管理中存在的问题；三是对快速变化的市场环境中如何增强总部职工服务能力提出建议。

由于职能审计涉及面较广，每个部门的工作内容差别比较大，必须对审计对象的选择全面考虑，才能在总体上掌握实际情况，因此本次审计采用跨部门同时审计。在审计过程中，审计人员主要采用文件审查、口头和书面询问、图表和图形表述法、利用公司内外相关的指标和研究成果，以及利用以前审计事项涉及人力资源管理问题的跟踪审计结果。

(二) 审计中发现的主要问题

(1) 系统过于复杂，效率低下。审计组通过审阅相关文件和询问公司职员，包括对全球范围内经常与总部来往的公司员工的书面询问，发现目前公司总部组织机构复杂，办事效率不高；不少管理人员认为目前的系统中对职位的划分以及对员工的随意调配是制约有效管理的最大障碍。

(2) 公司总部员工年龄结构不合理，老化严重。审计组调查发现，公司总部45～60岁之间的员工占总数的44%，比相同规模公司平均比例高出很多，这意味着在未来的20年中，公司总部将近一半的职员面临退休。另外，审计组调查公司"后备人才库"发现，进入"人才库"的职员大部分为35岁以下的年轻人，他们主要是为公司中层管理准备，而进入公司"高级人才库"的员工比例明显偏低，即35～45岁之间的员工是公司的一个断层。

(3) 员工职责划分复杂。截至2003年年底，公司总部的工作职位总共有32组(78个小组)，每一组均有不同的职位评价标准。审计组在调查中发现，超过一半的员工认为和其他人相比，公司对自己的工作职位划分不公平。工作划分复杂导致员工调配以及工资、福利系统更加复杂，因为不同的职位组有不同的标准，而同组中也存在不同的工资层次以及相应的特殊条款、条件。

(4) 人员调配不合理，必要的流动性不足。审计组调查发现，大部分管理人员认为公司对人员的工作调配不合理，专业不对口，从其他部门调来的上级对本部门业务不熟，存在外行指导内行的现象，部门负责人对本部门职员工作的质量不能保证，而且公司调配人员到特定岗位的程序并不是完全公平的。

(5) 人员调配的时间缓慢。审计组发现，公司本部核心部门安排一个人员的时间是其他规模相同公司相应部门的2倍。公司核心部门要安排一个人员到合适岗位全过程平均花费150天左右，而如果这个岗位是新职位就需要300天左右。这导致公司内部职员缺乏必要的流动性，因工作量大急需人员的部门对此感到失望。

(6) 管理人员知识结构不合理，出现缺人与冗员并存的现象。审计人员调查发现，由于公司对核心部门人力资源建设没有进行事前有效规划，管理人员知识结构比较单一，在最近几年又没有开展有效的后续教育，目前的人力资源培训仍然沿用八年前的政策，职员们主动学习的积极性不足，另外，员工由于不能有效了解公司人力资源发展规划，其学习也没有目的性。这就导致有些岗位出现冗员现象，而其他要求较高或者比较特殊的岗位很少有人胜任，而出现人力不足现象。

(7) 公司员工的工作积极性普遍较低，抱怨较多。审计组在调查走访中发现，公司员工的工作积极性普遍较低，抱怨较多，员工之间矛盾重重。

(三) 审计建议

(1) 继续改革、完善相关的人力资源管理制度。审计人员通过与公司高级管理人员会谈，大部分管理者认为必须尽快对现有的各项规章制度进行改革，尤其是人力资源管理制度。但是，也有些部门领导对此项改革的可行性表示忧虑。目前大家对各职能部门的职责和作用都有比较明确的认识，在责权利划分上的科学性和可信性较以前有较大提高，但是，在人员调配方面需要进行比较大的变革。

(2) 明确董事会与管理层在人力资源管理中的权责。现有的中级管理人员中，大部分已经在公司工作了二三十年，他们与董事会的关系错综复杂，高级管理层对中级管理人员

的管理不是很有效，甚至有时存在董事会直接过问中级管理人员的人事安排的现象。董事会对高级管理层的人事权干涉过多，导致公司人力资源管理无效，甚至混乱。审计组认为，公司必须尽快明确董事会与执行管理层在人事权上的界限。

(3) 加强公司对人力资源的规划。审计组建议公司借本次改革的机会，在充分考虑公司人力资源现状的基础上，根据公司发展目标，对人力资源建设进行必要的、可行的、细致的规划，以便尽快解决职员知识结构、年龄结构不合理的问题。

(4) 提高公司人力资源管理部门的地位。目前公司人力资源部门由于地位较低，对各部门的人事安排毫无权力，只能做一些人员考勤、职员健康统计、后勤保障等工作。这导致人力资源部门工作人员工作积极性不高，不能认真考虑该部门在公司中的重要性。审计组建议，公司应该提高人力资源部门的地位，明确各岗位的职能和责任，把人力资源部门的工作与公司长期发展的目标紧密联系起来。

(四) 审计评价

公司审计部门在以前年度的审计报告中已经提到了公司人力资源管理存在混乱、矛盾以及重复问题。审计认为，由于公司的人力资源管理制度在1988年修订后，十几年中没有根据全球市场环境的变化进行修订，导致体制僵化，官僚化严重。在最近几年的精简机构过程中，总部人员减少了一半，但是，离开的员工并不是由于竞争被淘汰的，其中大部分是各个部门的优秀骨干，而且35～45岁之间的居多。

随着世界经济全球化步伐的加快，企业之间的竞争日益表现为公司人力资源的竞争，而现代企业对知识型员工的需求正在加大。本次审计组通过的一份匿名调查表明，75%的知识型员工曾经或正在考虑离开企业，这些员工试图离开的主要原因并非是薪资问题，而是工作压力、职位划分不公平、工作调配不合理等原因。他们大多对公司部门中的官僚作风、内部的矛盾气氛和繁重的工作任务不满。针对这一问题，公司在1999年出台过挽留人才的政策，但是这些政策不能从根本上改变现状，所以并不能扭转这种趋势。审计认为，公司的人力资源管理制度必须进行根本上的变革，以适应企业未来发展的需要。

二、案例1分析与探讨

1. 通常在什么情况下会开展人力资源审计？该案例中，开展人力资源审计是基于什么考虑？

2. 该案例中的审计目标有三个，你认为审计部门是否很好地实现了这三个目标？

3. 如果按照前文人力资源概述中对审计内容的划分标准，该案例中的审计发现和审计建议、评价可如何修改？

4. 董事会与执行管理层在人事权上的界限应如何划分？

三、案例2：人力资源审计引发大麻烦(情境案例)

某公司审计总监李由现在一筹莫展，桌子上醒目的文件是人力资源总监送来的关于公司工资信息泄密情况通报，李由翻来覆去看了几遍，几次抓成一团，又几次摊开，眉宇一直未能展开。

半个月前，公司薪酬委员会兼审计委员会主席提请审计部进行一项审计调查，了解公司中层人员薪资政策及其调整情况，供薪酬委员会讨论高管薪酬参考，同时指示，对薪资调整流程实施专项审计。

由于公司实行薪酬保密制度，审计部门从未做过薪酬福利方面的审计，原来人力资源审计仅限于人力资源招募、录用、晋升、考核和培训方面的审计，且考核结果运用于薪酬发放，不列入审计范围，人员晋升流程中涉及晋升后薪资调整的文件也不向审计部门提供。因此，接到这个任务，李由立即想到了授权，审计通知书由董事长亲自签发，总经理也专门找人力资源总监面谈。

李由派出了审计部业务能力最强的两名人员，并专门就此项审计单独签署了保密协议，明确要求对薪酬等敏感信息保密。审计见面会和结束沟通会议上，人力资源总监一直没有好脸色，尤其在结束沟通会议上对审计发现很反感，将很多问题推说为出于保密要求。

现在审计报告和调查报告初稿已出，在人力资源部征求意见多日，人力资源部没有按期回复，却送来一份泄密情况通报。通报指出：公司一直实行薪酬保密制度，多年对工资信息实行不公开、不询问、不讨论的“三不”政策，员工对于薪酬从未有过攀比等。人力资源部怀疑最近进行的审计泄露了薪酬机密。公司在这几天收到数份加薪申请，加薪申请人将自己的薪酬与多个自认为同岗、同档次应该同酬的员工进行了详细比较，所提数据相当准确，这是从未有过的事情。人力资源部正在安抚加薪申请人，对其提供的其他员工薪酬信息不予承认，并要求其提供信息源，相关员工讳莫如深。通报还指出某加薪申请人入职时就是审计师王亮推荐的。

通报提到的那位审计师王亮向李由提出了离职申请，原因也来自于这次审计。王亮在审计中发现，公司薪资调整制度缺乏公平性，审计部门的员工薪资普遍低于公司其他部门，而且审计部每年的加薪申请均被调减为按最低增资额调整，而其他部门还出现申请少，批得多的情况，而那些人往往是审计出问题被处罚的人，审计处罚后获得了更多的补偿。王亮心灰意冷，将此审计发现也写入了审计报告，却被李由在初稿中删掉了。

李由深知王亮的为人，王亮从来不会透露审计中的任何信息，但这次审计对他的冲击是否会让他失了方寸，况且他口头提出不满，并要离职。

李由陷入了沉思，我们都来帮帮李由吧。

四、案例 2 分析与探讨

1. 人力资源审计的目标可以有哪几种？审计目标是如何影响审计范围和审计项目定位的？

2. 开展人力资源审计应特别关注哪些方面？

3. 如何在人力资源审计中做到保密，即有哪些具体措施？

4. 你认为该案例中究竟是谁泄密了？李由应如何去验证？

5. 该案例中审计人员王亮的审计发现是否确凿？审计报告撰写是否合理？李由将部分内容删除的做法合理吗？

6. 作为审计总监，如何激励和团结内部审计人员？对案例中王亮的离职申请应如何妥善处置？

第九章　经济效益审计和经济责任审计

第一节　企业经济效益审计概述

市场经济条件下，所有权与经营权分离和产权多元化是大多数企业的特点，企业的筹资渠道和投资渠道呈现多元化。因此，对于企业的所有者来说，他们要求实行产权监督；对于企业的投资者来说，他们要求知道企业真实的效益状况。在这种情况下，社会要求企业的经济效益审计能够既提供内向服务又提供外向服务；既对企业内部提出建议，帮助其改善经营管理，提高经济效益，同时还要满足企业外部相关利益关系人(如作为企业投资人的政府部门、社会公众和作为企业债权人的银行)对企业经济效益的关注。所以，在市场经济条件下，企业的经济效益审计尤为重要。

我国企业要想在市场竞争中立于不败之地，必须提升自己的竞争实力，实现经济效益最大化。当前，提高经济效益已经成为企业经济工作的中心；开展经济效益审计，则是提高企业经济效益的有效方式和重要途径。经济效益审计是现代审计的主要标志，是现代审计的重要组成部分。它是以提高经济效益为直接目的的新型审计，在审计的目的、职能、内容、方法等方面都突破了传统审计的范围。经济效益审计与传统审计构成一个范围更广、内容更丰富的现代审计体系。

一、企业经济效益审计的概念

1．定义

企业经济效益审计以促进被审计单位经济效益的提高为目的。经济效益审计是指由独立的审计机构或审计人员对被审计单位或项目的经济活动进行综合的、系统的审查分析，对照一定的标准来评定经济效益的现状和潜力，提出提高经济效益的建议，促进其改进管理、提高经济效益的一种审计活动。

2．主体

审计的主体应进一步区分为权利主体和执行主体。审计的权利主体指委托代理关系中的委托人；审计的执行主体指受托的审计机构。审计的权利主体明确了“谁要审”，而执行主体明确了“谁来审”。“谁要审”与“谁来审”的区分，在一定程度上避免了因审计权利主体与审计客体利益冲突而可能造成的不公正，同时，也凸现了审计的独立性特征。

1) 权利主体

经济效益审计的权利主体较为复杂。在单一治理模式下，且所有权人单一时，如个人独资企业，个人出资者即为经济效益审计的权利主体；在所有权人为多方时，如公司制企业，股东大会为经济效益审计的权利主体(董事会下属的审计委员会为其代理机构)。在共同治理模式下，经济效益审计的权利主体可以是各相关利益人建立的共同监督机构，如证监会，也可以是相关利益人中的一方，如股东、债权人、税务机关、工会等。

2) 执行主体

与其他专业审计相同，经济效益审计的执行主体由政府审计机关、社会审计组织和内部审计机构三大部分构成。政府审计机关重点审计以国家投资或融资为主的基础性项目和公益性项目的经济效益；社会审计组织以接受经济效益审计权利主体的委托或审计机关再委托的方式对被审单位或项目的经济效益实施审计；内部审计机构重点审计在本单位或本集团内的经济活动、项目投资等的经济效益。

3．客体

经济效益审计的客体是接受审计执行人审计的经济责任承担者和履行者，即被审计单位或被审计项目。一般而言，审计客体必须是一定的会计主体，包括内部会计主体甚至内部责任会计体系中的投资中心、利润中心、费用中心以及各种特殊目的主体。

4．对象

审计对象是审计行为所指向和作用的承受体，是审计客体受托进行的各类经济活动。

审计的客体明确的是“审谁”问题，而审计的对象解决的是“审什么”的问题。经济效益审计的对象并不完全等同于经济效益审计客体的经济活动，如对于实行责任会计制度的利润中心，其不可控固定成本、不可控利润就不属于经济效益审计的对象。

界定经济效益审计的对象还需要考虑审计权利主体与审计客体间委托代理契约的具体规定。双方约定的经济效益审计的对象可能是审计客体的全部经济活动，也可能是其某项经济活动，乃至是其某项经济活动的某一方面；可能仅约定审计某项经济活动的某一阶段，如规划阶段、实施阶段或其分段结果，当然也可能要求实施跟踪审计，贯穿某项经济活动的全过程。

对企业而言，经济效益审计的对象可能是企业的整体经济效益，也可能仅是其一般经营活动或新增投资方面的经济效益。就一般经营活动而言，经济效益审计的对象又可分为侧重于人、财、物利用效率的管理活动与侧重于产、供、销的市场经营活动。就新增投资效益而言，经济效益审计的对象又可以进一步区分为新增内部投资(如新增生产线)和新增外部投资(新增外部投资还可以进一步区分为外部直接投资和外部间接投资)。

二、企业经济效益审计的特点

1．经济效益审计的主体是独立的审计机构和审计人员

经济效益审计可以由国家审计机关、社会审计组织以及组织内部专设的审计机构来执行；非审计机构、非审计人员进行的审查或者经济分析活动，即使其审查的目的、内容、方法与经济效益审计相似，也不能认为是经济效益审计。

2．经济效益审计是旨在挖掘企业潜力的建设性审计

经济效益审计以挖掘企业内部潜力、增强企业活力、加强企业经营管理、促进和帮助企业提高其经济效益为最终目的。这是和传统审计最显著的区别。传统审计一般是以查错纠弊为主要目的；而经济效益审计的主要目的是促进，而不是防弊。

3．经济效益审计与财政财务审计、财经法纪审计构成了现代审计体系

现代审计体系由三个分支构成：财政财务审计、财经法纪审计和经济效益审计。财政财务审计是对国家机关、企事业单位的财政财务收支活动进行的审计，产生至今已有三四千年的历史。在财政财务审计中，如果发现其存在严重违反财经法纪的行为，接下来所进行的专案审计就是财经法纪审计。通常，我们把财政财务审计和财经法纪审计称为传统审计。经济效益审计产生的时间则较晚，最早进行经济效益审计(即绩效审计)的英、美等发达国家也是在第一次世界大战以后才逐步开展起来的，它是以促进被审计单位提高经济效益为目的的一种审计。因此，经济效益审计是现代审计的一个重要标志。经济效益审计与传统审计共同构成了具有更高审计目的、内容更为广泛的现代审计体系。

4．经济效益审计内容具有综合性

经济效益是企业经济活动的综合反映。经济效益审计除了要审查企业财务收支活动之外，还涉及所有的经营管理活动，是一项综合性很强的工作。

5．经济效益审计方法复杂多样

由于经济效益审计涉及面广、技术性强，审计人员不仅要去发现问题，而且还要提出解决问题的方法和改进建议。除常用的审计方法外，审计人员在审计时还需要大量采用现代经济技术分析方法，这就要求参加经济效益审计的审计人员不仅要精通财务审计，而且还应该具备相关的生产、经营、技术以及管理等方面的知识和综合分析判断能力。

三、企业经济效益审计的分类

(一) 经济效益审计的基本分类

经济效益审计的基本分类就是按照审计内容所进行的分类，将经济效益审计划分为业务经营审计和管理审计两类，前者包括业务经营活动的审计、经济资源取得与使用效益的审计，后者包括管理职能的审计、管理人员素质和绩效的审计。这种分类方法不仅适用于物质生产领域的企业单位，也适用于非物质生产领域的行政事业单位。

1．业务经营审计

制造企业的业务经营活动是在人力、物力和财力资源相互结合的基础上，依次经过供应(包括采购)、生产和销售三个主要的业务经营环节取得经营成果的过程。因此，业务经营审计就是审查被审计单位的业务经营活动和生产力各要素的运用情况，旨在改进其业务经营工作，使其最大限度地利用现有资源，充分利用人力、物力和财力。

业务经营审计的内容包括以下两个方面：

第一，审查业务经营过程的组织是否合理，寻找提高业务经营效率的途径。这部分审计内容由采购供应业务效益审计、生产业务效益审计和销售业务效益审计组成。

第二，审查生产力各要素的运用情况，寻求充分利用人力、财力、物力资源实现最佳经济效益的途径。这部分审计内容由人力资源效益审计、资金运作审计以及设备、原材料、能源利用效益审计组成。

2．管理审计

管理审计直接以被审计单位的管理活动为审核和评价对象，通过审查和评价被审计单位的管理职能以及管理人员素质和绩效的发挥情况，发现企业管理活动中存在的薄弱环节和问题，并提出改善管理、提高经济效益的建议，以达到提高管理水平的目的。

管理审计谋求在现有技术水平和技术装备的条件下，通过改变现有管理组织和管理方法、改善管理素质、提高管理效率等一系列方法来提高企业的经济效益。因此，管理审计以提高企业的管理素质、管理水平和管理效率为主要内容，一方面审查被审计单位决策、计划、组织、领导、控制等各项职能的发挥情况，另一方面审查被审计单位管理人员的素质状况及绩效实现情况。

(二) 经济效益审计的其他分类

1．按经济活动的层次分类

1) 宏观经济效益审计

宏观经济效益审计是从整个国民经济范围内来研究以提高经济效益的审计，是由国家审计机关对国民经济活动及其结果进行综合的、系统的审查分析，评价经济效益的现状并挖掘潜力，促使整个国民经济效益提高的活动。

2) 中观经济效益审计

中观经济效益审计是对部门和地区范围内的经济活动的合理性、有效性进行的审计，其审计内容包括地区和部门经济发展的速度和经济结构，地区和部门重大项目的投资及资源的开发利用效果，地区财政和金融活动的合理性、有效性，地区生产力布局的合理性等。

3) 微观经济效益审计

微观经济效益审计是对企事业单位的业务经营和管理活动的审计。本书所探讨的经济效益审计就是微观经济效益审计。

2．按审计的时间分类

1) 事前经济效益审计

事前经济效益审计是在经济业务发生前所进行的审计，如对计划和预算、投资和更新改造、项目可行性研究、成本预测等内容的审查。事前经济效益审计可以防患于未然，避免决策失误，以及由于预测或计划不周而造成经济损失或经济效益不高的状况。

2) 事中经济效益审计

事中经济效益审计是在经济业务进行过程中所进行的审计。事中经济效益审计可以及时地找出业务进行过程中存在的问题，并采取有效的措施加以纠正。事中经济效益审计是一种动态的审计，主要运用于工期较长的基本建设项目、技术先进复杂的工程项目以及生产周期较长的企业。

3) 事后经济效益审计

事后经济效益审计是在经济业务结束后所进行的审计。审计的内容涉及被审计单位经济活动的各个方面和环节。

3．按审计的范围分类

经济效益审计按审计范围大小，可以分为全面审计、局部审计和专项审计三类。

4．按审计的组织方式分类

经济效益审计按组织方式的不同，可分为定期审计和不定期审计两类。

四、企业经济效益审计的内容

(一) 经济效益实现程度的总体评价

审查经济效益的实现程度，主要借助经济效益指标评价体系，利用财务指标和非财务指标对经济效益的实现程度进行总体评价。

1．财务效益状况的评价

评价企业的财务效益状况，可利用的指标包括：总资产报酬率、净资产(资本)收益率、资本保值增值率、销售利润率、成本费用利润率。

2．资产运营状况的评价

评价企业的资产运营状况，可利用的指标包括：存货周转率、应收账款周转率、不良资产比率。

3．偿债能力状况的评价

评价企业的偿债能力状况，可利用的指标包括：资产负债率、已获利息倍数、流动比率、速动比率、现金比率、长期资产适合率、经营亏损挂账比率。

4．发展能力状况的评价

评价企业的发展能力状况，可利用的指标包括：资本积累率、销售增长率、固定资产成新率、三年资本平均增长率、三年利润平均增长率。

5．经营管理水平的评价

评价企业的经营管理水平，可利用的指标包括：领导决策水平、员工凝聚力和积极性、内部协调控制能力、激励和约束机制。

(二) 业务经营活动的审计

业务经营活动直接影响着企业的经济效益。业务经营活动的审计主要是将有关指标的实际水平与计划、定额、先进水平等进行比较，然后作出评价。

1．常规经营活动的审计

常规经营活动的审计包括对采购、存储、生产和销售等业务所进行的审查。采购业务的审计主要审查采购计划制定的正确性及完成情况、采购方式的合理性、采购批量确定的科学性、采购成本水平以及采购费用水平等；存储业务的审计主要审查储备定额制定的科学性、储备计划的完成情况、储备场地的利用情况、仓库管理制度的健全与有效性以及材料物资的保证程度等；生产业务的审计主要审查生产计划制定的科学性及完成情况、过程的组织与管理水平、生产任务与生产能力的平衡状况、生产产品质量水平以及生产成本水平等；销售业务的审计主要审查销售计划制定的科学性及完成情况、销售方式的合理性、销售费用水平以及销售收入水平等。

2．专项经济活动的审计

专项经济活动的审计包括对固定资产投资、无形资产管理等活动所进行的审查。固定资产投资项目效益审计的内容包括固定资产投资项目可行性研究审计、投资方案决策审计、投资项目中后期经济效益审计以及投资项目敏感性分析与项目风险审计等：无形资产管理审计的内容包括无形资产管理的内部控制制度审计、企业研究开发与产业化审计、企业与外部无形资产联合开发审计、企业内部无形资产开发审计、企业信息网络管理审计、企业人才激励创新机制审计、企业专利产业化制约因素审计以及企业运用专利检索情况审计等。

(三) 经济资源取得与使用效益的审计

经济效益是指投入与产出的比例关系。考察一个企业效益水平的高低，既要看其产出的多少，也要看其投入的多少。经济活动中的投入主要是指企业所占用和消耗的经济资源，所以，资源利用效益也是经济效益审计的重要内容。审查资源利用效益主要是分析各种经济活动中所消耗资源的多少，计算资源利用效益的指标并与相关标准进行对照，从中找出资源利用中存在的问题，提出合理利用资源及提高资源利用效率的措施。经济资源取得与使用效益审计的主要内容包括人力资源效益审计、设备、材料以及能源利用效益审计、资金筹集和运营效益审计等。

(四) 管理职能的审计

企业内部组织或机构的业务经营活动的经济性、效率性和效果性受管理职能发挥的影响。各项管理职能发挥得越充分，就越能促进企业经济效益的提高。管理职能一般包括决策、计划、组织、领导、控制、激励等，对管理职能的审查也就是对这些基本职能的履行情况进行审查。

(五) 管理人员素质和绩效的审计

企业经济效益的好坏取决于其经营管理水平的高低，而企业经营管理水平的优劣从根本上取决于管理人员素质的高低。开展对管理人员素质和绩效的审计，促进被审计单位管理水平的提高是经济效益审计发展的重要方向。

五、企业经济效益审计的标准

1．确定经济效益审计评价标准的一般方法

(1) 将一个项目按管理程序分解成若干个阶段，如建设项目立项(可行性研究)、计划、建设、运营等，针对每个阶段回答“管理者应做什么、怎么做、怎么控制”。问题的答案一般可作为备选评价标准。

(2) 依据国家法规、政策文件、标准手册中的相关规定确定评价标准。

(3) 对审计对象过去一定时期的数据进行统计分析，从而得到审计对象在一般情况下的数据标准。也可将类似审计对象的有关数据作为评价标准。

(4) 依据审计对象及相关单位的预期目标。

(5) 审计人员与审计对象就评价标准问题进行讨论，并将双方一致认可的结论作为评价标准。

除此之外，专家意见、群众评议也可作为评价标准。审计人员无论通过什么方式确定审计评价标准，均须在充分征求审计对象意见基础上，最终确定有关事项效益审计的评价标准指标值。

2. 确定经济效益审计评价标准的注意事项

(1) 评价指标体系要注意相关性、全面性、逻辑性。相关性指的是所设指标要与评价的内容相关联，避免无关指标参与评价。全面性指的是尽量将全部相关的指标都纳入评价指标体系，尽量减少遗漏项。逻辑性指的是在相关性和全面性的基础上合理划分层次，合理确定同层次指标之间的权重。

(2) 效益审计评价的标准要注意客观性和主观性的结合。效益审计评价的标准要做到客观性：一是要尽量使用可以计量的标准，如投资完成额、利润率等；二是尽量使用普遍公认的、约定俗成的或者管理者自己制定的标准，如项目可行性研究、项目协议所规定的标准；三是尽量使用同类可比较的标准或者行业平均值，如造林成活率要使用同地区同树种的平均成活率作为标准。社会活动的复杂性决定了效益评价中不可能排除审计人员的主观判断。从世界银行以及发达国家效益审计的实践来看，审计人员的主观判断在效益审计中仍占有非常高的比重。需要注意的是，审计人员要尽量将主观判断科学化、程序化和标准化。

(3) 吸收国外经验，扩展、深化、完善经济效益审计评价标准体系。

第二节　企业经济效益审计案例

一、产品成本效益审计案例

(一) 基本情况

A 公司是一大型制造企业，其许多产品在市场上均有较高的占有率，但是因利润率不高，近几年又开发了石化新产品 J，以形成新的利润增长点。经过生产销售，市场前景比较乐观。但是，在 A 公司的财务报表上，对于产品 J 的统计显示该产品亏损。公司领导对此比较困惑，委托内部审计部门予以审计核实。审计部门初步调查发现，A 公司一直对该类产品成本的准确性及影响成本效益的诸项因素缺乏有效的归集与整理，盈亏情况缺乏权威的数据。为了真实再现此类产品的成本效益，查找影响成本的因素，为公司生产提供决策依据，内审部门决定开展产品 J 的成本效益审计。

审计人员抽查了A公司为B公司制造的产品J，并进行了全过程的跟踪审计。经查，该产品合同总价××××万元(不含运费)，合同总重×××吨，单价×万元/吨，已经完工交货。

该产品销售发票显示，发票总价与合同总价相符，发票中产品重量为×××吨，比合同中签订的重量多××吨。公司会计报告中该产品的制造成本总额为××××万元，产品亏损××万元(销售收入减去制造成本)；根据同期公司财务报告测算，该产品应负担的管理费用和财务费用为×××万元。销售亏损加上应分担的期间费用，得出该产品J营业亏损为×××万元。

随后，审计人员对构成该产品的成本进行分析对比，计算边际贡献，寻求该成本的真实状况。

经过搜集资料，审计人员没有发现公司关于该产品完整的定额成本、计划成本、目标成本及产品成本责任考核体系，只有相关的基础会计资料。根据公司会计资料，该产品的制造成本主要由水压机锻件、铆焊件、机加工时费和专用费用、材料价差构成。制造成本总额为××××万元，其中水压机锻件×××吨，×××万元；铆焊件×××吨，×××万元；机加工时费××万元；专用费用×××万元；材料价差×××万元。材料价差包括外购材料价差、公司内部煤气、电力、风、水及毛坯半成品差异，公司计算方法为按水压机锻件和铆焊件成本总额乘以10%。公司厂内煤气、风、水、电及半成品等劳务差异的分配方法是在该产品完工月份，用各毛坯车间累计的产品制造成本乘以综合差价率。

(二) 审计中发现的问题

(1) 没有完整的产品定额成本、计划成本、目标成本等资料及产品责任考核体系。针对产品J，审计人员到集团公司计划处调查搜集其定额成本、计划成本等数据，得知因公司没有这方面的责任考核体系，所以也没有数据。目前公司还是以单位为对象考核分厂总费用或成本总额，也称费用包干。问题在于其中的变动费用是随产量增减而升降的，若产量减少，而其中变动费用未随产量以相同比例减少，即使总费用未超年初核定目标，实际也超支，但这往往被忽视，最终易导致所属分厂虽然都节约费用，而公司却出现费用超支的现象。若公司以产品为对象考核产品成本则能避免这一弊端，因生产一定的产品所发生的成本必然有相应的收入做补偿，收入、成本是一一对应的，只要各分厂产品成本不超目标，综合后就不会超支。

(2) 实际交货重量大于合同重量××吨，按×万元/吨计算，损失××万元。J产品合同总重×××吨，设计总图重×××吨，发票中产品重量×××吨。发票重量比合同重量多××吨，损失××万元。

(3) 材料价差分配方法不合理，影响了产品成本的准确性。公司厂内煤气、风、水、电及半成品等劳务差异的分配方法采用某产品完工月份，用各毛坯车间累计的产品制造成本乘以综合差价率。这种分摊方法不合理，因为从消耗内容上看，对于风、水、电等，全公司不仅是毛坯车间使用，非毛坯车间、管理处室、后勤部门等也要使用，所以劳务差异不应仅在毛坯车间分配，而应在全公司分配；毛坯车间的折旧费、工资、外委修理费等是毛坯制造成本中的一部分，但它们没有差异形成，这部分成本被分摊材料价差也属不合理；从分配时间上看，有滞后性，以产品J为例，该产品制造期为××××年12月至××××年8月，其间虽不断投入材料，但集中投料期均在××××年8月前，不可能在完工月份

一次投料，因此按其××××年 8 月完工时当月的综合差异率计算并分配价差，显然准确性不够。

另外，实行综合材料价差率也影响产品成本的准确性，以生产产品 J 所使用的钢板、焊材为例，按计划价格计算为×××万元，以实际采购价计算为×××万元，贷差××万元。但若以计划价格计算的金额×××万元乘以 10%，则产品 J 的钢板、焊材成本还要增加××万元，合计则为×××万元，比实际采购成本××万元多×××万元，比实际多负担近 40%。

(4) 成本结转不实。产品 J 应结转产品销售成本××××万元，实际结转×××万元，少结转×××万元，从而留在产成品账形成潜亏。

(三) 审计建议

(1) 建议公司建立健全严格的产品成本责任考核体系，以产品为对象，按工序或分厂制定产品目标考核成本，确保凡发生的产品成本都有相应收入做补偿。同时，公司也应对分厂进行约束，避免分厂成本计量不准的缺陷。

(2) 建议公司制定严格的产品质量保证体系，如有特殊情况，比如实际产品重量大于合同约定重量的，应力争与用户商议，收回超重货款以避免公司利益受损，也避免因超重部分没有收益造成产品的亏损。

(3) 建议公司细化材料价差、劳务价差分配方法，保证产品成本数据的准确性，给经营订货及公司决策提供有效信息。

(4) 因该产品 J 边际贡献较大，且能创造利润，建议公司加大市场开发力度，同时加大内部挖潜，以免因材料成本等上涨造成该产品不能创造利润。

(5) 建议公司通过对产品 J 的效益审计总结经验，对其他产品的成本进行核实，保证单个产品的成本真实，查找公司产品亏损的真正原因，以便有针对性地整改，为公司带来更大的效益。

二、案例分析与探讨

进行成本效益审计时，审计人员需要对成本流程重新核实一遍，不能仅仅依靠财务部门提供的数据，要对从材料采购到产品销售的全过程进行跟踪，对疑点重点关注，选取合适的项目进行比较分析，使出具的报告具有说服力。

该案例根据需要进行了以下几种成本的比较：

目标成本：根据公司千元销售收入×××元销售成本测算。

会计报告成本：公司有关会计资料所反映的数据。

定额成本：根据材料定额消耗量和材料计划价格计算的材料费、焊接定额工时费及会计报告中的水压机锻造费、冷加工工时费、专用费用、材料价差等相加而得。

实际成本：根据实际材料消耗量和材料采购的实际价格计算的材料费与会计报告中的焊接工时费、锻造费、冷加工工时费、专用费用等相加而得。实际成本的材料费根据实际采购价计算而得，其他费用中除焊接工时费外均是会计报告中的数据。

根据收集到的相关资料，测算得到产品 J 的几种制造成本如下：目标成本：××××万元；会计报告成本：××××万元；定额成本：××××万元；实际成本：××××万元。

1. 成本详细情况

(1) 材料成本。依据材料定额量、实际消耗量及有关计划价格和实际采购价格测算的产品J的材料定额成本、实际成本及会计报告成本分别为×××万元、×××万元、×××万元。这里定额成本是指定额消耗量与计划价格的积；实际成本是指实际消耗量与实际采购价格的积；会计报告成本是指实际消耗量与计划价格的积。

实际材料消耗量低于定额量而降低的成本额为定额成本与会计报告的差，为××万元。

采购价格低于计划价格降低的成本为会计报告成本与实际成本的差，为××万元。

以上两项合计节约×××万元，系实际成本较定额成本的节约额。

(2) 工时费。根据焊接定额工时及相应分厂会计资料反映，工时费定额成本为××万元，会计报告成本为××万元，报告成本较定额成本超支××万元，超支率为××%。焊接工时费超支主要是燃料、动力、工资上涨及产量不均等因素所致。

(3) 水压机件成本因素分析。

钢锭成本分析:

J 产品实耗钢锭×××吨，与定额重相等，总价××××万元，减废料交库××万元后，会计报告中钢锭成本为××××万元。锻出水压机件产品净重×××吨。

锻造费分析：J 产品水压机件锻造费为×××万元，单位成本×万元/吨。二次热处理费××万元，单位成本××××元/吨。均未超出考核标准。

2. 成本比较

1) 目标成本与定额成本的比较

目标成本××××万元 – 定额成本××××万元 = ××万元

即定额成本小于目标成本××万元，说明订货价格高于公司的成本定额水平。也就是说，该产品在材料及水电价格变化不大的情况下，应该不亏损。

2) 会计报告成本与实际成本的比较

会计报告成本××××万元 – 实际成本××××万元 = ××万元

即会计报告成本大于实际成本，主要是材料价差采用综合差价率分配方法所致。该产品实际材料成本小于财务报告中的材料成本。

3) 会计报告成本与定额成本的比较

会计报告成本××××万元 – 定额成本××××万元 = ××万元

即会计报告成本大于定额成本，影响因素包括焊接件材料节约××万元，焊接工时超支××万元，水压机件超支××万元。

4) 目标成本与实际成本比较

目标成本××××万元 – 实际成本××××万元 = – ××万元

即实际成本小于目标成本。公司财务报告中实际成本过高是由于其材料分摊的价差不合理，材料多计入××万元，导致成本高于实际情况。

3. 边际贡献分析

边际贡献是指销售收入减变动成本后的差额，它是产品扣除自身变动成本后给企业所做的贡献。它首先用于收回企业固定成本，如果还有剩余则为利润，如果不足以收回固定成本则发生亏损。

审计人员根据公司会计资料，测算了 J 产品在主要加工分厂发生的固定成本为×××

万元，主要指分摊的工人工资和制造费用。实际成本中变动成本为××××万元(不包括管理费、销售费用中的变动成本)，所以J产品的边际贡献为××万元。如果考虑材料分配的不合理因素，将多计入的材料成本扣回，则边际贡献为×××万元。

产品J应分摊的全部固定成本，经测算为×××万元，所以按会计资料测算的产品J的亏损为×××万元，但扣除多计入的材料成本，则该产品J实际盈利×万元。以上数字比较真实地反映了产品J的盈亏情况，即产品J实际收入××××万元，边际贡献×××万元，边际收入贡献率为××%，实际盈利×万元。

从数据上看，由于J产品有较大的边际贡献，而且实际上该产品不亏损，只是由于公司的材料分摊办法不尽合理导致该产品的账面亏损，因此这种产品的生产是具有发展前途的。但由于A公司固定费用比重大，最终还是导致了利润只有×万元，销售利润率较低。这就提出了在继续积极承揽该种价格水平的产品的前提下，如何减亏或扭亏的课题。在当前订货价格受市场规律制约，难以大幅度提高的情况下，公司只有加强管理，如建立产品成本考核体系，采取压缩固定费用等方法减亏或扭亏。

第三节　企业经济责任审计概述

审计署《内部审计工作规定》第二十一条规定，国家机关、事业单位、社会团体以及其他单位的内部审计机构，应当按照单位主要负责人的要求，对单位内部管理的领导干部履行经济责任情况进行审计。另外，为健全和完善经济责任审计制度，规范经济责任审计行为，根据《中华人民共和国审计法》、《中华人民共和国审计法实施条例》，以及干部管理监督的有关规定，中共中央办公厅、国务院办公厅印发了《党政主要领导干部和国有企业领导人员经济责任审计规定》(中办发〔2010〕32号)。2014年7月27日，中央纪委机关、中央组织部、中央编办、监察部、人力资源社会保障部、审计署、国务院国资委联合印发了《党政主要领导干部和国有企业领导人员经济责任审计规定实施细则》。这些法规促使我国企事业单位的内部审计在开展经济责任审计工作上逐步向规范化和法制化方向发展。

一、企业经济责任审计的概念

企业经济责任审计是指内部审计师依据规定或接受委托对企业内设机构及所属单位负责人任职期间所在单位资产、负债和损益的真实性、合法性和效益性，以及有关经济活动应当负有的责任，包括直接责任和主管责任进行的一种独立客观的监督和评价活动。

直接责任包括以下几方面：

(1) 直接违反法律法规、国家有关规定和单位内部管理规定的行为；

(2) 授意、指使、强令、纵容、包庇下属人员违反法律法规、国家有关规定和单位内部管理规定的行为；

(3) 未经民主决策、相关会议讨论或虽经相关会议讨论但在多数人不同意的情况下直接决定、批准、组织实施重大经济事项，并造成重大经济损失和浪费、资产(资金、资源)

流失等严重后果的行为；

(4) 其他失职、渎职或者应当承担直接责任的行为。

主管责任包括以下几方面：

(1) 被审计单位负责人对其直接分管的工作不履行或者不正确履行经济责任的行为；

(2) 主持相关会议讨论或者以其他方式研究，并且在多数人同意的情况下决定、批准、组织实施重大经济事项，由于决策不当或者决策失误造成重大经济损失和浪费、资产(资金、资源)流失等严重后果的行为；

(3) 因制度不严，监督不力，造成所在企业违反财经法规、内部规章的行为。

(4) 其他应当负有领导和管理责任的行为。

二、企业经济责任审计的任务

1. 财务审计

财务审计是指在对企业风险与内部控制进行了解测试的基础上，对企业内部和下属单位资产、负债和利润的真实性、财务收支的合规性，以及资产质量的变动状况和重大经营决策等情况进行审计，以全面、客观、真实地反映企业内部和下属单位的财务状况和经营成果。

2. 绩效评价

绩效评价是指在财务审计的基础上，采用企业绩效评价指标体系，通过定量和定性相结合的评价方法，从企业的盈利能力状况、资产质量状况、债务风险状况、经营增长状况等财务绩效与管理绩效角度对企业内部和下属单位负责人任职期间企业的经营绩效进行全面分析和客观评价。

3. 经济责任评价

经济责任评价是指根据财务审计结果和绩效评价结论，综合考虑各方面因素，对企业内部和下属单位负责人任职期间的主要经营业绩和应当承担的经济责任进行评价，对企业内部和下属单位负责人任职期间履行工作职责情况得出较为全面、客观和公正的结论。

对于国有企业领导人员经济责任审计，审计重点包括国有资产保值增值情况；贯彻执行法律法规和有关产业政策情况；企业经营活动和财务收支的真实性、合法性和效益性；企业发展战略、改制重组、产权转让、对外投资、融资、对外担保、资产处置、大宗采购、建设项目和大额资金运作等的决策和执行情况；有关内部控制制度的建立和执行情况；遵守有关廉洁自律规定情况。

三、企业经济责任审计的特点

1. 评价性

评价是企业经济责任审计的直接职能，是内部审计师对被审计负责人任职期间履行经济决策、经营管理和遵循法规制度等情况，从定量和定性两方面客观公正、实事求是地作出的以书面形式表达的最终意见，为企业高层管理者考核、使用企业管理人员提供依据。监督只是其间接职能，是审计评价的延伸和升华。

2．针对性

相对于其他审计来说，企业内部经济责任审计的客体是人，而且是依据授权可以在职责范围内以企业名义行使权力的各级部门负责人和掌握经济决策和经营管理实权的下属单位的负责人。它仅针对这些负责人在其任职期间经济责任的履行情况进行审计，是以对个人的监督为主的审计监督方式。因此，企业经济责任审计必须确定个人经济行为对企业绩效的影响，而不能离开个人去评价企业的业绩水平。

3．高风险性

企业经济责任审计针对的是人，而这些人都拥有一定的权力，承担一定的责任。在经济活动中，经济责任的履行往往带有较大的不确定性，从而导致经济责任审计工作范围广、牵涉面大，因此具有较高的风险性。这些风险可能体现在审计程序方面，也可能体现在审计取证方面以及其他一些方面。如果审计评价不当，可能对企业的整体发展造成重大的不良影响。

四、企业经济责任审计的内容

(一) 财务审计

财务审计是以财务报表审计为主线，重点关注被审计单位负责人任职期间所在单位财务真实性、资产质量、经营成果、重大经营活动和经营决策、经营合法合规性等内容的审计。

1．财务真实性审计

财务真实性审计是指内部审计师根据企业会计准则及相关法律法规，通过必要的审计程序，了解被审计单位负责人任职期间所在单位的会计报表的编制是否符合规定，会计信息是否真实、完整，是否公允地反映了被审计单位财务状况、经营成果和现金流量。

财务真实性审计应特别关注对货币资金、往来款项、存货、固定资产、应付职工薪酬等科目的审计。

内部审计师在考虑财务基础审计范围时应当遵循重要性原则，并充分考虑审计风险。例如，准备利用外部审计成果，内部审计师应当遵照《内部审计具体准则第10号——内部审计与外部审计的协调》和《内部审计具体准则第13号——评价外部审计工作质量》的规定，采用一定的审计程序进行适当的审计评估，以确保所引用的审计结论的真实性及有效性。

2．资产质量审计

内部审计师在对财务真实性进行审计时，应充分关注被审计单位会计信息是否真实反映了其资产的实际质量状况，并对被审计负责人任职期间资产质量变动情况，特别是任职期间不良资产的变动情况进行重点审计。通过审计，内部审计师对该负责人任职初期到任职末期的不良资产总额、任期内新增不良资产及任期内消化不良资产的情况予以确认。

所谓不良资产是指预期不能给企业带来经济利益的资产和企业尚未处理的资产净损失和潜亏(资金)挂账，以及按企业会计准则规定，各类有问题的资产的预计损失金额(应提未提或少提的坏账准备和资产减值准备、应转销而未转销的待处理流动资产和固定资产损益、应提未提及应摊未摊的折旧和费用等)。

在对企业不良资产审计中，内部审计师应当关注以下情况：

(1) 资产质量变动的原因。客观原因主要指国际环境、国家政策、自然灾害等；主观原因主要指决策失误、经营不善等。

(2) 不良资产责任划分。内部审计师应根据任期以前存在的不良资产，任期内消化的任期以前的不良资产和任期内新增不良资产等情况进行不良资产责任划分。

3．经营成果审计

内部审计师应在财务审计与资产质量审计的基础上，对被审计负责人任期内经营成果的真实性与完整性进行审计。审计中应当重点关注以下两方面：

(1) 收入确认和核算是否真实、完整、及时，是否符合企业会计准则规定，有无虚列、多列收入，少列、漏列或者转移当期收入等问题。

(2) 成本费用开支范围和开支标准是否符合企业会计准则的规定，成本核算是否真实、完整，有无错列、多列、少列或者漏列成本费用等问题。

通过审计，内部审计师对被审计负责人任期内的实际业绩利润予以确认，确认公式为：

任期实际业绩利润=经过审计调整核实后的任期利润总额(已扣除任期内产生的不良资产)+消化任期以前年度不良资产总额。

4．重大经营活动和经营决策审计

内部审计师主要对被审计单位的重大经营活动和经营决策过程是否合法合规以及所产生的结果等进行审计，并重点关注以下几方面：

(1) 对外投资、提供担保、大额采购、改组改制、融资上市、兼并破产等重大经营活动和重大经济决策是否符合国家有关法律法规、政策及有关规定；

(2) 有关决策是否有相关控制制度并得到有效执行；

(3) 有关决策协议或者合同内容是否符合被审计单位实际，是否存在损害被审计单位的条款，其中有无个人谋利行为；

(4) 有关决策结果有无给被审计单位造成损失。

5．经营合法合规性审计

内部审计师主要对被审计负责人任职期间的有关经营、管理等行为是否符合国家有关法律法规的规定进行审计，并重点关注以下几方面：有无私存私放单位公款、账外账和账外循环资金；有无违规越权炒作股票、期货等高风险金融品种；有无违规对外出借资金等问题。

(二) 绩效评价

内部审计师在对被审计负责人任职期间进行财务审计的基础上，应参考财政部《国有资本金效绩评价操作细则》、国有资产监督管理委员会《中央企业综合绩效评价实施细则》等文件的规定，充分借鉴国外比较先进的“平衡记分卡”和“经济增加值”(EVA)等评价方法，制定内部绩效评价指标体系，对被审计负责人任职期间的企业绩效状况进行评价，为做好被审计负责人任期经营业绩和经济责任评价工作奠定基础。绩效评价可分为财务绩效

定量评价和管理绩效定性评价。

财务绩效定量评价是指根据审计核实后的被审计单位财务数据，利用绩效评价指标体系，比照行业评价标准，对被审计负责人任期的财务绩效进行的定量分析评价。根据企业绩效评价指标体系，财务绩效定量评价主要从企业盈利能力状况、资产质量状况、债务风险状况、经营增长状况等四个方面进行评价。

盈利能力状况基本指标包括净资产收益率(净资产收益率 = 净利润 / 平均净资产 × 100%)和总资产报酬率[总资产报酬率 = (利润总额 + 利息支出) / 平均资产总额 × 100%]。

资产质量状况基本指标包括总资产周转率(次)[总资产周转率(次) = 主营业务收入净额 / 平均资产总额 × 100%]和应收账款周转率(次)[应收账款周转率(次) = 主营业务收入净额 / 应收账款平均余额 × 100%]。

债务风险状况基本指标包括资产负债率(资产负债率 = 负债总额/资产总额 × 100%)和已获利息倍数(已获利息倍数 = 息税前利润/利息支出 × 100%)。

经营增长状况基本指标包括销售(营业)增长率[销售(营业)增长率 = 本年主营业务增长额 / 上年主营业务总额 × 100%]和资本积累率(资本积累率 = 本年所有者权益增长额/年初所有者权益 × 100%)。

管理绩效定性评价是通过对被审计负责人任期内的企业战略管理、发展创新、经营决策、风险控制、基础管理、人力资源、行业影响和社会贡献等方面的分析评议，反映企业采取的各项管理措施及其管理成效，对定量分析结果进行补充修正。

为客观公正地评价被审计负责人任职期间的企业管理绩效状况，内部审计师可以采用聘请相关专家组成专家评议组的方式，对企业的管理绩效指标进行评议，形成管理绩效定性评价结果。内部审计师聘请专家对管理绩效进行评议，应遵照《内部审计具体准则第 14 号——利用外部专家服务》的规定。

(三) 经济责任评价

经济责任评价是指根据财务审计结果和企业绩效评价结果，综合考虑被审计负责人任期内影响企业发展的相关因素，对被审计负责人任期的经营业绩与经济责任进行客观公正的分析和评价。

任期经济责任审计评价的核心是被审计人员应承担什么责任，审计人员必须正确区分到底是直接责任还是间接责任，是主观责任还是客观责任，是前任责任还是现任责任，是集体责任还是个人责任，是故意责任还是过失责任等。

内部审计师对被审计负责人的经济责任进行评价，应遵循客观评价原则、重点评价原则、谨慎评价原则。客观评价原则要求内部审计师根据审计查证的事实，依据相关标准，发表独立、客观和公正的评价意见。重点评价原则要求内部审计师围绕被审计者的主要工作业绩和存在的突出问题，抓住主要方面进行评价。谨慎评价原则要求评价内容应与审计内容一致，评价结论有充分的证据支持。

内部审计师评价被审计负责人任职期间的主要贡献，应重点关注企业的经营效益状况、基础管理水平、重大改制改革、发展战略及执行情况、内部控制建设与执行情况、企业可持续发展情况等内容。

五、企业经济责任审计程序

(一) 审计准备

准备阶段工作主要包括接受任务、审前调查、编制项目审计计划和审计方案、送达审计通知书。

1. 接受任务

企业内部机构和下属单位负责人任期届满，或者任期内办理调任、免职、辞职、退休等事项前，以及在进行改制、改组、兼并、出售、拍卖、破产等资产重组的同时应当进行审计。内部审计机构应当根据企业最高管理当局要求或有关部门的建议，对这些负责人的任期经济责任进行审计。

内部审计机构应当遵循企业最高管理当局的指令，按照内部审计准则的规定，将经济责任审计事项列入年度审计计划。

2. 审前调查

内部审计师应当在编制项目审计计划和审计方案前，对被审计单位进行调查了解。调查了解的主要内容包括：被审计单位的内部控制；被审计单位的机构设置、人力资源、经营范围、关联方关系、财务状况和主要业务流程等基本情况；被审计单位负责人的职责范围和分管的工作、任职时间、任期目标、任期工作表现、任期内工作职责及完成情况等个人基本情况；接受外部审计及其他各种检查情况。对于实行会计信息系统的企业，内部审计师还应了解与审计工作有关的电子数据、数据结构文档等资料。

3. 编制项目审计计划和审计方案

内部审计师通过审前调查收集充分的资料，在此基础上，由项目负责人编制项目审计计划和审计方案，经内部审计机构负责人批准后实施。

4. 送达审计通知书

为了便于被审计企业和被审计负责人提前做好相应的准备，以提高审计效率，避免对被审计单位的正常经营产生过多的影响，内部审计师应在实施审计前向被审计单位和被审计负责人送达任期经济责任审计通知书。

送达审计通知书的同时，内部审计师还应附送提供资料清单。提供资料清单应包括被审计单位与被审计负责人应提供的资料清单。

被审计单位应提供的资料包括：被审计负责人任期内企业的年度工作计划、工作报告和工作总结；任期内企业的财务会计资料、统计资料及有关审计报告、管理建议书等；企业的基本情况，如企业组织结构、资本结构、重要资产产权证明、重要投资合同、贷款合同目录、主管部门有关政策批准文件等；企业的管理情况，主要为以文字形式描述的企业内部决策程序及执行情况、内控制度及执行情况等；重大事项，包括重大诉讼、重大违纪事项、重要会议记录等；关联方关系及其交易情况、会计政策变更、会计估计变更及原因说明等；企业有关财产损失审批及税务部门批准处理的文件，税务部门出具的完税证明、银行对账单等外部资料等。

被审计负责人应提供的资料包括：任期内企业经营目标及其实现情况；任期述职报告，述职报告应包括任期内的主要业绩、存在的主要问题、应当承担的经济责任和进一步改进企业经营管理的意见与建议等。

被审计领导干部及其所在单位，以及其他有关单位应当及时提供与被审计领导干部履行经济责任有关的资料，对所提供资料的真实性、完整性负责，并作出书面承诺。

（二）审计实施

1．财务审计

内部审计师对被审计单位的财务实施审计分为风险评估、实施控制测试和实质性测试三部分。

内部审计师应在对被审计单位及其环境(包括内部控制)进行了解和测试的基础上，识别内部控制的关键控制点和风险点，评价内部控制的水平，设计实质性测试的程序和范围。

内部审计师根据对企业内部控制系统的了解、测试，明确实质性测试的重点与内容，并通过审阅会计资料以及与审计范围有关的文件、监盘实物资产、向有关单位和个人询问、函证等方法，取得具有充分性、相关性和可靠性的审计证据，为形成审计报告奠定基础。

为了获取更多的审计线索，内部审计师可以通过企业内部网站、企业报刊、公示牌等媒介进行审计公示。公示内容包括被审计负责人姓名及其所在单位名称、审计范围、审计内容、内部审计师姓名、审计场所、实施时间、审计纪律、举报电话等。

2．绩效评价与经济责任评价

在做好财务审计的基础上，内部审计师应进一步了解被审计负责人及其所在企业的情况，向被审计企业有关人员广泛征求意见，接受员工来信和访谈，组织开展员工问卷调查，为经济责任审计评价收集多方资料。

经济责任审计评价的依据主要包括以下几类：

(1) 法律、法规、规章和其他规范性文件；

(2) 国家的有关方针和政策；

(3) 会计准则和会计制度；

(4) 国家和行业的技术标准；

(5) 预算、计划和合同；

(6) 被审计单位的管理制度和绩效目标；

(7) 被审计单位的历史数据和历史业绩；

(8) 公认的业务惯例或者良好实务；

(9) 专业机构或者专家的意见；

(10) 其他标准。

被审计单位的管理制度和其他规定与法律法规不符的，不能作为经济责任审计评价的依据。审计部门可按不同种类的审计对象建立经济责任审计评价体系。

根据经财务审计核实后的被审计企业财务数据，内部审计师应采用事先确定的企业绩效评价指标体系对被审计企业的财务绩效进行评价，形成财务绩效定量评价结论。

对于管理绩效定性评价，内部审计师通常邀请有关专家实施。为了做好评价工作，内部审计师事先应准备好有关评价资料。专家评价一般采用专家评议会方式，专家们根据企业实际情况和管理绩效评价的参考标准，经现场评议、独立打分并计算汇总后进行集体评议，形成专家评价结论。

内部审计师在完成财务审计和企业绩效评价后，应当明确被审计单位负责人对任期内企业存在问题所承担的经济责任，包括直接责任和主管责任。

3．编制审计工作底稿

内部审计师应对获取的审计证据进行分析、鉴定和归类，并据此编制审计工作底稿，包括以下内容：

(1) 风险评估、控制测试和实质性测试的执行过程和结果的记录。

(2) 绩效评价、经济责任评价的过程和结果的记录。

(3) 其他各类审计证据。

审计工作底稿应内容完整、记录清晰、结论明确，客观反映项目审计计划与审计方案的实施情况，并包括与形成审计结论和意见相关的所有重要事项。

4．其他注意事项

在实施经济责任审计过程中，内审人员可以向有关领导干部、被审计单位人员、关联单位人员以及被审计单位服务对象等调查了解与被审计负责人履行经济责任有关的情况，提请有关部门提供相关责任考核情况、各种专项检查结果，或就特定事项作出说明。

审计部门可以通过审计公示、访谈、民意调查等方法，增强审计过程的透明度和群众参与度。

根据审计方案确定的审计目标、审计范围、审计内容、审计重点及审计工作要求，审计人员可以采取在审计事项中选取全部项目或者部分特定项目进行审查的方法，也可以采取审计抽样等方法，以获取审计证据。

(三) 审计报告

经济责任审计报告是对被审计负责人履行经济责任情况出具的结论性文书，主要反映被审计负责人的经济责任履行情况，对被审计单位存在的问题也应一并反映。一般来说，企业内部经济责任审计只需向委托单位或董事会或企业最高管理当局提交经济责任审计结果报告。如果委托人要求单独提交财务审计报告或绩效评价报告，内部审计机构应当提交。

1．经济责任审计结果报告的编审

内部审计师根据财务审计和绩效评价情况，综合分析评价被审计负责人任期的经营业绩与经济责任，编制企业负责人经济责任审计结果报告征求意见稿，征求被审计负责人及其所在企业的意见。如果需要单独提交财务审计报告或绩效评价报告的，一并征求意见。

被审计负责人及其所在企业对经济责任审计结果报告持有异议的，内部审计师应进行研究、核实，必要时应修改经济责任审计结果报告。

经济责任审计结果报告经过必要的修改后，应连同被审计负责人及其所在企业的反馈意见及时送交内部审计机构负责人复核。

经内部审计机构负责人审核定稿后，内部审计师应根据要求将经济责任审计结果报告提交给委托审计的部门或其他适当管理层。

为改进工作，积累经验，不断提高经济责任审计工作质量，经济责任审计工作完成后，内部审计师应当对经济责任审计的组织、程序、方式、方法等方面进行总结。

2. 经济责任审计结果报告的框架结构

经济责任审计结果报告是经济责任审计工作最终的工作报告，应由标题、收件人、前言、正文、附件、签章、报告日期等基本要素组成。

(1) 标题。标题一般由被审计负责人的姓名、职位及其所在企业名称和报告性质组成。如“关于 B 有限公司经理张 C 任期经济责任的审计结果报告”。

(2) 收件人应为委托人(如董事会、总裁或人力资源部等)。

(3) 前言。前言是对审计任务的说明，应简要概述经济责任审计的依据、组织、时间、对象等情况。

(4) 正文。正文主要包括以下内容：

① 实施审计工作的基本情况(包括审计依据、审计概况、会计责任和审计责任等)。

② 被审计负责人所在企业的基本情况和被审计负责人的职责范围等情况。

③ 财务绩效和被审计负责人的主要业绩情况。该内容主要包括审计前后企业的主要财务指标，审计后企业基本财务数据的变化及原因，任期内的企业基本财务绩效状况，被审计负责人任职期间所做的主要工作及成效等。

④ 审计发现的主要问题及相关责任。

⑤ 审计结论。内部审计师根据审计中发现的问题与业绩，结合企业的历史沿革、发展战略等，对被审计负责人任职期间的经营业绩与经济责任进行综合客观的评价。

⑥ 审计建议、审计处理意见。内部审计师结合审计发现的主要问题提出相关改进建议。针对不同情况，在职权范围内给出审计处理意见。

⑦ 其他需要在审计报告中反映的情况。

(5) 附件。附件主要包括被审计负责人及其所在企业的反馈意见、审计管理建议书等。

(6) 签章和报告日期。

3. 财务审计报告和绩效评价报告

在现代内部审计活动中，经济责任审计往往与财务报表审计、绩效评价等相结合。财务审计报告的框架结构在此不再赘述，绩效评价报告的框架结构一般包括标题、正文、附件、签章、报告日期等基本要素。

绩效评价报告的正文主要包括评价目的、评价依据、评价方法、评价过程、评价结果及评价结论、重要事项说明等内容。内部审计师应重点分析被审计企业在盈利能力状况、资产质量状况、债务风险状况、经营增长状况等方面财务指标和评价得分的变化情况，并说明变化的主要原因；分析被审计企业在战略管理、发展创新、经营决策、风险控制、基础管理、人力资源、行业影响和社会贡献等方面的主要业绩；结合专家评议结果，形成对企业综合绩效状况的评价结论。

绩效评价报告的附件一般应包括评价结果计分表、问卷调查结果分析、专家咨询或评价报告、评价基础数据及调整情况等。

第四节　企业经济责任审计案例

一、某电力总公司审计部对某电力有限责任公司总经理李某经济责任审计案例

(一) 背景材料

某电力有限责任公司是一家国有独资企业，于2000年1月1日登记成立，注册资本8000万元(全部为法人资本)，为某电力总公司的全资子公司。财务报表反映，截止2005年12月31日，某电力有限责任公司资产总额38 900万元，负债总额23 400万元，所有者权益15 500万元；2005年度主营业务收入净额38 000万元，利润总额1200万元，净利润705万元。该公司2005年度资产负债表(简式)如表9-1所示。

表9-1　资产负债表(简式)

编制单位：某电力有限责任公司　　2005年12月31日　　金额单位：万元

资产	年初数	期末数	负债及所有者权益	年初数	期末数
流动资产:			流动负债:		
货币资金	9800.00	8800.00	应付账款	1135.00	2080.00
应收账款	400.00	200.00	应付工资	20.00	10.00
其他应收款	202.00	281.00	应付福利费	10.00	–30.00
减：坏账准备	2.00	1.00	应交税金	150.00	360.00
应收账款净额	600.00	480.00	其他应交款	80.00	140.00
待摊费用	—	20.00	其他应付款	2140.00	2370.00
流动资产合计	10 400.00	9300.00	流动负债合计	3535.00	4930.00
固定资产:			长期负债:		
固定资产原价	30 500.00	36 900.00	上级拨入资金	17 500.00	17 500.00
减：累计折旧	7200.00	7500.00	其他长期负债	970.00	970.00
固定资产净值	23 300.00	29 400.00			
在建工程	3100.00	200.00	长期负债合计	18 470.00	18 470.00
固定资产合计	26 400.00	29 600.00	负债合计	22 005.00	23 400.00
			所有者权益:		
			实收资本	8000.00	8000.00
			资本公积	6500.00	6500.00
			盈余公积	109.25	215.00
			未分配利润	185.75	785.00
			所有者权益合计	14 795.00	15 500.00
资产总计	36 800.00	38 900.00	负债及所有者权益总计	36 800.00	38 900.00

李某自2005年1月1日起担任某电力有限责任公司总经理，接受董事长委托负责资产经营，并与总公司签订资产经营责任书，总公司对其实行资产经营责任制指标考核管理。总公司下达的考核指标为：利润总额1100万元，应收电费余额200万元，净资产收益率4.5%，资产负债率62%，线损率8%。某电力有限责任公司申报完成数分别为利润总额1200万元，应收电费余额200万元，净资产收益率4.6%，资产负债率60.1%，线损率7.21%。

为了对李某任职一年来的经营绩效、管理水平、会计信息质量等情况进行客观公正的评价，总公司董事会建议审计部对李某任中经济责任进行审计。审计任务建议书如下：

关于某电力有限责任公司总经理李某同志任中经济责任的审计任务建议书

某电审建〔2006〕01号

审计部：

根据国务院国有资产监督管理委员会《中央企业经济责任审计管理暂行办法》(国资委令第7号)，现建议贵部对某电力有限责任公司总经理李某同志任中经济责任进行审计。李某同志，男，1972年3月出生，于2005年1月1日起任职至今。审计范围为2005年度财务报表以及重大经营活动、重大经营决策和经营绩效情况。对李某同志任中经济责任的审计结果报告应在2006年3月25日前提交总公司，并抄送人力资源部。

某电力总公司董事会

2006年2月6日

抄送：赵某董事长，刘某总裁，潘某副总裁

(二) 审计步骤和审计实施情况

1. 制发审计通知书

审计部接到总公司董事会的审计任务建议书后，委派叶某某同志组织刘某某、张某、李某某、赵某某等进行了审前调查，在进行充分调查的基础上，叶某某负责编制了项目审计计划(略)和审计方案(略)，报经审计部经理陈某某批准。按照《中央企业经济责任审计管理暂行办法》，审计部向某电力有限责任公司下达如下审计通知书：

关于审计某电力有限责任公司现任总经理李某经济责任的通知

某电审通〔2006〕01号

某电力有限责任公司：

根据某电力总公司《关于某电力有限责任公司总经理李某同志任中经济责任的审计任务建议书》(某电审建〔2006〕01号)，我部决定派出审计组，自2006年2月13日至3月18日，对李某同志任贵公司总经理期间的经济责任进行审计。请予以积极配合，并提供必要的工作条件。

审计组组长：叶某某(CIA，高级审计师)

审计组成员：刘某某(CIA，审计师)、张某(CPA，高级会计师)、李某某(会计师)、赵某某(经济师)

附件：

1. 被审计单位提供资料清单(略)
2. 被审计负责人提供资料清单(略)
3. 被审计单位管理当局声明书(略)
4. 被审计负责人承诺书(略)

某电力总公司审计部(印章)　　签发人：陈某某

2006年2月8日

抄送：人力资源部，李某同志

2. 审前公示

由于经济责任审计对象是人，核心是鉴证经济责任审计对象应承担的责任，因此，经济责任审计取证更困难，审计风险更大。为了充分获取审计证据，更多地掌握审计线索，同时更好地接受被审计单位和广大职工的监督，审计组在送达审计通知书时，在被审计单位办公大楼的醒目位置张贴如下审计公示(本公示还在总公司网站上公布)：

审 计 公 示

根据某电力总公司审计任务建议书(某电审建〔2006〕01号)，审计部派出的审计组将自2006年2月13日起，对李某同志任某电力有限责任公司总经理期间的经济责任进行审计。审计组长：叶某某，审计组员：刘某某、张某、李某某、赵某某。希望广大公司员工积极向审计组反映有关情况，并对审计组执行审计纪律等情况予以监督。联系电话：63738888，联系人：刘某某，监督电话：85236666。

特此公示。

某电力总公司审计部

2006年2月8日

3. 召开审计进点会

为了加深了解，审计组于2006年2月13日上午在某电力有限责任公司召开审计进点会。参加会议的有该公司部门经理以上的管理人员，财务部全体人员，总公司人力资源部经理金某某，审计部经理陈某某，审计组全体成员。

会议主要内容如下：

(1) 总公司人力资源部经理金某某说明本次审计目的和范围，并宣读总公司《关于李某同志任中经济责任的审计任务建议书》。

(2) 总公司审计部经理陈某某介绍开展本次经济责任审计的意义、审计内容以及需要请某电力有限责任公司及李某同志配合的事项。

(3) 某电力有限责任公司总经理李某同志介绍了该公司的基本情况，公司2005年年底的财务状况和2005年度的经营成果，各项经济指标完成情况，内部控制制度建设情况，遵守国家财经法规情况以及遵守廉洁规定的情况等。

4. 审计实施情况

1) 财务(财务报表)审计

2005年度财务报表审计中，审计组人员严格按照项目审计计划及审计方案确定的目标、事项和内容进行了相应测试。由于该公司内部控制不够健全，且设计不够科学合理，执行

不够到位，内部审计师没有实施控制测试，而是直接实施了实质性测试。内部审计师通过常规测试发现了私存私放单位公款等重大问题的疑点后，又实施了补充和替代的测试程序，以下简要介绍李某应负责任的相关测试程序和结果。

(1) 私存私放单位公款155万元问题。内部审计师获取该公司2005年第一季度第五次(3月25日上午召开)董事会例会的会议纪要。会议纪要第二条内容为“与会者认为，这几年公司经营形势较好，能够完成总公司下达的年度利润考核指标，因此应考虑适当提高公司员工和经理层的工资待遇。除总经理李某保留意见外，其他与会者多数支持副总经理魏某某提出的将出售的废旧铝电线、变压器等废旧物资收入转到某电力实业有限公司挂账，并在春节或适当时候给公司员工发放奖金、补贴等的建议，董事长胡某没有异议。按照少数服从多数的原则，会议通过该项提议”。为了核实会议纪要所记录的内容，内部审计师采取个别询问的方式，分别询问了董事长胡某、副总经理魏某某、应某、工会主席陈某和财务部经理方某，以上人员都认为会议纪要记录无误。

内部审计师获取2005年度其他会议纪要，没有发现有关将电线杆租金以及废旧计算机等办公用品出售收入存放在工会出纳赵某活期存折上的决议记录。为此，内部审计师认真审阅出纳赵某提供的有关支出凭证，发现所有支出均由副总经理魏某某签字批准，经办人为工会会计。内部审计师分析认为，存在这种情况有以下几种可能：一是此项业务由魏某某分管，所以应该由魏某某负责签字；二是总经理李某知悉此事项，但授权魏某某签字；三是李某不清底细。经过调查了解，并走访当事人，包括总经理李某、副总经理魏某某、工会会计林某、出纳赵某以及其他知情人员，内部审计师发现总经理李某并不知情。李某在拿到2000元奖金时，曾问过工会出纳赵某，赵某解释说是工会福利费，李某就再没有过问。业务招待费支出10万元，是接待有关关系单位和上级领导的费用，魏某某经请示董事长胡某后自行签字列支。

根据以上获取的证据，内部审计师认为，尽管总经理李某保留意见或不知情，但上述行为均系故意的舞弊行为，因此，李某应负直接责任。

(2) 账外资产200万元问题。内部审计师审阅相关会议纪要时发现，购买两套商品房用于出租是副总经理应某提议的。应某认为，按公司目前发展的情况看，公司能够达成总公司的利润考核目标。既然有足够的利润空间，应某建议通过某装饰有限公司开具营业房修缮发票的方式由其代购两套带店面的商品房，购房费用在公司修缮费中列支，房屋出租给某电力实业公司使用，适当收取租赁费。这样不但可以消除利润增长过快给公司带来的不利影响，而且可以增加职工的收入。应某的建议得到了公司多数成员的支持，总经理李某也认为可以考虑，但要咨询财务部经理方某该做法是否符合规定要求。方某认为，这样做肯定不合适，至少违反了财经法规。会议最后决定，此事由应某负责办理，办公室和财务部协助。内部审计师通过查询，确定会议纪要记录属实。

上述证据表明，此行为有明显的主观故意倾向。所以尽管李某对此提议并没有明确表态支持，但作为公司负责人，李某应对通过挤占成本120万元购置商品房且形成账外资产的行为负直接责任。

2002年年底预定，2005年1月购入的8套职工宿舍虽是前任经理班子决定的，但总经理李某接任后没有按规定要求督促有关人员处理，应负主管责任。

(3) 收入不实问题。内部审计师查阅了董事会会议纪要，纪要明确记录了将2005年度主营业务收入的电费 440 万元(不含增值税和电建金)计入 2006 年，这是全体董事会成员和经理班子一致同意的。其目的是为了调整 2005 年度利润，从而为顺利完成 2006 年度利润指标服务。内部审计师在访谈中也了解到，此项决议确实是全体成员集体研究决定的。

内部审计师综合各方面的证据，认为此项决议也是故意行为，总经理李某应负直接责任。

内部审计师还发现公司将闲置未用资产出租给某电力实业公司使用，且租金标准偏低。这些资产出租给某电力实业公司使用是从 2001 年 1 月 1 日开始的，租金标准一直没有变动。内部审计师在调查中了解到，让利给某电力实业公司是前任经理班子定下来的，总经理李某接任后，没有对此予以重视。据此，内部审计师认为，总经理李某应负主管责任。

2) 绩效评价

经过对 2005 年度财务报表项目的实质性测试，内部审计师核实了截止 2005 年年底的资产、负债和所有者权益以及 2005 年度损益。审计认定资产总额 39 624.34 万元，比账面数审增 724.34 万元，其中流动资产 9864.60 万元，审增 564.60 万元，固定资产 29 759.74 万元，审增 159.74 万元；负债总额 23 716.99 万元，比账面数审增 316.99 万元，其中流动负债 5246.99 万元，审增 316.99 万元；所有者权益总额 15 907.35 万元，比账面数审增 407.35 万元；利润总额 1832.61 万元，比账面数审增 632.61 万元；净利润 1112.35 万元，比账面数审增 407.35 万元。

内部审计师在对该公司 2005 年度财务报表审计的基础上，参考财政部《国有资本金效绩评价规则》和《国有资本金效绩评价操作细则》等文件的规定，结合总公司对其指标考核要求，编制财务绩效定量评价表，如表 9-2 所示。

表 9-2　财务绩效定量评价表

被审计单位名称　某电力有限责任公司　　索引号 1－138　　页次　1　　编制人　刘某某

日期　2006.03.18　　会计期间　2005 年　　复核人　叶某某　　日期　2006.03.18

评价内容及指标		指标值		指标解释及计算公式
		考核值	实际值	
会计信息	失真率(%)	—	22.00	失真率=净调增(减)额÷审计金额×100%
	失真等级	—	不真实	失真率小于 5%为真实，失真充在 5%～10%之间为基本真实，失真率大于 10%为不真实
资产质量	总资产报酬率(%)	3.05	4.71	(利润总额+利息支出)÷平均资产总额×100%
	总资产周转率(次)	1.00	1.01	销售收入净额÷平均资产总额
	流动资产周转率(次)	3.85	3.79	销售收入净额÷平均流动资产总额
盈利能力	净资产收益率(%)	4.50	7.24	净利润÷平均资产总额×100%
	资本保值增值率(%)	104.50	107.51	截止期权益÷接任期权益×100%
	销售利润率(%)	3.10	4.28	销售利润÷销售收入净额×100%
偿债能力	资产负债率(%)	62.00	59.85	负债总额÷资产总额×100%
	流动比率(%)	220.00	188.00	流动资产÷流动负债×100%
增长能力	销售增长率(%)	10.85	11.97	任期销售增长额÷接任期销售总额×100%
	资本累积率(%)	4.70	7.51	任期权益增长额÷接任期权益×100%
其他	售电量增长率(%)	17.50	21.26	任期销售电量增长量÷接任期售电量×100%
	线损率(%)	8.00	7.21	年损失电量÷年供电量×100%
	应收电费余额(万元)	200.00	714.80	

注：失真率为综合失真率，其中资产失真率 1.8%，负债失真率 1.3%，权益失真率 2.6%，损益(利润总额)失真率 52.7%。综合失真率=资产失真率×0.2+负债失真率×0.2+权益失真率×0.2+损益失真率×0.4。

考虑专业胜任能力的局限性，内部审计师根据《内部审计具体准则第14号——利用外部专家服务》的规定，聘请有关绩效评价专家对该公司管理绩效进行定性评议。被聘请的专家包括某管理咨询公司咨询师吴某、某大学工商管理学院教授邱某、某投资评审中心主任徐某、某国有资产监督管理委员会统计评价与业绩考核处处长王某。参加绩效评议的还有总公司副总经理岑某、人力资源部经理金某和财务部经理周某等。

评议采取召开评议会方式进行，评议会由审计部经理陈某某主持。与会专家根据财务审计结果和财务绩效定量评价结果，围绕企业战略管理、发展创新、经营决策、风险控制、人力资源等方面进行现场评议，独立打分。

内部审计师对专家的打分结果进行计算汇总后，重新提交评议会进行集体评议，从而形成如下专家评价结论(摘要):

李某自2005年1月1日接任某电力有限责任公司总经理一年来，在公司董事会的直接领导下，锐意进取，开拓创新，坚持以安全、文明生产为基础，经济效益为中心，优质服务为宗旨，科技进步为先导，本着“团结、求实、严细、服务”的企业精神，相继开发和建成了生产管理MIS系统、VQC系统、调度综合自动化系统、财务SAP系统、变电所无人值班系统和电力营销系统，为全力打造“电网坚强、资产优良、服务优质、业绩优秀”的现代供电企业提供了技术支撑。与此同时，李某还立足于企业文化建设和学习型企业创建，加快了员工队伍建设，提高了员工整体素质，为争创一流的供电企业提供了人力和智力支持。通过努力，该公司先后获得了省级文明单位、省级卫生先进单位、华东电网公司城市规范化服务窗口、总公司一流供电企业等荣誉称号。

与会专家评议认为，按照审计认定的资产、负债、损益结果，该公司2005年度生产经营绩效明显，企业的盈利能力、偿债能力、增长能力、资产质量等多数指标均超额完成总公司下达的任务，综合绩效在总公司62家分支公司中名列第8位。李某及其经理班子制定的《2005—2009年企业发展战略规划》贯彻了科学发展观的总体要求，符合当地实际；《人力资源建设计划》立足于创建学习型企业的目标，有利于加快员工队伍建设，促进员工整体素质的提高。

但从审计情况看，李某在加强企业文化建设和生产经营的过程中，忽视了企业内部控制的建设，依法经营、诚信经营的理念还需增强。与会者认为，如果企业经营者不重视制度建设，势必会影响企业的资产安全、会计信息的真实性、合法性。2005年度财务报表审计中发现的私存私放单位公款、账外资产、挤占成本、少计收入等问题，多数属于舞弊行为，造成会计信息严重失真，对企业的经营决策造成重大不利影响。这些问题的存在与李某不重视内部控制建设有直接的关系，李某理应对这些问题承担直接或主管责任。

(三) 审计结果报告

完成现场审计后，内部审计师对相关审计工作底稿进行了归类整理，在此基础上编制审计发现问题汇总表，并根据审计发现的问题，编制资产负债和利润审前审后对比表。

编制相应的审计工作底稿后，内部审计师对照项目审计计划对审计任务的完成情况进行检查，组长叶某某对内部审计师提交的工作底稿进行复核并签署意见。审计初步结果形成后，内部审计师对审计发现的代表性、典型性和严重性进行分析，有选择地确定报告中的审计发现，并将这些发现及时与某电力有限责任公司的管理层和李某进行沟通，同时获

取该公司管理当局的声明书和李某的承诺书。内部审计师确信审计工作到位、审计程序合法后，围绕既定审计目标的完成情况编制了经济责任审计结果报告征求意见稿，征求李某及某电力有限责任公司的意见。

内部审计师根据李某及某电力有限责任公司的反馈意见，在对经济责任审计结果报告进行必要的修改后，连同反馈意见以及其他有关材料报送审计部经理陈某某复核。根据复核意见，审计组组长叶某某修改了审计结果报告，由审计部经理陈某某签发。定稿的审计结果报告如下：

关于某电力有限责任公司总经理李某任中经济责任的审计结果报告

某电力总公司董事会：

根据总公司董事会2006年1号审计任务建议书，我部派出审计组，自2006年2月13日至3月18日，对李某同志任某电力有限责任公司总经理期间(2005年1至12月)的财务报表以及重大经营活动、重大经营决策和经营绩效情况进行审计。建立健全企业内部控制制度，保证企业会计信息真实、完整和资产安全，确保重大经营决策科学合理，严格按《企业会计制度》的规定编制财务报表是某电力有限责任公司管理层的责任。某电力有限责任公司管理层和李某及时向审计组提供与审计相关的资料，并对其所提供资料的真实性和完整性作出了承诺。我部的责任是严格遵循中国内部审计准则的规定，在实施审计工作的基础上对李某任某电力有限责任公司总经理期间的财务状况、经营成果以及重大经营活动、重大经营决策和经营绩效情况发表审计意见。现将审计结果报告如下：

一、基本情况

某电力有限责任公司是一家国有独资企业，于2000年1月1日登记成立，注册资本8000万元(全部为法人资本)，是总公司的全资子公司。主要经营电力生产供应、电网的建设运行维护、电网的规划设计施工、电力设备的试验校验、电力工程安装等。公司下辖9个职能部门、10个主要生产单位，在职员工219人。公司拥有110千伏以上变电所8座，主变20台，总容量190兆伏安，10千伏以上的输电线路110条，共计1850千米。

李某自2005年1月1日起担任某电力有限责任公司总经理，接受董事长委托负责资产经营，并与总公司签订资产经营责任书，总公司对其实行资产经营责任制指标考核管理。总公司下达的考核指标为：利润总额1100万元，应收电费余额200万元，净资产收益率4.5%，资产负债率62%，线损率8%。

二、财务绩效和被审计负责人主要业绩情况

(一) 2005年度资产、负债和损益审计增减情况

审计确认，截止2005年12月31日，资产总额39 624.34万元，比账面数审增724.34万元，其中流动资产9864.60万元，审增564.60万元，固定资产29 759.74万元，审增159.74万元；负债总额23 716.99万元，比账面数审增316.99万元，其中流动负债5246.99万元，审增316.99万元；所有者权益总额15 907.35万元，比账面数审增407.35万元。2005年度主营业务收入为42 440.00万元，比账面数审增440.00万元；其他业务利润205.30万元，审增185.30万元；利润总额1832.61万元，审增632.61万元；净利润1112.35万元，审增407.35万元。

(二) 2005 年度财务绩效情况

审计确认，2005 年度完成供电量 84 854 万千瓦·时，售电量 78 736 万千瓦·时，售电量比上年增长 21.26%，线损率 7.21%，与考核指标相比减低 0.79 个百分点；实现销售总收入 242 440 万元，销售增长率 11.97%，所有者权益年末数 15 907.35 万元，任期资本累积率 7.51%，说明企业增长能力较好；资产负债率 59.85%，比考核指标减低 2.15 个百分点，流动比率 188%，与考核指标相差 32%，企业偿债能力依然较好，债务风险较小；净资产收益率高达 7.24%，资本保值增值率 107.51%，销售利润率 4.28 %，说明企业盈利能力较好，且都超额完成总公司下达的任务；总资产报酬率 4.71%，总资产周转率 1.01 次，流动资产周转率 3.79 次，说明企业资产质量较高，而且该公司没有存在不良资产现象。

此外，李某任职一年间，由于加强企业文化建设，狠抓企业经营管理，公司先后获得了省级文明单位、省级卫生先进单位、华东电网公司城市规范化服务窗口、总公司一流供电企业等荣誉称号。

三、审计发现的主要问题及相关责任

(一) 私存私放单位公款 155 万元，李某应负直接责任

(1) 该公司 2005 年第一季度第五次董事会例会决定，将 2005 年度出售的废旧铝电线、变压器等废旧物资收入转到某电力实业有限公司挂账，并在春节或适当时候给公司员工发放奖金、补贴等，总经理李某对此决定持保留意见。2005 年，公司销售废旧铝电线、变压器等废旧物资 4 次，获取收入 105 万元，均直接转入某电力实业有限公司挂账，至审计日止还未使用。

(2) 2005 年 6 月 21 日，该公司与某信息港公司约定，将 4000 根电线杆出租给某信息港公司架设通讯小电缆，每根年租金 100 元，按月收取，租期自 2005 年 7 月 1 日开始计算，2005 年应收租金 20 万元。该公司没有将该笔收入纳入账内核算，而是存放在公司出纳赵某的个人存折户上。此外，该公司还将出售废旧办公设备等收入 30 万元也存放在该存折户上。截止 2005 年 12 月 31 日，该公司已从此存折户上列支发放经理层(部门副职及以上人员)奖金 30 万元和业务招待费 10 万元，余额 10 万元。总经理李某知道有此收入，但对所收资金如何使用不清楚。

上述事实不符合某省人民政府办公厅转发的《某省财政厅关于加强国有企业财务监督的实施意见》(某政办〔1998〕2 号)第二条第五款关于“企业对取得的各项收入必须按规定及时入账，不得虚报瞒报。严禁将财产租赁、对外提供劳务、副产品销售等所取得收入，以及对外投资收益不入财务账或私设小金库”的规定。尽管李某对董事会决定持保留意见或对支出不知情，但这些事实均系故意的舞弊行为，因此，李某应负直接责任。

(二) 账外固定资产 200 万元，李某分别应负直接责任和主管责任

(1) 2005 年 3 月 28 日，该公司经理班子决定以房屋修缮的名义，在修缮费中列支委托某装饰有限公司购买带店面的商品房两套，建筑面积 240 平方米，计 120 万元，没有在账上反映。

(2) 2002 年 12 月 25 日，该公司与某市房地产开发公司约定，购买 8 套职工宿舍，建筑面积 840 平方米，计 80 万元，于 2005 年 1 月 5 日交付使用，发票于交付日开具，并已全部分给职工居住，产权归公司，但一直没有进行相应的会计处理，李某也没有督促有关人员处理。

以上事实不符合《中华人民共和国会计法》第十七条关于“各单位应当定期将会计账簿记录与实物、款项及有关资料相互核对，保证会计账簿记录与实物及款项的实有数额相符”和《企业会计制度》有关合理划分收益性支出与资本性支出界限的规定。在修缮费中列支购置商品房，一方面挤占了生产成本，虚减了利润，另一方面形成了账外固定资产，是一种主观故意行为，且李某对经理班子的决定没有提出反对意见，从而造成违规行为的发生。李某对此行为应负直接责任。购置8套职工宿舍，虽是前任经理班子决定的，但李某接任总经理后，没有按规定要求督促有关人员处理，应负主管责任。

(三) 少计收入500万元，李某分别应负直接责任和主管责任

(1) 为调整2005年度利润，该公司董事会和经理班子全体成员一致同意，决定将应计入2005年12月份主营业务收入的电费收入440万元(不含增值税和电建金)计入2006年1月份。

(2) 2005年1月1日，该公司将闲置的房产12处，建筑面积8000平方米，出租给某电力实业有限公司使用，租期1年，自2005年1月1日至12月31日，年租金按每平方米15元计算，共计12万元，租金按月收取。此租金标准自2001年1月1日开始一直没有变动，2005年李某接任总经理后，也没有要求调整。但经某价格事务所的专家鉴定，这些房产的平均年租金标准不应低于每平方米90元，造成少收租金60万元。

以上事实不符合《企业财务会计报告条例》和《企业会计制度》的规定。由于调整利润的决定是故意行为，李某应负直接责任。租金标准偏低，尽管是前任经理班子决定的，但李某接任后，没有对此予以重视，应负主管责任。

四、审计结论

审计结果表明，李某自2005年1月1日接任某电力有限责任公司总经理1年来，在公司董事会的直接领导下，锐意进取，开拓创新，坚持以安全、文明生产为基础，经济效益为中心，优质服务为宗旨，科技进步为先导，本着“团结、求实、严细、服务”的企业精神，相继开发和建成了生产管理MIS系统、VQC系统、调度综合自动化系统、财务SAP系统、变电所无人值班系统和电力营销系统，为全力打造“电网坚强、资产优良、服务优质、业绩优秀”的现代供电企业提供了技术支撑。与此同时，李某还立足于企业文化建设和学习型企业创建，加快了员工队伍建设，提高了员工整体素质，为争创一流的供电企业提供了人力和智力支持。

按照审计认定的资产、负债、损益结果，2005年度生产经营绩效明显，企业的获利能力、偿债能力、发展能力、资产质量等多数指标均超额完成总公司下达的任务，综合绩效在总公司62家分支公司中名列第8位。李某及其经理班子制定的《2005—2009年企业发展战略规划》贯彻了科学发展观的总体要求，符合当地实际；《人力资源建设计划》立足于创建学习型企业的目标，有利于加快员工队伍建设，促进员工整体素质的提高。

但从审计情况看，李某对企业内部控制的建设不够重视，多数业务的内部控制还没有建立，依法经营、诚信经营的理念还需增强。2005年度财务报表审计中发现的私存私放单位公款、账外资产、挤占成本、少计收入等问题，多数属于舞弊行为，造成会计信息严重失真，综合失真率高达22%，对企业的经营决策造成重大不利影响，李某应对这些问题承担直接或主管责任。

五、审计建议

针对审计中发现的问题，提出以下审计建议：

总公司董事会应督促某电力有限责任公司对已有的制度进行改革，并要求该公司严格按照总公司有关建立与财务报表相关内部控制的规定，建立货币资金、实物资产、对外投资、工程项目、采购与付款、筹资、销售与收款、成本费用、担保等业务的内部控制制度，并按规定完善内部会计控制的监督检查工作，确保内部会计控制的贯彻实施。

附件：略

某电力总公司审计部(盖章)　　　　签发人：陈某某

2006 年 3 月 25 日

二、案例分析与探讨

1. 案例中的经济责任审计进行了审前公示，这样做的目的是什么？

2. 一般而言，参加经济责任审计进点会议的人员有哪些？会议应怎么安排？

3. 对该案例中审计发现的三类问题，审计报告对被审计单位负责人直接责任和主管责任界定的理由是什么？

4. 该案例中内审人员是如何确定绩效评价指标的？哪些指标能体现行业特色和总公司的要求？你认为该案例中综合失真率的计算公式是否合理？

5. 对于绩效较好的企业和绩效较差的企业，经济责任审计的重点会有所不同。在上述两种情况下，审计发现的问题分别可能有哪些？

6. 经济责任审计报告中既要反映问题也要报告贡献，案例中是如何协调处理的？

舞弊审计

第一节 舞弊审计概述

一、舞弊的含义、种类和动因

1．舞弊的含义

舞弊是指使用欺骗手段获取不当或非法利益的故意行为。

2．舞弊的种类

针对舞弊的不同状况进行分类，便于分析和寻找、侦查和发现舞弊。舞弊主要有以下几种分类方式：

(1) 按舞弊主体不同，可分为职员舞弊和管理层舞弊。

(2) 按舞弊对象不同，可分为侵占资产和对财务信息作出虚假报告。

(3) 按舞弊的性质不同，可分为职务舞弊和组织舞弊。

(4) 按舞弊的方式不同，可分为收受回扣、贪污资产、修改财务报表、故意误用会计政策和会计估计等。

3．舞弊动因

理解舞弊动因理论对舞弊的发现、防范很有帮助。现在最为广泛接受的舞弊动因理论是舞弊三角理论。该理论认为舞弊的发生一般都同时具备三个风险因素：

(1) 动机或压力。舞弊的动机是舞弊发生的首要条件。例如，管理层的报酬与公司业绩挂钩、公司正在申请上市等都可能促使管理层产生舞弊的动机。

(2) 机会。舞弊的机会一般源于内部控制的设计和运行上的缺陷，为舞弊者提供成功舞弊并掩盖迹象的条件。

(3) 借口。借口是指存在某种态度、性格或价值观念，使得管理层或雇员能够做出不诚实行为，或者管理层或雇员所处的环境促使其能够将舞弊行为予以合理化。

二、舞弊审计的基本概念

1．舞弊审计的含义

舞弊审计即运用会计记录和其他信息进行分析性复核，识别舞弊行为及其隐瞒方法。

它不仅应包括在舞弊发生之后的审计调查，还应当包括针对舞弊正在或将要发生的整个监督和防范活动。

2．舞弊审计的特点

(1) 舞弊审计是具有发现性的一种活动。

舞弊审计是一种发现性的活动，在实施舞弊审计时，内部审计人员要特别注意寻找与具体的违法行为有关的证据和舞弊者，确定舞弊的具体细节，并确定舞弊行为带来的损失和影响。

(2) 舞弊审计的性质具有重要性。

无论舞弊涉及的金额有多大，在性质上它都被认为是重要的，其原因有以下几方面：① 如果舞弊行为不加以制止，就会迅速蔓延，给组织整体带来严重影响，其后果不堪设想；② 舞弊行为的存在意味着组织的内部控制系统存在薄弱环节，如不加以改进，将会影响组织经营目标的实现；③ 舞弊本身就是一种损人利己的行为，它严重地伤害社会公众的利益，如不加以制止，会制约整个社会的正常有序发展，妨碍人们日常的工作与生活。因此，舞弊审计具有重要意义，在实施舞弊审计时，不能像常规审计那样去考虑是否符合成本—效益原则，而应当遵循重要性原则。

(3) 舞弊审计的时间具有随机性。

常规审计体现了较强的计划性和有序性，但舞弊审计则不然，它要求内部审计人员在从事常规审计的每时每刻都以高度的职业警惕性和较强的专业熟练性注意发现舞弊行为的嫌疑，并随时采取恰当的审计方式进行检测与调查，相比而言，舞弊审计具有随机性的特点。

(4) 舞弊审计的范围具有广泛性。

受经济利益目标的驱使，在当今注重经济发展的形势下，舞弊行为大有蔓延之势。舞弊现象在组织的总体层面、各个子公司、分公司层面、各个职能部门领域、各个项目中都可能存在。因此，舞弊审计范围广泛，影响力较大。

(5) 舞弊审计的过程具有风险性。

舞弊审计较大的风险性主要表现在审计的执行过程和审计报告两个主要阶段。审计人员在实施舞弊审计时，很难把握审计的深度和审计的职责范围，容易在审计过程中超越审计职权而触犯有关的法律，从而导致审计风险；在编制审计报告时，也往往会忽视舞弊审计报告与常规审计报告程序上的差别，不去征求法律顾问的意见，致使由于措词或定性不当而使审计报告有违法的风险。另外，管理当局施加的压力、重要业务审计的难度、关联方面的影响、控制环境的薄弱等众多因素的存在，也会对内部审计的独立性造成一定的影响，从而给舞弊审计带来较大的风险。

三、舞弊审计的方法

1．制造错误法

制造错误法的含义是内部审计人员实施舞弊审计时，制造真正的错误以观察其能否通过控制系统，经此评估控制系统的缺陷和易受舞弊破坏的环节。制造错误并发现它们的处理过程，其优点是能够使组织中可能存在的舞弊具体信息暴露得一目了然。

2．倡导诚实，监督特权，鼓励检举

企业组织内的有关职能部门在全面检查舞弊行为时，应促进组织内员工朝着诚实的方向发展，同时，高级管理层的特权受到全体员工的监督与检查。公司应该提倡职业道德，避免利益冲突，避免管理层滥用职权，鼓励检举揭发，使舞弊行为发生的可能性降到最低。

3．"红旗"标志法

"红旗"标志法的含义是组织内的管理层在总结以往舞弊情况发生的基础上，整理归纳一整套舞弊发生可能性最高的相关数据值和经验值，以警示他人注意舞弊发生的可能性、关注舞弊发生的特征。这种警示内容揭示了组织内部控制系统较薄弱的一些环节。"红旗"标志的完整性和准确性受"红旗"标志制作者的经验、专业知识、工作深度和广度等相关因素的影响。

四、舞弊审计的程序

1．舞弊审计程序与常规审计程序的区别

舞弊审计程序与常规审计程序的区别体现在以下几方面：

(1) 常规审计通常从被审计单位的某种声明开始，审计人员的主要任务是证实这些声明；而主动性舞弊调查人员则没有"声明"这个起点，他必须从无数个可获取的选项中选择检查哪些方面来查找舞弊，然后再找出那些显示舞弊存在的可能性的线索。

(2) 常规审计人员倾向于有计划、有秩序地工作，但舞弊调查者更依赖直觉和经验。

(3) 针对特殊的舞弊类型所采用的方案是特定的，以至于不太可能由此侦查出其他类型的舞弊。而常规审计通常有固定的程序。

(4) 在审计抽样时，常规审计努力避免审计测试的偏差，即排除某些异常数据，以确保最后的审计结果能代表整体。而舞弊调查者并不很关心资产(利润)的总价值，但是对异常数据很感兴趣，因为这可能是引导他们进行侦查的模糊线索或舞弊标记。

2．舞弊审计程序

1) 获取识别舞弊风险的信息，了解潜在舞弊

内部审计师可以通过考虑舞弊风险因素和询问管理层和其他员工来获取识别舞弊风险所需信息。在采用询问方法时，内部审计师不仅要询问直接参与财务报告处理的人员，也应询问其他人员，如了解复杂和特殊交易情况的人员、企业法律顾问等。

2) 进行舞弊风险评估

内部审计师应当着重评估企业的内部控制制度，在内控薄弱处进行深入追踪，并关注企业的规模、复杂程度、所有权结构及所处行业，以确定舞弊风险因素的相关性和重要程度对风险评估可能产生的影响。内部审计师应当实施分析程序以发现异常交易或者事项以及对财务报表和审计产生影响的金额、比率和趋势。

3) 拟订审计计划，进行舞弊审计

内部审计计划的制订应考虑旨在降低舞弊风险的控制运行的效果以及这些控制被逾越的可能性。舞弊审计尤其应针对不能被内部控制预防、发现或纠正的舞弊风险。如果发现舞弊风险因素，总体审计计划的应对措施包括：设计和执行针对已识别舞弊风险的审计程

序、加强对业务过程的监督、指派更有经验或更专业的业务人员、提高职业怀疑、详细审查会计规则、减少对控制的依赖等。在选择进一步的审计程序时，内部审计师应当注意使某些程序不被被审计单位预见或事先了解。

具体实施舞弊审计时，可以采用以下方法：

(1) 选择要调查的舞弊类型，尽量囊括企业易受影响的所有舞弊类型。

(2) 选择一笔恰当的会计交易做对比，理解、熟悉正常的流程以及正确的支撑凭证。

(3) 利用专项测试，如询问、实地调查、检查凭证。

(4) 利用电脑数据、非会计记录来发现问题。

(5) 如果没有发现舞弊标记，则可放弃对该交易的审查，选择下一笔。如果发现舞弊标记，必须注意对所发现的证据保密，并继续谨慎地寻找同类型的舞弊。

4) 报告舞弊调查结果

舞弊审计报告应指出所有的发现、结论、建议和改进措施，指出调查中发现的与舞弊相关的人物、事件、地点、时间、经过及原因，提出防止类似事件再次发生的内部控制管理建议等。内部审计师应该保证在舞弊报告中对违法行为不使用指控性和结论性的语言，以及不使用主观的、煽动性的、中伤的或其他有偏见的语言。有些西方学者认为，即使舞弊审计调查能提供充分合理的证据证明嫌疑犯有罪或有同谋，报告中也不应该包含对其应受纪律或法律制裁的建议。与常规审计不同的是，舞弊审计报告的草案必须提交给单位的法律顾问进行审查，以保证报告内容的合法性，最大限度地降低舞弊审计的风险。

舞弊事项在证实之后，内部审计师应向审计委员会或适当的管理层报告。在使任何引起过早公开的危险最小化之后，外部的调查人员才可以涉入此案。

3. 开展舞弊审计的注意事项

开展舞弊审计的注意事项有以下几方面：

(1) 应建立在保密前提下通畅地举报不正当行为的渠道。公司应当设立方便可行的投诉和指控渠道，包括明确指出向谁投诉，并制定相关制度，保护信息提供者的正当权益。配套地，还应设立完善的保密机制，未经本人许可，不得披露姓名，以减少举报人的顾虑。

(2) 在抽样技术中常用的是发现抽样。发现抽样是指在极高的可信赖程序下，假定以极低的误差率，在总体中至少查出一个误差的属性抽样，一旦发现一个误差，就停止抽样，转而进行全查。它是专门用于查找非法事件的特殊属性抽样方法。

(3) 注意面谈技术与讯问技术的使用。

① 面谈技术常用于发现舞弊征兆，而讯问技术则在可能已知道答案，希望得到承认时使用。

② 建立融洽和谐气氛对面谈效果很重要。

③ 具体操作时，一般有两名审计人员在场，其中一人记录并观察面谈对象的动作、表情。

④ 通常开放式问题优于封闭式问题。

⑤ 面谈时应事先考虑好提问顺序，问题的展开和深入应有战略顺序，即不断增进中立态度和提高问题清晰度。

第二节 舞弊审计案例

一、案例1：对B公司总经理张某舞弊审计案例

(一) 基本情况

B公司是A公司控股子公司，199×年至200×年由张某任总经理，一直没有进行过审计。近日A公司不断接到B公司职工的举报，反映B公司管理混乱，张某有个人经济问题。A公司对此极为重视，指派内审部门前往B公司审计核实。

审计人员没有提前告诉B公司，而是突然前往。到达B公司后，审计人员首先对B公司的现金库进行清点，发现内有大量现金和存折，共计60余万元，然后对张某的个人办公场所进行清点，发现张某名下的存折有120万元。B公司财务负责人及张某对于这些款项的来源不能合理解释，审计人员暂时对该现金和存折予以扣留。

随后，审计人员通过与B公司职工的个别谈话和查账，又了解到以下情况:

(1) 张某平时生活比较奢侈，自己有豪华轿车，每年都要出国旅游。

(2) B公司临时工工资每月超过30万元,但经过对B公司所报的用工单位的实地调查，审计人员发现每月临时工工资只有20万元。经过询问，张某及财务负责人承认每月多报临时工工资额10余万元，利用此方法每年套取现金120余万元，合计400余万元。这笔款项大部分用于联络关系客户、给职工分福利，同时张某从中拿走80万元。

同时，审计人员还了解到，B公司的部分分厂也通过仿照公司做法多报临时用工计划或私自转卖材料等，从公司套取现金共计60万元。除30万元用于分厂招待开支外，其余由分厂领导班子成员私分。

(3) B公司与C物资经销公司往来频繁，经审计人员调查了解，C物资经销公司为张某的妻子所经营。在张某担任B公司负责人期间，B公司从C物资经销公司购入材料1000万元，经审计人员逐笔核实，有200万元的材料B公司只收到发票而没有收到实物，并且货款已付，账务也处理完毕。经询问，财务负责人证实这是在张某指示下办理的。这200万元实际已被张某侵吞。

(4) 经审计发现，B公司200×年将自有的汽车、装载机等外借给杨某使用，但账面上没有收入。经询问，财务负责人表示这是由张某一手经办的，自己并不知情。经询问张某，其承认，该部分收入共计8万元被自己用于招待关系客户。

(5) 审计人员对B公司的银行对账单进行核对，发现对账单上有多笔大额资金存取记录，存入时为转账支票，支取时为现金支票，而且在银行日记账上并没有记录相关的业务。这种情况比较异常，经询问，财务负责人承认出借账户，为他人将转账支票变为现金。这些业务均是张某要求办理的。通过对张某的询问，其终于承认，通过为他人出借账号，自己额外获得报酬10万元，均用于公司的经营开支。

(6) 内部审计部门对B公司生产情况进行跟踪，发现其生产余料基本上没有入账。通过进一步调查了解，余料已被张某处理，除部分收入为公司职工发放效益奖励外，仍有20

万元不知去向，而张某说可能也是发放奖金用了。由于这部分收入没有入账，相关的收支凭据没有全部保存。

(7) B公司200×年招待费支出高达100万元，所附的原始单据大部分为外地的餐饮发票。经审计人员调查了解，这些餐饮发票都是张某报销的。经过对张某的询问，其承认自己通过餐饮发票套取现金80万元用于个人支出。

(8) 经审计张某任职期间B公司的工资及奖金账，发现部分领取奖金的签名明显为同一个人所签，通过对财务负责人的询问得知，这是张某提供的明细，合计金额60万元，钱也已经被张某领走。张某也证实自己将其领走，但对于用途交代不清。

(二) 审计中发现的问题

(1) B公司利用临时工工资、私卖材料等形式套取现金460余万元形成账外资金，部分被领导私分。

(2) B公司负责人利用公司采购管理不严的漏洞和职权上的便利条件，通过虚假交易，致使有200万元被B公司负责人张某侵吞。

(3) B公司200×年利用自有的汽车、装载机等外借取得收入共计8万元，没有纳入账内管理。该部分资金已被张某私用。

(4) B公司利用出借账号获得报酬10万元，在账外列支。

(5) B公司私卖生产余料，收入列在账外，相关的收支凭据保管不完整。

(6) B公司张某通过餐饮发票套取现金80万元用于个人支出。

(7) B公司张某任职期间利用奖金套取现金60万元。

(8) B公司制度不严，管理混乱。B公司的相关制度建立不全，执行不严格，部分制度形同虚设，尤其结算制度基本上是张某一人说了算，致使公司资金发生大量的被贪污行为。

(三) 审计建议

(1) 张某利用各种手段套取公司现金超过400万元，其行为已构成贪污，建议公司立即将其移送司法机关，并追回其贪污的公款。对于被审计人员暂扣的存折，如不能说明合法来源则全部上交公司。

(2) B公司管理混乱，建议公司派人加强管理，对其规章制度进行重新审核制定，同时要定期予以检查。对于B公司的规章制度的执行情况要加强管理，加强培训。

(3) B公司财务负责人及部分分厂领导存在违法事实，建议公司予以撤换，并追究相应的责任。同时对个人私分的国有资产一律予以追回，降低公司的损失。

(4) B公司因为长期未进行审计，致使其负责人由于缺乏监督而贪污，建议公司对其他子公司、子企业及时开展经济责任审计，避免类似的情况产生。

二、案例1分析与探讨

1. 舞弊审计一般不会事先通知。该案例中审计人员到达现场首先执行的程序是什么？这样做有什么好处？

2. 现金偷盗、挪用、小金库等舞弊的迹象通常有哪些？内部审计人员如何获取此类信息？

3. 内审人员是如何发现和进一步验证虚报临时工工资、奖金的？

4. 对可能存在营私舞弊的购销类关联交易，内部审计应关注哪些情况？

5. 自有资产外借外租也是较容易存在舞弊的领域，内部审计应关注什么？

6. 银行流水审计应注意什么？

7. 针对生产余料、废料处理，内部审计应注意什么？

8. 招待费虚假列支是非常常见的问题，内部审计应如何快速判断可能存在虚列虚报的事项？

三、案例2：A厂舞弊审计案例

(一) 基本情况

A 厂是隶属于北方××集团公司的一个独立法人单位，自主经营、自负盈亏，它是主要以大型成套机械设备、轧辊、支承辊、锻件的加工、生产、安装、调试及相关技术咨询为主的单位。该单位常年为××国有钢铁集团公司提供相关产品及备件等设备。

(二) 审计中发现的问题

2004 年 12 月 31 日，北方××集团公司审计部接到群众举报及领导批示，派出审计组对 A 厂进行专项舞弊审计。在审计过程中，审计组在审阅管理费用(备用金)账户时发现，A 厂职工陈某提走备用金 187 万元，如此大额的现金引起审计人员的注意。经查阅会计凭证，后附有一份委托协议，内容为 A 厂委托北京××律师事务所向××大型国有钢铁集团公司设备处催索欠款 1095 万元，代理服务费按回款总额的 17%支付。经过核实 A 厂财务账，审计人员发现 2001 年年初至 2003 年 12 月期间，事务所共催回货款 1076 万元，按 17%计算应支付代理费用 182 万元，而这期间陈某共计报销各项费用金额 193.4 万元，其中以差旅费、电话费和补助费形式报销 0.6 万元，以事务所名义开出商业发票 186 万元，另有 6.8 万元以付××市×××机械加工有限公司加工费名义核销。A 厂财务账面应收××大型国有钢铁集团公司货款共计 1168 万元。经询问有关人员，审计人员发现 A 厂的相关经办人员都已离开或不知情。

对此，审计人员提出疑问：① 在该协议的原件上没有签订协议的日期(当时签字的 A 厂经办人员都已经离开)；② ××钢铁集团公司系大型国有企业，其资金运营情况一直比较好，上述欠款也不是在一个会计年度年内发生的，为何没有在发生的当时催索货款；③ 该协议的内容中按回款金额的 17%收取代理费明显偏高。《×××省律师服务收费标准》中规定，“民事(经济)案件的代理服务费收取比例最高不能超过5%”，极为特殊的情况除外，不受此限。

由于律师事务所行业的特殊性和内部审计的局限性，内部审计人员无权直接查阅该律师事务所和××市×××机械加工有限公司的相关往来的财务资料，且因涉及金额巨大，审计部门将此问题向集团公司总经理作了专项汇报，得到的指示是：坚决一查到底。

为此，经审计部与××市审计局协调，委托××市审计局以调研名义查阅×××机械加工有限公司的相关账目，结果显示：该公司没有受托进行该项目产品的加工，合同签订后因某种原因未执行。

经过集团公司审计部门与××市审计局联系并协商，委托其对北京××律师事务所受托的该业务进行抽查，结果表明：原负责此项业务的负责人李某已于2003年年末辞职，李某与陈某和××国有钢铁集团公司设备处的王某相互勾结，王某拖住欠款久久不还，利用A厂新出台的催款政策，由陈某出面委托同学李某所在的北京××律师事务所签订协议催要欠款，利用欠款已久的情况，提出高达17%的代理费，骗取现金，发票由李某负责在××市××律师事务所开具。

(三) 审计建议

(1) 对于审计发现的通过虚假委托来套取现金的行为，由于当年参与的经办人员都已经辞职，无法追究责任；A厂厂长有用人失察和监督不力的责任，因此A厂厂长(法人代表)负有不可推卸的领导责任，建议集团公司组织部门和人事部门对其任用作出适当的处理，并对陈某不应报销的差旅费、补助费等予以收回，并且立即移交检察机关立案处理。

(2) 集团公司应取消独立法人单位(诸如A厂)聘请各种社会中介公司(如事务所)进行评估、清欠等的资格，可以由其提出申请，统一由集团公司授权办理。

(3) 各个独立法人单位要委派其单位经营人员或委托集团公司法律顾问部门等积极清欠，以避免不必要的损失。同时，独立法人单位对于经营人员要予以重视，采取定期轮换制度，防止舞弊情况发生。

(4) A厂厂长任职期间，厂内存在利用虚假委托套取现金的现象，A厂厂长应负领导责任。由于A厂违规情况严重，A厂厂长已不适合继续担任厂长一职。

四、案例2分析与探讨

1. 该案例中备用金管理制度肯定存在缺陷。通过备用金进行现金舞弊现象屡见不鲜，因此备用金管理非常重要。企业应对备用金借出环节严格审签管理，避免多头审签，若用途不清晰、不合理则应拒绝借出，大额备用金借出需多人审核；备用金使用环节应跟踪监督，避免长期占用用以营私舞弊；备用金报销环节应按既定用途报销，严禁随意冲销。如果该案例中A厂对大额备用金借出环节严审，报销环节严控，舞弊就不会出现或能及时发现。

2. 审计中保持职业怀疑态度极其重要。该案例中正是三个异常现象引起审计人员关注并决定采用一切手段追查到底。

3. 内部审计局限性使得许多舞弊取证存在困难。该案例中内部审计师是如何突破这种困境的？除了该案例中的这种手段，还有哪些取证手段？

4. 为了强化内部审计功效，发挥内部审计作用，需要联合外部审计，而这必须得到公司高级管理层的大力支持。内部审计应如何加强与公司治理层、管理层的沟通与联系，以提高内部审计的地位？

5. 请推断案例中应收账款催款制度存在哪些缺陷，导致舞弊最终得以实施。公司为了解决某个问题而推出一项新的政策时，因为对新政策考虑不周往往又会导致新的问题，因此，作为管理制度、内控制度的设计者，在设计新制度时必须进行风险预测和评估。

6. 清欠账款工作中有哪些应注意的事项？

7. 案例中，如果公司对李某的离职进行过正规的离职审查，后期事件处理起来会容易很多。对于某些缺乏合理理由、突然提出离职的员工，内部审计连同人事部门应提起警惕。为此，员工离职手续应注意什么？

8. 为加强集团管控，子公司对外签署的哪些合同必须在集团进行备案？

9. 群众举报通常是舞弊审计的线索来源。该案例中，舞弊行为并没有在舞弊实施的期间(2001—2003 年)及时被举报，而是在舞弊实施者离开公司之后才被举报，推测可能是什么原因？为避免为时过晚，公司应如何完善群众举报制度，鼓励及时举报 ？

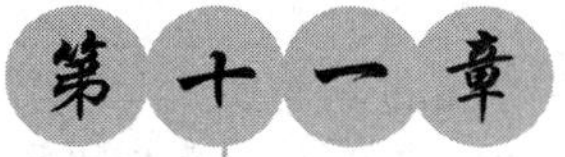

第十一章　其他内部审计业务

第一节　尽职调查概述及案例

不少企业的内审部门在实施内部审计过程中，会面临参与企业的资本并购项目的业务需求，这些业务需求体现为需要审计部门对拟并购公司实施尽职调查。下面介绍如何做好尽职调查，以规避企业投资过程中的风险。

一、尽职调查的含义

尽职调查又称审慎性调查，是投资人在与目标企业达成初步合作意向后，经协商一致，由投资人对目标企业所有与此次投资有关的事项进行现场调查、分析的活动。一些大型公司的尽职调查项目通常委托会计师事务所进行，但一些规模较小的企业的尽职调查业务，出于成本等方面的考虑，通常由企业自身的内部审计部门实施。在实施尽职调查时，通常视项目需要由财务、审计、人事、法律、技术、生产、营销等部门人员组成专业小组，其中财务部分的尽职调查由财务或审计人员对目标企业的财务状况、资产、负债、损益、税务、潜在风险等进行调查、分析。

尽职调查的目的是使买方(投资方)尽可能地发现有关他们要购买的股份或资产的全部情况。从投资方的角度来说，尽职调查也就是风险管理。对投资方和他们的融资者来说，并购本身存在着各种各样的风险，诸如，卖方(目标公司)过去财务账册的准确性；并购以后目标公司的主要员工、供应商和顾客是否会继续留下来；是否存在任何可能导致目标公司运营或财务运作无法正常进行的因素。因而，投资方有必要通过实施尽职调查来补救买卖双方在信息获知上的不平衡。一旦通过尽职调查明确了存在哪些风险和法律问题，买卖双方便可以就相关风险和义务应由哪方承担进行谈判，同时买方可以决定在何种条件下继续进行收购活动。

二、尽职调查的业务特点和关注点

投资项目尽职调查的业务特点在于对拟收购公司的资产、负债、效益、潜在风险等进行全面评估，为投资决策提供支持。但鉴于目标公司的合作程度以及保密程度，取得上述评估所需的数据、证据存在较大困难。这就要求审计人员必须熟悉目标公司所在行业的基本情况、生产、销售、财务核算特点，具有较强的分析性复核、访谈能力。

审计人员在尽职调查过程中要关注以下可能存在的风险：

(1) 目标公司核心人员最近流失或即将流失等风险；

(2) 目标公司主要客户最近流失或即将流失，销售渠道的控制等风险；

(3) 目标公司即将来临的财务危机，包括无法收回的应收款项、无法转移给客户的增加成本、高昂的环境治理成本、高昂的落后设备更新成本、质量责任的估计不足、诉讼和高昂的人员安置成本、资产和负债的潜在变化等；

(4) 目标公司所属行业市场上未来需求的变化或该行业的竞争加剧风险；

(5) 目标公司所属行业生产方式的技术变化使得已有技术落后，或目标公司所依赖技术的控制权、收益权归于其他方的风险；

(6) 目标公司所属行业面临的政府管制方面的改变；

(7) 目标公司及其所属行业税收政策的改变；

(8) 目标公司供应商或生产资源的变化。

三、尽职调查的步骤

对于一项大型的涉及多家潜在买方的并购活动来说，尽职调查通常需经历以下过程：

(1) 由卖方指定一家投资银行负责整个并购过程的协调和谈判工作。

(2) 由潜在买方指定一个由专家组成的尽职调查小组(通常包括律师、会计师和财务分析师)。

(3) 由潜在买方和其聘请的专家顾问与卖方签署“保密协议”。

(4) 由卖方或由目标公司在卖方的指导下把所有相关资料收集在一起并准备资料索引。

(5) 由潜在买方准备一份尽职调查清单。

(6) 指定一间用来放置相关资料的房间(又称为“数据室”或“尽职调查室”)。

(7) 建立一套程序，让潜在买方能够有机会提出有关目标公司的其他问题并能获得数据室中可以披露的文件的复印件。

(8) 由潜在买方聘请的顾问(包括律师、会计师、财务分析师)作出报告，简要介绍对决定目标公司价值有重要意义的事项。尽职调查报告应反映尽职调查中发现的实质性的法律事项，通常包括根据调查中获得的信息对交易框架提出的建议及对影响购买价格的诸项因素进行的分析。

(9) 由买方提供并购合同的草稿以供谈判和修改。

四、尽职调查的提纲

基于尽职调查的风险关注点，内审部门实施尽职调查，可按以下提纲开展尽职调查活动。

1. 公司简介

(1) 公司成立背景及情况介绍；

(2) 公司历史沿革；

(3) 公司成立以来股权结构的变化及增资和资产重组情况；

(4) 公司成立以来主要发展阶段及每一阶段发展变化的原因；

(5) 公司成立以来业务发展、生产能力、盈利能力、销售数量、产品结构的主要变化情况；

(6) 公司对外投资情况，包括投资金额、投资比例、投资性质、投资收益等情况和被投资主要单位情况介绍；

(7) 公司员工状况，包括年龄结构、受教育程度结构、岗位分布结构和技术职称分布结构；

(8) 董事、监事及高级管理人员的简历；

(9) 公司历年股利发放情况和公司现在的股利分配政策；

(10) 公司实施高级管理人员和职工持股计划情况。

2．公司组织结构

(1) 公司现在建立的组织管理结构；

(2) 公司章程；

(3) 公司董事会的构成，董事、高级管理人员和监事会成员在外兼职情况；

(4) 公司股东结构及主要股东情况介绍，包括背景情况、股权比例、主要业务、注册资本、资产状况、盈利状况、经营范围和法定代表人等；

(5) 公司和主要股东业务往来情况(如原材料供应、合作研究开发产品、专利技术和知识产权共同使用、销售代理等)、资金往来情况(审查有无关联交易合同，规范上述业务和资金往来及交易)；

(6) 公司主要股东对公司业务发展有哪些支持，包括资金、市场开拓、研究开发、技术投入等；

(7) 公司全资附属公司(厂)的有关资料，包括名称、业务、资产状况、财务状况、收入和盈利状况、对外业务往来情况；

(8) 公司控股子公司的有关资料，包括名称、业务、资产状况、财务状况、收入和盈利状况、对外业务往来情况、内部资金业务往来情况；

(9) 公司与全资附属公司(厂)、控股子公司在行政、销售、材料供应、人事上如何统一进行管理；

(10) 公司主要参股公司情况介绍。

3．供应

(1) 公司在业务中所需的原材料种类及其他辅料，包括辅料用途及在原材料中需求的比重；

(2) 公司原材料主要供应商的情况(审查公司有无与有关供应商签订长期供货合同，若有，则说明合同的主要条款)；

(3) 各供应商所提供的原材料在公司总采购中所占的比例；

(4) 公司主要外协厂商名单及基本情况，外协部件明细，外协模具明细及分布情况，各外协件价格及供货周期，外协厂商资质认证情况；

(5) 公司进口原材料情况(审查公司有无进口原材料，若有，核查该进口原材料的比重，以及国家对进口该原材料有无政策上的限制)；

(6) 公司与原材料供应商交易的结算方式(审查有无信用交易)；

(7) 公司对主要能源的消耗情况。

4．业务和产品

(1) 公司目前所从事的主要业务及业务描述，各业务在整个业务收入中的重要性；

(2) 公司主要业务所处行业的背景资料；

(3) 公司主要业务的发展前景；

(4) 公司主要业务近年来增长情况，包括销量、收入、市场份额、销售价格走势，以及各类产品在公司销售收入及利润中各自所占的比重；

(5) 公司产品系列(产品零部件构成细分及明细)；

(6) 公司产品结构(分类介绍公司目前所生产主要产品情况和近年来销售情况)，以及产品需求状况；

(7) 公司产品的产品质量、技术含量、功能和用途、应用的主要技术、技术性能指标、产品的竞争力等情况，以及公司产品针对的特定消费群体；

(8) 公司专利产品情况(审查公司是否有专利产品，若有，公司有哪些保护措施)；

(9) 公司产品使用何种商标进行销售，上述商标是否为公司注册并独家使用；

(10) 公司产品所获得的主要奖励和荣誉称号；

(11) 公司对提高产品质量、增强产品竞争力等方面将采取哪些措施；

(12) 公司新产品开发情况。

5．销售

(1) 公司产品国内外销售市场开拓及销售网络的建立历程；

(2) 公司主要客户情况(主要客户在公司销售总额中所占的比重，主要客户的地域分布状况)；

(3) 公司产品国内主要销售地域、销售管理及销售网络分布情况；

(4) 公司产品国内外销售比例、外销主要国家和地区分布结构及比例；

(5) 公司是否有长期固定价格销售合同；

(6) 公司扩大销售的主要措施和营销手段；

(7) 公司销售人员的结构情况，包括人数、学历、工作经验、分工等；

(8) 公司对销售人员的主要激励措施；

(9) 公司的广告策略及广告支出(广告的主要媒体及对每一媒体的广告费用支出比例，公司每年广告费用总支出数额及增长情况，广告费用总支出占公司费用总支出的比例)；

(10) 公司在国内外市场上主要竞争对手名单及其主要资料，公司和主要竞争对手在国内外市场上各自所占的市场比例；

(11) 公司为消费者提供的售后服务种类及流程；

(12) 公司的赊销期限，赊销部分占销售总额的比例；公司是否发生过坏账，每年实际坏账金额占应收账款的比例如何；主要赊销客户的情况及信誉；

(13) 公司进出口权情况(审查公司是否拥有进出口权，若无，公司主要委托哪家外贸公司代理，该外贸公司主要情况介绍)。

6．研究与开发

(1) 公司研究所的情况，包括成立的时间、研究开发实力、已经取得的研究开发成果、主要研究设备、研究开发手段、研究开发程序、研究开发组织管理结构等情况；

(2) 公司技术开发人员的结构、工程师和主要技术开发人员的简历；

(3) 与公司合作的主要研究开发机构名单及合作开发情况；合作单位主要情况介绍；

(4) 公司目前自主拥有的主要专利技术、自主知识产权、专利情况，包括名称、用途、应用情况、获奖情况；

(5) 公司每年投入的研究开发费用及其占公司营业收入比例；

(6) 公司目前正在研究开发的新技术及新产品；

(7) 公司新产品的开发周期；

(8) 公司未来计划研究开发的新技术和新产品。

7．公司主要固定资产和经营设施

(1) 公司主要固定资产的构成情况，包括主要设备名称、原值、净值、数量、使用及折旧情况、技术先进程度；

(2) 按生产经营用途、辅助生产经营用途、非生产经营用途、办公用途、运输用途和其他用途分类，公司主要固定资产的分布情况；

(3) 公司所拥有的房屋建筑物等物业设施情况，包括建筑面积、占地面积、原值、净值、折旧情况及取得方式；

(4) 公司目前主要在建工程情况，包括名称、投资计划、建设周期、开工日期、竣工日期、进展情况及工程是否得到政府部门的许可；

(5) 公司目前所拥有的土地的性质、面积、市场价格、取得方式和当时购买价格(租赁价格)。

8．公司财务

(1) 公司收入、利润来源及构成；

(2) 公司主营业务成本构成情况，公司管理费用构成情况；

(3) 公司销售费用构成情况；

(4) 公司主营业务收入占总收入的比例；

(5) 公司主要支出的构成情况；

(6) 公司前三年应收账款周转率、存货周转率、流动比率、速动比率、净资产收益率、毛利率、资产负债比率等财务指标；

(7) 公司前三年资产负债表、利润及利润分配表；

(8) 对公司未来主要收入和支出有重大影响的因素；

(9) 公司目前执行的各种税率情况。

9．主要债权和债务

(1) 公司目前主要有哪些债权，该债权形成的原因；

(2) 公司目前主要的银行贷款，该贷款的金额、利率、期限、到期日及是否有逾期贷款；

(3) 公司对关联人(股东、员工、控股子公司)的借款情况；

(4) 公司对主要股东和其他公司及企业的借款进行担保及抵押情况。

10．投资项目

(1) 本次募集资金投资项目的主要情况介绍，包括项目可行性、立项情况、用途、投资总额、计划开工日期、项目背景资料、投资回收期、财务收益率、达产后每年销售收入和盈利情况；

(2) 投资项目的技术含量、技术先进程度、未来市场发展前景和对整个公司发展的影响；

(3) 公司目前已经完成的主要投资项目情况。

11．其他

(1) 公司现在所使用技术和生产工艺的先进程度、成熟程度、特点、性能和优势；

(2) 与同行业竞争对手相比，公司目前主要的经营优势、管理优势、竞争优势、市场优势和技术优势；

(3) 公司主要股东和公司董事、高级管理人员目前有无涉及法律诉讼，如有，对公司影响如何。

12．行业背景资料

(1) 近年来公司所属行业发展的情况；

(2) 国家对公司所属行业的有关产业政策和管理措施，以及未来可能发生的政策变化；

(3) 公司所属行业的市场竞争程度，并介绍同行业主要竞争对手的情况，包括年生产能力、年实际产量、年销售数量及销售收入、市场份额、在国内市场地位；

(4) 公司所属行业在国外的发展情况；

(5) 国家现行相关政策对公司所属行业的影响；

(6) 目前公司所属行业的全国市场情况介绍，包括年需求量、年供给量、地域需求分布、地域供给分布、生产企业数量、是否存在同类进口产品的竞争。

五、尽职调查案例

A公司企业并购风险审计案例

一、基本情况

A公司是一个国有企业，主营机械产品设计、制造、安装等业务。根据改革需要，2003年主管部门决定将其并入大型国有企业B集团公司。但是，两个公司一直没有办理移交手续，A公司仍由原班人马负责经营，B集团公司没有派人去管理，也没有合并报表。2005年年初，主管部门敦促B集团公司尽快完成合并事宜。B集团公司决定以A公司2004年年末的报表数据进行清点接收，并且指派B集团公司内审部门进行监督。

B集团公司内审部门到达A公司后，首先搜集了相关信息，同时根据A公司的财务报表了解到以下情况:

(1) A公司被B集团公司兼并的消息传出后，因为B集团公司实力雄厚，这为A公司与客户的洽谈业务提供了便利，致使收入增长较快。内审人员分析A公司的报表时发现，A公司2002年主营业务收入为1600万元，2003年主营业务收入为2000万元，2004年主

营业务收入为4000万元，2003年、2004年同比分别增长25%和100%；总资产2002年为6000万元，2003年为8000万元，2004年为12 000万元，2003年、2004年同比分别增长33%和50%；净资产2003年、2004年分别为3000万元、2000万元；净利润2003年、2004年分别为300万元、200万元。根据审计人员调查，按照A公司所属行业的平均利润率，其利润水平只相当于平均值的55%；2004年利润中有60万元为投资收益，经过询问得知，A公司是将自有资金1000万元借给C公司使用，C公司应付的利息费用为60万元，目前本金尚未收回，A公司也没有要求对方提供担保。经审计人员了解，C公司资产负债率超过80%，生产经营情况不十分理想。

(2) A公司设计处2003年从公司下拨的设计经费中拨出50万元投资成立了D软件开发公司，主要为A公司机械产品的软件部分进行设计，D公司的生产经营均由A公司设计处职工负责。D公司成立后，一直没有进行过注册会计师审计，A公司也没有将其进行报表合并。因为本次派往A公司审计的人员业务专长是对国有工业企业进行会计报表审计，因此，对D软件开发公司的延伸会计报表审计限于局限性暂未进行。

(3) A公司2004年收入大幅度增加，经审计核实，审计人员发现2004年收入中有200万元是G公司对A公司的投资，而A公司将其确认为收入；有800万元的收入，其产品尚未完成。经询问A公司财务负责人，其承认是账务处理错误。

(4) A公司2004年资产增长迅速，经审计，审计人员发现A公司从银行贷款3000万元，这3000万元被A公司分别有偿借给C公司1000万元，借给H公司2000万元，利率为6%。C公司按期付利息，而H公司因经营不善，无法支付利息。该笔贷款期限为3年。审计人员通过对A公司借款前的报表进行分析，发现A公司不需要这笔贷款。经询问得知，由于C公司、H公司自身条件有限，无法从银行贷款，于是委托A公司贷款，利息由C公司、H公司支付。A公司答应以上要求，由于A公司与C公司、H公司关系较好，没有进行担保。

(5) A公司2004年成本比上年增长10%，A公司反映，2004年产品质量问题严重，损失加大。而通过对生产车间的走访，审计人员发现A公司的生产比较平稳。经核对生产成本账，审计人员发现存在异常现象，有些产品成本高于售价的几倍甚至十几倍。进一步询问成本员，其承认这是A公司负责人要求将其他产品的成本挤入所致，其他产品由A公司负责人处理。审认人员询问A公司负责人，其拒绝回答。

(6) A公司2003—2004年收入中，分别有300万元、1000万元为营业外收入，经审计核实，这是A公司资产评估增值所致。A公司承认账务处理错误，应将上述款项计入资本公积，不应计入当期损益。

(7) A公司有两个独立子企业T公司、Y公司。2003年度、2004年度T公司、Y公司会计报表反映的“利润总额”本年数均为零，经进一步审计核实，审计人员发现T公司、Y公司潜亏挂账1000万元，但没有在报表上反映。

(8) A公司2004年对外提供担保，金额合计2000万元，由于到期对方没有支付贷款，银行现要求A公司履行保证责任，A公司予以拒绝。银行已起诉至人民法院，目前尚未开庭审理。A公司败诉的可能性几乎为100%。A公司在报表附注中已经予以说明。

(9) 审计人员根据A公司2004年度的会计报表了解到A公司于2004年6月受到J公司的起诉，J公司要求A公司支付欠款150万元，支付违约金(计利息) 50万元，共计200万元。审计人员调查发现，J公司最初与A公司协商，准备将此欠款让利10%予以收回，但A公司负责此事的经办人员忘记将此情况汇报，J公司前来办理该事宜时，A公司接待人员与财务人员并没有认真对待，致使J公司决定起诉。J公司起诉后拒绝与A公司协商。审计人员进入A公司后，终审判决刚下达，A公司共需支付170万元。

(10) A公司应收账款中超过3年以上的占30%以上。经询问，审计人员得知由于A公司财务人手少，没有设专人进行催收，A公司对于应收账款的管理还有些欠缺。A公司对这部分应收账款只按照金额的5%计提了坏账准备。审计人员对该部分应收款随机抽取5户企业进行查询，有1户已经停业，有2户联系不上，其余2户生产正常。

(11) A公司2004年应付账款比上一年减少50%，付款比较频繁，对不少拖欠多年的款项进行了偿付。审计人员抽查部分偿还欠款凭证，发现收款人多为个人，而且2004年有不少当年新挂账的应付款，当年予以偿还。经询问财务负责人，审计人员得知这部分新挂账的应付款都是A公司负责人要求办理的，并且所有的付款业务均已通过A公司负责人的审批。经询问A公司负责人，审计人员得知A公司与B集团公司合并的消息传出后，许多债权人上门催债，为了不影响正常的经营，A公司只好付款。对于新增的应付账款的详细情况，A公司负责人拒绝回答。

(12) A公司2004年的决算会计报表先由Z会计师事务所进行审计，B集团公司内审人员进入后，已经更换为某会计师事务所进行审计。询问原因，A公司说这是由于公司不满意前任注册会计师的工作效率，而且有些问题无法达成一致。目前，某会计师事务所的审计工作刚刚开始。

二、审计发现的问题

(1) A公司经营业绩存在异常现象。从A公司报表分析，审计人员发现A公司2002年主营业务收入为1600万元，而2004年主营业务收入达到4000万元，远超过A公司所属行业的平均增长率；总资产从2002年的6000万元增长为2004年的12 000万元，增长速度也存在异常；A公司净资产、净利润在逐年下降；按照A公司所属行业的平均利润率，其利润水平只相当于平均值的55%，不符合常理；A公司将利息收入作为2004年利润的一部分来源，说明2004年A公司经营情况不理想。

(2) A公司资产质量不佳。根据A公司的财务报表及审计调查，A公司可能会给B集团公司的合并带来或有负债，增大B集团公司的风险。

① A公司2004年替C公司、H公司从银行贷款3000万元，目前C公司经营不理想，而H公司甚至无法支付利息。A公司没有要求C公司、H公司提供担保。还有一年半贷款就要到期，到时A公司不能从C公司、H公司收回借款的可能性极大，而一旦A公司并入B集团公司，就有可能让B集团公司负责偿付此笔款项，成为B集团公司的或有负债，影响B集团公司的收益。

② A公司的两个独立子企业T公司、Y公司，由于其产品没有销路，目前已基本不生产经营，至2004年年末已经潜亏1000万元，如果其继续存在，还将继续亏损。B集团公司兼并A公司后，对于T公司、Y公司的处理将付出额外的费用。

③ A公司2004年对外提供担保的2000万元，因A公司败诉的可能性很大，承担损失的可能性也很大。因此，A公司被兼并后，这部分损失可能会由B集团公司承担。

④ A公司应收账款中超过3年以上的占30%以上。经审计人员调查，这部分款项收不

回来的可能性极大，而且A公司对这部分款项计提的坏账准备只有5%，两家公司合并后一旦发生损失，将有由B集团公司承担损失的风险。

(3) A公司设计处自行成立的D软件开发公司，生产经营情况不详。D公司成立后，A公司没有将其进行报表合并，也一直没有进行过注册会计师审计。而B集团公司的内审人员因对软件业缺乏专长，没有对D软件开发公司会计报表的合理性进行审计。

(4) A公司收入不真实。A公司2003年有300万元是资产评估增值，应计入资本公积，而A公司计入当期损益，虚增收入300万元。A公司2004年收入中有200万元是收到的投资款，应计入投资账中；有800万元因产品还未完工，属于虚列收入；有1000万元是A公司资产评估增值所致，应计入资本公积。合计2004年虚增收入2000万元，占A公司会计报表中收入的50%。

(5) A公司成本不实。A公司2004年成本存在挤占情况，有部分产品的成本被挤入其他产品成本中。

(6) A公司内部管理不善，产生不应有的损失。A公司拖欠J公司货款，在J公司主动与其协商，准备将此欠款让利10%的情况下，没有及时进行处理，结果不仅没有享受优惠，反而多付出20万元，造成不应有的损失。

(7) A公司可能存在舞弊行为。

① 2004年A公司有部分产品的成本已经发生，但却没有实物。审计人员询问公司负责人，其拒绝回答。审计部门怀疑该部分产品已经被出售形成账外收入，成本计入其他产品中。由于得不到A公司负责人的支持，审计人员无法进一步证实以上猜测。

② A公司2004年应付账款还款存在异常，从账面反映，还款金额大幅提高，频率加大，而同期对应收账款的清缴力度却不大，情况十分异常。而且有不少已经欠款多年的款项也被偿付，收款人多为个人。同时，当年新挂账中有不少应付款在当年予以偿还。而这些欠款均是A公司负责人要求办理的，A公司负责人拒绝回答相关细节，可能存在个人舞弊行为，不排除A公司负责人贪污企业资产的可能。

(8) A公司的会计报表存在虚假信息。根据审计人员对A公司会计报表的分析，A公司2004年的决算会计报表可能存在虚假信息，同时A公司在无法与Z会计师事务所就报表审计达成一致的情况下，更换其他事务所，也从侧面反映A公司当年的报表存在问题。

三、审计建议

从对A公司的会计报表的审计来看，A公司报表内容虚假，经营业绩存在异常现象，业绩不真实；A公司资产质量不佳，可能会因合并给B集团公司带来或有负债；A公司收入不真实，存在虚增收入的现象；A公司成本不实，管理不善；A公司可能已经产生舞弊行为。

综上所述，A公司的报表信息已严重失真，审计人员根据其报表无法准确得出A公司经营业绩，即便由其报表得到一些数据，这些数据也存在极大的不确定性。审计人员认为A公司的财务报告信息存在虚假情况，风险较大。因此，A公司的报表不可信。审计人员对A公司的报表无法审计。

由于A公司的会计报表不实，审计部门建议B集团公司不能以A公司报表的数据进行接收，对A公司的接收合并事宜也应暂缓，同时建议B集团公司请求上级主管部门指派专人对A公司彻底清查，对A公司现存的或有负债情况予以彻底解决，然后再进行合并，

以规避B集团公司的风险，避免因A公司的或有负债等不利因素影响B集团公司的日常生产经营，损害B集团公司的经营业绩。

四、审计分析及评价

(1) 审计部门对报表开展风险审计要谨慎，委派有经验的专业人员参加，避免因审计人员对某一方面不熟悉(如不熟悉生产流程、不熟悉产品的类别)而产生错误，影响审计报告的质量。审计人员要广泛地收集相关资料和信息，关注被审计单位的一些特殊事项，如更换会计师事务所、其管理层面临的压力、被审计单位所处的环境等。公司业绩发生惊人变化、公司面临改制、重组、兼并、利润存在虚假、会计处理错误增多、当事人拒绝提供相关信息等情形的存在，意味着被审计单位可能有较大的问题，审计人员更需谨慎。

(2) 审计时，审计人员应多运用分析性程序，这是由于使用分析性程序可以对被审计单位的经营情况获取更好的了解，有助于审计人员找出存在潜在错报的风险领域。审计人员在运用分析程序时，可以将被审计单位不同会计期间的报表数据进行比较，如果发生较大的变化，要重点关注，还可以将被审计单位报表的数据进行复算，分析其准确性，这样往往也会发现其中存在的问题。

(3) 审计人员在审计时，要充分关注被审计单位重大事项的披露，必要时进行审计调查或询问被审计单位法律顾问，从中收集信息，查看被审计单位的信息披露是否充分，是否会影响会计报表中真实的财务状况和现金流量。审计人员一般要对被审计单位的贷款合同、担保协议、诉讼相关文件予以重点关注，如果有可能，还可以到其他相关部门进行侧面调查。

(4) 报表不能全面真实地反映企业经营状况的情形经常可见，企业往往为了各种目的而粉饰报表，这样就增大了审计人员的风险，也增大了集团企业内部审计的风险，促使审计人员开展风险审计。

第二节　改制重组专项审计概述及案例

一、改制重组专项审计概述

1. 改制重组方式

1) 整体改制

整体改制是指以企业全部资产为基础，通过资产重组，整体改建为符合现代企业制度要求的、规范的企业。目前，大部分企业采取整体改制的方式。整体改制特别适合中小型企业，改制后原企业经营业绩存续，其字号、商誉、商标等无形资产得以承继，企业原有的架构得以完整保存，有利于企业的稳定、新股东的加入和机制的转变，从而增强企业的活力，促进企业的发展。

2) 部分改制

部分改制是企业将部分资产进行重组，通过吸收其他股东的投资或转让部分股权设立新的企业，原企业继续保留。部分改制比较适合于大型企业的改制，尤其是设立股份有限公司时多采用部分改制的方式。严格来讲，部分改制登记不是变更登记，而是设立登记。

整体改制和部分改制是相对而言的，企业可根据自身情况和改制目的选择改制方式，以达到最佳的效果。

2．改制重组审计的特点

(1) 高风险。改制重组过程本身就是各种利益的重新配置，而且大多数要求改制重组的企业，特别是国企在改制重组前缺乏合理的治理机制，管理也比较落后，因此改制重组审计必然面临着比其他类型审计更多的风险。

(2) 业务复杂。对审计机构而言，改制重组审计业务非常复杂，从改制重组前的清产核资、损失认定、核销到之后程序的执行、原有职工的妥善处理等，其历史问题、现实问题以及发展问题都是内部审计师不得不考虑的问题。

(3) 政策性强、涉及面广。企业改制重组是一项政策性很强的工作，涉及出资人、债权人、企业和职工等多方面的利益。因此，企业改制重组既要积极探索，又要规范有序。内部审计机构和内部审计师应当密切关注企业改制过程中国有资产是否流失、企业权益是否受损、职工利益是否受影响。

二、改制重组专项审计案例

B公司改制重组失败审计案例

一、基本情况

B公司是A集团公司全额控股的一家国有企业，注册资本1000万元，均为A集团公司出资，现有员工1000余人。随着市场经济的发展，B公司因设备、工艺落后，导致其产品滞销，亏损严重，企业发展停滞。因此，急需引进先进技术、资金拯救企业。对此，A集团公司经过报上级主管部门批准，决定对B公司进行改制，成立新公司。经过协商，由C、D两公司(均为私营企业)各注入2000万元，连同A集团公司原来出资的1000万元成立新公司E，B公司解散，E公司为有限责任公司。改制后，企业注册资本为5000万元，各公司按出资比例享有权益。A集团公司占新公司股份的20%，C公司、D公司各占40%。三方协议约定，C公司、D公司资金注入后，新企业成立，改制后新企业的董事长由C公司派人担任，总经理由D公司派人担任，副总经理由A集团派人担任；新公司接收原企业的资产、负债，重新建立新账；新企业至少录用原企业70%的员工，未录用职工由A集团公司负责安置。

协议签订完成，C公司、D公司各出资500万元后，以银行收缩银根，贷款困难导致资金紧张为由，表示其余出资近期不可能注入，同时要求先成立新公司开始正常经营，待资金紧张的局面缓解后马上注入其余资金。由于这是A集团的首个改制重组项目，集团领导急于促成，于是同意C公司、D公司要求，先成立新公司，注册资金为2000万元，待C公司、D公司资金到位后再变更注册资金。新公司的董事长仍由C公司派人担任，总经理由A集团公司派人担任，副总经理由D公司派人担任。

E公司成立后，公司的财务、生产部门负责人由C公司派人担任，人事部门、采购部门负责人由D公司派人担任。E公司运行已经一年半，但生产并未见好转，C公司、D公司未缴足部分的资金一直拖欠，而原企业留用职工因受到各种不公正待遇不断上访。A集团公司领导指派公司内部审计部门和法律部门进行调查以了解原因。

接到任务后，内审部门与法律部门搜集了相关的改制重组资料，同时搜集了国家的相关法律及基本的法律程序。

国有企业改制涉及的有关法律法规主要包括《中华人民共和国公司法》《中华人民共和国证券法》《企业国有资产监督管理暂行条例》《关于规范国有企业改制工作的意见》《关于企业兼并的暂行办法》与《企业国有产权转让管理暂行办法》等。

国有企业改制的基本法律程序包括：拟订改制方案，提交职代会或职工大会审议；将改制方案上报主管部门，取得初审同意；清产核资，资产评估和财务审计；正式申报全套改制材料；改制方案获得批准；组织实施改制方案；对改制后的国有企业进行变更登记。

内部审计人员还搜集了有关人员安置分流的相关资料。国企改制往往涉及大规模的人员分流，在劳动合同变更与解除以及相应的经济补偿上容易引发大量的劳动争议。劳动关系问题主要涉及以下几个方面：一是身份置换与经济补偿问题。二是工作年限的计算。解除劳动合同的要求由员工本人提出的，工作年限一般不连续计算；由企业提出的，工作年限应连续计算。如造成合同解除或变更的原因在企业一方，企业应提供经济补偿金。三是对以协议形式保留劳动关系的内退、停薪留职与出国留学等特殊的不在岗员工，用人单位要及时与其解除或重新签订劳动合同，以防后患。四是人才流失和商业秘密的泄露。企业要认真与核心员工签订不竞争(竞业禁止)协议与保密协议。

经过对搜集材料的分析，审计人员发现A集团公司的改制重组并不完善，在C公司、D公司未缴足全部资金的情况下急于成立新公司，以致对剩余资金缺乏约束力。同时，在B公司改组中，A集团公司实际的出资占50%的股份，应作为E公司的法人代表并控制主要部门(如财务、生产、采购、人事等)，否则容易失去对公司的控制。B公司原留用职工的上访说明E公司有可能已经发生失控情况，对新公司造成损害。对此，内部审计人员需要进入E公司进行审计。

虽然C公司、D公司极力反对，但是A集团公司法律部门认为A集团公司的出资事实上占50%，而C公司、D公司各占25%，A集团应该是E公司的实际控制人，所以，可以进行内部审计。

二、审计中发现的问题

经过调阅E公司的原始会议记录，内审人员发现对于许多重大决策，公司没有通知总经理(A集团派人担任的职务)参加，许多决策总经理并不知情，一般由公司董事长和财务负责人具体经办，不少事情是由董事长暗箱操作。E公司各项规章制度并不健全，内控薄弱。特别是E公司财务制度欠缺，不规范，财务部门的各种支票、印鉴均由财务主管一人保管，许多事情由财务主管决策，会计监督形同虚设。另外，审计人员还发现以下问题：

(1) 公司未建立人事劳动管理制度，侵犯员工合法权益现象严重。A集团内部审计人员进入E公司后，首先进行调查了解，发现公司的要害部门及待遇好的部门均未安排B公司原有职工，虽然E公司录用了原B公司70%的员工，但是安排的岗位均为苦、脏、累的岗位，随意加班且待遇极低，并且要求苛刻，随意处罚员工现象突出，造成原B公司留用的员工与公司管理层矛盾不断。审计人员经过对E公司人事部门的调查发现，新公司成立后，原B公司的劳动管理制度被废除，而新的管理制度并未建立，对于员工应享有的各种合理休假均取消。而且，E公司并没有同企业职工签订劳动用工合同，职工的待遇也只是口头告知，使E公司职工在受到不合理的待遇时，没有书面依据向劳动部门反映。同时，

E 公司自成立以来一直没有召开过职工代表大会，职工工会组织也形同虚设，没有专人负责，工会经费从未下拨过。

(2) 公司未按规定上缴养老保险。E 公司成立后，一直没有按规定上缴养老保险，企业解释因资金紧张没有上缴，也没有代扣职工缴纳部分。经审计人员调查，养老保险个人应缴部分企业均已代扣完毕，由于其给工人开工资时没有列明细，职工并不知道自己有没有被扣养老保险。E 公司职工被扣的养老保险总额超过 300 万元，这笔资金被 E 公司挪作他用。

(3) 公司转移注册资金。审计人员对 E 公司成立以来的会计资料进行核查。通过从银行账入手查大额资金流向，发现在 C 公司、D 公司注入资金不久，E 公司对 C 公司、D 公司各捐赠 300 万元，借款给 C 公司、D 公司各 200 万元，并在一年后对借给 C 公司、D 公司的借款全额计提坏账准备，使原注入的资金又流回各自的公司。

(4) 公司为关联企业大量担保。经审计发现，E 公司存在大量贷款担保行为，其中为 C 公司担保 1000 万元，为 D 公司担保 800 万元，担保期限为 2—3 年，担保期限还未到期。

(5) 公司为其他企业提供担保，被骗 100 万元。E 公司除为关联企业提供担保外，还为自己的一些客户提供担保。其中 W 公司经营情况恶化，已达到资不抵债的程度，E 公司仍为其银行贷款提供了担保，致使 W 公司因经营不善倒闭后，E 公司承担了保证责任，造成损失 100 万元。为 W 公司提供担保的行为只有公司少数领导知道。E 公司目前还对外担保 1000 万元，均未到期，是否产生损失不得而知。

(6) 公司借债务重组规避不合理行为，谋取利益。经审计，E 公司对公司的部分债务进行了重组。审计人员经详查，发现一份《贷款抵账协议书》(以下简称协议书)有可疑之处。该协议书抵账金额 290 万元。协议书上内容是 F 公司欠 E 公司 320 万元，E 公司欠 G 公司 320 万元，G 公司欠 F 公司 320 万元，三方按 290 万元互抵，减少的 30 万元为转账手续费。根据账簿记录，E 公司对 F 公司的应收账款为 320 万元，E 公司对 G 公司的应付账款为 290 万元。E 公司用账面欠款数 290 万元签订了 300 万元的抵账协议书，同时对 F 公司的应收款形成不足一年时间。随后，经过了解发现，F 公司、G 公司分别是 C 公司、D 公司的子公司。

审计人员通过实施追加审计程序发现，E 公司对 G 公司的应付账款为 900 吨钢材材料款，但只有发票而无材料验收、入库单，经询问，材料保管部门没有收到相关材料，财务负责人解释，此材料直接发到生产车间，没有办理出入库手续。经跟踪到生产车间调查，审计人员发现同期直接发来的材料有 900 吨，但是材料并不是一个厂家提供的，其中有 300 吨材料质量存在问题，无法用于生产。经再次询问，财务负责人终于承认从个体户购入劣质钢材 900 吨用于生产，价值 200 万元，但因对方不能出具正规发票，于是由 G 公司代开 290 万元的发票，E 公司将 290 万元付给 G 公司，G 公司付给个体户 200 万元，G 公司再用现金付给 E 公司 20 万元(已经进入小金库)。

(7) E 公司资产不实。审计人员经过对 E 公司现存资产的清点发现，存货盘亏 500 万元，原因是生产已经领用但未办理相应的出库手续的材料价值 200 万元，价值 300 万元的材料被 E 公司董事长借给 Q 公司使用，但没有签订任何协议。经过公司法律顾问对 Q 公司的调查发现，Q 公司负责人已不知去向，公司已无资产。

(8) 公司管理混乱。E 公司成立后，在开办费中列支购买笔记本电脑 6 台，总价 10 万元。笔记本电脑购买后没有列入固定资产账中，而是由个人保管，但是没有办理相应手续，现在这 6 台笔记本电脑已经不知去向。

(9) 公司费用支出混乱。经审计抽查，E 公司仅在 200×年下半年就报销计算器达 120 台，合计金额 2 万元；报销电脑桌 100 套，合计金额 6 万余元。经审计询问，相关当事人承认有些支出没有发票，有些是招待费开支，因招待费总额已经达到标准，再报销部分要税后列支，影响公司利益。因此，E 公司有关部门就采取变通方法，即利用其他发票进行报销。

(10) 购入劣质设备，造成公司损失严重。审计人员在对 E 公司的资产质量进行调查时发现，E 公司成立后购入设备 8 台，总金额超过 500 万元，但其中大部分为旧设备，有 2 台设备购入时已经报废，无法使用，其余设备也没有发挥作用，一直闲置。经审计人员咨询评估事务所发现，这批设备现值不超过 50 万元。经了解，该批设备是由 E 公司负责人决定购入的，当时有些部门负责人表示不应购买，但是设备还是被购入。目前，该批设备除质保金 100 万元未付外，其余款项均已支付。审计人员在对 E 公司审计时，E 公司负责人指示财务负责人尽快将余款付清。因公司账上暂时没有这么多现金，此款暂时没有支付。

(11) 公司重大决策没有采取民主集中制，基本上由董事长一人决策，许多事情均瞒着公司总经理。

三、审计建议

(1) 建议 E 公司整章建制，及时建立并完善工会组织，并按工资总额的 2%下拨工会经费，以保障工会组织的正常运转。建议 E 公司立即与企业职工签订劳动合同。同时，建议 A 公司按规定召开职工代表大会，保证企业职工的合法权利。

(2) 由于 E 公司实际上并没有收到 C 公司、D 公司的出资款，E 公司实际上是由 A 集团独家出资，改制重组并没有达到预期目的，A 集团应收回 E 公司所有权，追究 C 公司、D 公司的违约责任。

(3) 由于违规担保行为有可能给 E 公司带来损失，建议 A 集团公司对这些担保协议采取由 C 公司、D 公司进行反担保的措施，以减少风险。

(4) 对于抵账协议，因对 E 公司造成损害，可以请求人民法院予以撤销。C 公司、D 公司、E 公司、F 公司恶意操作，应承担相应责任。对于当事人员，予以追究相应的责任，必要时可以移送司法机关。

(5) 建议 E 公司将违规购入的材料由经办人负责退回，并根据损失情况追究经办人的责任。

(6) 建议 E 公司将违规出借的 300 万元材料由当事人负责追回，同时追究当事人的责任。

(7) 建议 E 公司立即着手建立相应的规章制度，完善公司的管理制度体系，合法运营。

(8) E 公司董事长、财务负责人等涉嫌违规操作，建议 A 集团公司请检察机关协助调查。

(9) 由于 B 公司改制重组失败，建议 A 集团公司对 E 公司进行全面的评价，如果其没有继续存在的必要，应进行清理，避免由 E 公司董事长暗箱操作带来的风险。如果清理，建议 A 集团公司多征求公司法律顾问的意见，以免损害 E 公司企业员工的利益。

四、审计评价

我国现存的国有企业中，除一部分直接控制国民经济命脉的企业建成国有独资公司外，其他企业均允许私有资本的进入，这样使改制重组建立现代企业制度成为目前国有企业改革的基本方向，也使得改制重组成为当前企业扩大规模的一种方法。但是在改制重组中，也存在不少的不合规现象，这也为内部审计部门的审计工作带来了新的挑战。

参 考 文 献

[1] 温州市内部审计协会. 现代内部审计实务[M]. 北京：中国时代经济出版社，2007.

[2] 尹维劼. 现代企业内部审计精要. 4 版[M]. 北京：中信出版社，2015.

[3] 张庆龙，彭志国，陈新环. 企业内部审计指南[M]. 北京：中国时代经济出版社，2007.

[4] (美)S · 拉奥 · 瓦莱布哈内尼. CIA 考试指南(第 2 部分：内部审计实务)[M]. 张庆龙，译. 北京：电子工业出版社，2016.

[5] (美)索耶. 索耶内部审计(现代内部审计实务上下). 5 版[M]. 郤先宇，周瑞平，译. 北京：中国财政经济出版社，2005.

[6] 曹慧明. 采购比价审计(三友审计实务丛书)[M]. 大连：东北财经大学出版社，2002.

[7] (美）西尔弗斯通. 舞弊侦查技巧与策略[M]. 谢盛纹，等译. 大连：东北财经大学出版社，2008.

[8] 董大胜，韩晓梅. 风险基础内部审计：理论 ·实务 ·案例[M]. 大连：大连出版社，2010.

[9] 时现. 内部审计学. 2 版[M]. 北京：中国时代经济出版社，2012.

[10] 张庆龙，沈征. 内部审计理论与方法：基于 2013 内部审计准则的解释（北京国家会计学院审计与风险管理研究所系列丛书)[M]. 北京：中国财政经济出版社，2014.

[11] 郑智园. 零基础学内部审计[M]. 北京：机械工业出版社，2015.

[12] 2009 内部审计情景案例精选集[EB/OL]. [2017-04-01]. http://www.esnai.com.

[13] 中国注册会计师协会. 公司战略与风险管理[M]. 北京：经济科学出版社，2017.